学术社交网络中用户
感知信息质量的线索研究

张 宁 著

科学出版社
北京

内 容 简 介

学术社交网络是广大科研工作者交流知识的平台，其信息质量问题成为其长期面临的挑战。本书对学术社交网络这一新兴情景中的用户感知信息质量的线索进行了深入研究。首先构建了用户感知信息质量的影响因素模型，确定了感知信息质量线索的整体框架，依据该框架，基于服务质量评价模型，实证检验了线索框架中社区环境线索的作用大小和作用关系；然后通过两个实验，探讨了信息特征线索对用户感知信息质量的影响；最后构建了面向管控机制、平台技术、信息内容和信息用户的信息质量治理决策模型。

本书可供社交媒体平台相关专业实践人员参考，也可作为信息资源管理专业及其他相关专业的研究生参考阅读。

图书在版编目(CIP)数据

学术社交网络中用户感知信息质量的线索研究 / 张宁著. —北京：科学出版社，2023.7
ISBN 978-7-03-075364-9

Ⅰ.①学… Ⅱ.①张… Ⅲ.①科技情报-信息检索-研究 Ⅳ.①G254.9

中国国家版本馆 CIP 数据核字(2023)第 064852 号

责任编辑：孟　锐 / 责任校对：彭　映
责任印制：罗　科 / 封面设计：墨创文化

科 学 出 版 社 出版
北京东黄城根北街16号
邮政编码：100717
http://www.sciencep.com

成都锦瑞印刷有限责任公司 印刷
科学出版社发行　各地新华书店经销
*

2023 年 7 月第 一 版　　开本：787×1092　1/16
2023 年 7 月第一次印刷　　印张：12 1/2
字数：296 000

定价：168.00 元
(如有印装质量问题，我社负责调换)

前　　言

Science 2.0[①]彻底打破了科学建制的传统模式，越来越多的科研工作人员在学术交流中广泛采用社交媒体，不断开放和接纳多种合作行为。在此背景下，学术社交网络的新型学术平台受到广泛关注。但是在线参与的用户生成内容的开放性也加剧了低质信息甚至是错误信息的生成风险，信息质量问题成为学术社交网络长期面临的独特挑战。要提升用户体验，需要探索用户在学术社交网络中感知的信息质量受到哪些线索的影响，揭示用户对学术信息质量的感知判断过程，因此从用户视角对学术社交网络的感知信息质量线索进行系统严谨的研究显得尤为必要。

本书首先基于真实用户攀梯访谈数据的混合分析和已有的 126 份原始质性材料的扎根分析，分别构建了各个属性、结果和价值(A-C-V)的关系链和用户感知信息质量的影响因素 CPUC 模型，在此基础上通过初步筛选合并及进一步的线索筛选，确定了本书的感知信息质量线索框架，为后续开展的研究提供了明晰的思路和实证依据。其次，依据已建立的感知信息质量线索框架，基于服务质量评价模型，研究社区环境线索和期望质量对学术社交网络质量体验的共同影响，从而确定对用户感知到的信息质量的最终影响，同时考虑了成员社会资本的调节作用和信息质量体验的中介效应，对全球 72 个国家的研究人员对学术社交网络的感知信息质量进行了问卷调查，利用 512 份有效问卷通过结构方程模型实证检验了线索框架中社区环境线索的作用大小和作用关系。再次，依据前述建立的感知信息质量线索框架，研究信息特征线索对用户感知信息质量的影响，参照 ResearchGate 网站，设计了一个高度仿真的移动端访问中文实验系统，通过两个实验室控制实验，证明用户的感知信息质量结果受到启发式判断和分析式判断双重影响。最后，利用前述章节中有关社区环境线索选判、信息特征线索选判的相关研究结论，构建面向管控机制、平台技术、信息内容和信息用户的信息质量治理决策模型，并使用 DEMATEL 方法，结合专家打分揭示各个质量治理策略之间的相互影响及作用关系，以此确定信息质量治理策略的总体权重，并对国内外主要的学术社交网络的信息质量管理状况进行比较与评价，根据数据分析结论提出三条重要的管理启示，为现有学术社交网络的信息质量治理及提升优化提供理论参考和实践指导。

本书基于学术社交网络的全新情景，从用户视角系统性地研究影响学术社交网络感知信息质量的前置动因，讨论了信息质量的线索影响和作用过程，具体从以下三个方面对已有研究做出了补充和扩展：①构建了用户视角的学术社交网络感知信息质量的线索框架，开拓了感知信息质量研究的新视角，扩展了对线索理论的应用认识和理解；②从理论融合

---

① Science 2.0：互联网时代的开放科学。

和模拟实证的角度对诸多线索的影响进行了分析，探索了用户对于线索选判的量化关系和认知规律，充实了有关线索对于用户感知影响的相关研究；③建立了用户视角的信息质量治理决策模型，提出了学术社交网络信息质量提升的管控对策和实践路径，丰富了信息质量治理的理论研究。

在本书的撰写过程中，多次向科学出版社编辑老师请教有关问题，他们都非常耐心地答疑解惑，因此请允许我在此对科学出版社有关工作人员认真负责的工作态度表示崇高的敬意，对他们所付出的辛勤劳动表示衷心的感谢！

由于水平有限，书中难免有不当之处，敬请各位专家和广大读者批评指正（ningzhang@mail.gufe.edu.cn）。

目　　录

第1章　绪论 ··· 1
　1.1　研究背景 ·· 1
　　1.1.1　Science 2.0 环境下研究人员的交流和协作模式发生深刻变化 ············ 1
　　1.1.2　学术社交网络的新型学术平台受到广泛关注 ······································ 2
　　1.1.3　用户对学术社交网络信息质量提出更高的要求 ································ 4
　1.2　国内外研究述评 ·· 5
　　1.2.1　学术社交网络的功能与结构研究 ·· 5
　　1.2.2　学术社交网络的用户行为研究 ·· 9
　　1.2.3　学术社交网络的评价研究 ·· 16
　　1.2.4　研究现状小结 ·· 19
　1.3　概念界定及研究问题 ·· 21
　　1.3.1　概念界定 ·· 21
　　1.3.2　研究问题 ·· 24
　1.4　研究方法及研究框架 ·· 25
　　1.4.1　研究方法 ·· 25
　　1.4.2　研究框架 ·· 28

第2章　理论基础 ··· 31
　2.1　手段目的链理论 ·· 31
　2.2　服务质量评价理论 ·· 33
　2.3　社会资本理论 ·· 34
　2.4　双系统加工理论 ·· 35
　2.5　线索利用理论 ·· 36
　2.6　显著解释理论 ·· 38

第3章　学术社交网络中用户感知信息质量的线索框架研究 ································· 39
　3.1　基于攀梯访谈的用户感知信息质量研究 ·· 40
　　3.1.1　信息质量影响因素的现有研究 ·· 40
　　3.1.2　研究设计 ·· 42
　　3.1.3　研究结果 ·· 46
　　3.1.4　结果分析 ·· 50
　　3.1.5　小结 ·· 53
　3.2　基于已有资料扎根分析的用户感知信息质量研究 ······································ 54

iii

  3.2.1 研究设计 ··· 54
  3.2.2 分析过程与结果展示 ··· 55
  3.2.3 小结 ··· 62
 3.3 学术社交网络中用户感知信息质量的线索框架研究 ····························· 63
  3.3.1 用户感知信息质量的线索确定 ··· 63
  3.3.2 用户感知信息质量的线索框架构建 ··· 66
  3.3.3 小结 ··· 68

第4章 学术社交网络中用户感知信息质量的社区环境线索研究 ············ 69
 4.1 模型构建 ··· 70
  4.1.1 社区环境线索的刺激 ·· 70
  4.1.2 用户知觉的机能 ··· 71
  4.1.3 用户感知信息质量的反应 ·· 71
 4.2 假设的提出 ·· 72
  4.2.1 环境刺激因素和用户知觉 ·· 72
  4.2.2 用户知觉和行为反应 ·· 75
  4.2.3 控制变量 ·· 77
 4.3 研究方法 ··· 77
  4.3.1 研究设计 ·· 77
  4.3.2 数据分析 ·· 82
 4.4 结果讨论 ··· 99
  4.4.1 人口统计特征对感知信息质量的影响 ·· 99
  4.4.2 信息质量体验对感知信息质量的影响 ·· 100
  4.4.3 社区环境线索对信息质量期望、信息质量体验的影响 ·················· 101
  4.4.4 信息质量期望对信息质量体验的影响 ·· 103
  4.4.5 用户社会资本的调节效应 ·· 104
  4.4.6 信息质量体验的中介效应 ·· 105
 4.5 小结 ·· 106

第5章 学术社交网络中用户感知信息质量的信息特征线索研究 ·········· 107
 5.1 假设的提出 ·· 108
  5.1.1 信息内容线索 ·· 108
  5.1.2 来源权威性线索 ··· 110
  5.1.3 与信息传播有关的线索 ··· 111
 5.2 实验介绍 ··· 114
  5.2.1 研究方法 ·· 114
  5.2.2 实验域的选取 ·· 115
 5.3 实验一 ·· 118
  5.3.1 实验方法 ·· 119
  5.3.2 实验结果 ·· 122

		5.3.3 实验讨论	124
5.4	实验二		126
	5.4.1	实验方法	127
	5.4.2	实验结果	128
	5.4.3	实验讨论	133
5.5	小结		136

第6章 学术社交网络信息质量治理和提升研究 137
6.1 信息质量治理框架 137
6.2 调查研究和设计 140
6.2.1 研究方法 140
6.2.2 研究流程 141
6.3 数据分析 151
6.3.1 信息质量治理维度、准则权重分析 151
6.3.2 信息质量治理维度、准则之间的相互作用分析 151
6.3.3 学术社交网络信息质量治理的现状分析 152
6.4 结果讨论 153
6.5 学术社交网络信息质量提升的管理启示 156
6.5.1 定位应用场景和研究人员特征，改善社群互动体验 157
6.5.2 丰富媒介展现线索，降低感知信息质量判断偏差 159
6.5.3 强化算法技术和人工干预，提高社区的信噪比 161

第7章 结语 165
附录 168
附录A 攀梯访谈研究材料清单 168
附录B 扎根理论研究材料清单 171
附录C 中英文问卷设计材料 176
附录D 实验系统移动端页面设计清单及问卷 183
附录E 学术社交网络信息质量治理的调查 190

第 1 章 绪 论

1.1 研 究 背 景

1.1.1 Science 2.0 环境下研究人员的交流和协作模式发生深刻变化

科学研究的本质之一是学术交流与合作[1]，即其是一项合作趋向性的活动。溯本求源，早在 1973 年，*The Sociology of Science* 一书中就指出"科学系统重要价值规范体系的属性之一是'公有性'，它要求在一个开放的交流体制中科学家能够自由获取他人的科学贡献成果"[2]。1979 年，Garvey 在研究中发现了研究人员之间的交流量与科研产出量间存在正相关关系，这意味着沟通是科学的本质，研究人员就其研究工作进行交流，有助于科学知识的发展。互联网技术的发展为改善研究人员的学术交流方式提供了动力，Web 2.0 促进了用户内容生成、社会化交互与协同[3]。2011 年 8 月，美国国家科学基金会（National Science Foundation，NSF）在研究报告《信息时代的科学行为变化》中强调数字技术为科学信息的复制和再利用提供了机会，也为科学信息沟通和科学协作创造了条件[4]。因此，信息和通信技术在知识生产中的作用被广泛认可。总之，科技进步，特别是互联网的发展，创造了一个超越国界的科学共同体[5]。这些新技术的出现促进了科学家或研究人员之间的合作，因此新的交流和协作模式正在形成[6]。

2008 年，来自马里兰大学的 Shneiderman 提出了 Science 2.0 的理念[7]，其内涵主要是指一种利用网络技术实现信息共享和协作创新的新兴科学方法[8]，类似于 Web 2.0 技术驱动下的开放研究和开放科学运动。2018 年，Scharf 等发表在 *Nature* 上的文章再次强调了科学研究跨学科合作的重要性[9]。Science 2.0 特别强调研究人员之间利用协作而获取的收益，主要利用一些诸如维客（Wikis）、博客、社交网络等在线工具分享各个领域的科研数据及成果发现[10]，这也促进了多种支持免费科研协作网络站点的迅速发展。Science 2.0 明

---

[1] GARVEY W D. Communication: The Essence of Science[M]. Oxford: Pergamon Press, 1979: 65.
[2] STORER, NORMAN W. The Sociology of Science[M]. Chicago: University of Chicago Press, 1973: 91-93.
[3] SHANG S S C, LI E Y, WU Y, et al. Understanding Web 2.0 service models: a knowledge-creating perspective[J]. Information & Management, 2011, 48 (4-5): 178-184.
[4] National Science Foundation. Changing the conduct of science in the information age[R/OL]. [2018-04-01]. http://www.nsf.gov/pubs/2011/oise11003/index.jsp?WT.mc_id=USNSF_25&WT.mc_ev=click.
[5] AYTAC S. International scholarly collaboration in science, technology and medicine and social science of Turkish scientists[J]. International Information & Library Review, 2010, 42(4): 227-241.
[6] HEIMERIKS G, HORLESBERGER M, BESSELAAR P V D. Mapping communication and collaboration in heterogeneous research networks[J]. Scientometrics, 2003, 58(2): 391-413.
[7] SHNEIDERMAN B. Human-computer interaction redefines science[N]. Science Daily, 2008-03-10.
[8] THOMAS L. Cracking open the science process[N]. The New York Times, 2012-01-16.
[9] SCHARF C, FISCHER D, MEADOWS V. Exoplanet science 2.0[J]. Nature, 2018, 553(7687):149-151.
[10] WENDZEL S, CAVIGLIONE L, MAZARCZYK W, et al. Network information hiding and science 2.0: can it be a match?[J]. International Journal of Electronics & Telecommunications, 2017, 63(2):217-222.

显区别于传统的科研模式，其对比见表 1-1。

表 1-1　传统科研模式和 Science 2.0 模式的特征差异

特征	传统科研模式	Science 2.0 模式
研究过程	封闭开展研究活动→提交至期刊→同行→评审→出版	科学发现阶段的研究数据分享→观点分享→科学协作→科学成果在线传播
文献获取	付费获取	在线免费获取
学术权威性的建立	由期刊影响力建立学术权威性	由在线引用次数、浏览和下载次数建立学术权威性
数据共享	数据在出版之后才能公开	数据在出版之前就可以共享
出版方运营方式	出版方通过向用户收取费用获得运营资助	出版方以其他多种融资模式获得运营资助

由表 1-1 可知，Science 2.0 彻底打破了科学建制的传统模式，越来越多的科研工作人员在学术交流中广泛采用社交媒体，不断开放和接纳多种合作行为，并在学术活动中吸纳更多的利益相关者[①]。从知识扩散的角度看，知识的本质是通过社会关系进行传播和扩散[②]，这从另一方面显示了知识是如何通过合作而产生和传播的。合作也使研究人员能够建立、扩展和维护他们的社会资本，最终引发未来的合作，从而提高他们的生产力[③]。因此，Science 2.0 对传统的科学结构、研究进程、沟通交流及价值体系等都产生了深刻的影响。

1.1.2　学术社交网络的新型学术平台受到广泛关注

虽然 Science 2.0 的概念仍在不断演化，但其核心内涵是指基于 Web 2.0 技术引起的研究交流工具和协作互动平台的变化，利用多样化的学术交流工具提升科研交流和协作的效率。

学术社交网络是伴随着多种学术交流平台的逐步演化而形成的，结合研究人员的多样化信息需求，其使用对象大致经历了如下演变阶段。

(1) 使用一般的社交网络服务站点开展学术研究。开放存取的理念进一步推动将社交媒体用作学术交流的工具[④]，由于社交网络服务 (social networking services, SNS) 的目的是支持知识的协作创作和传播，因此学者们在学术上对它进行探索应用也就不足为奇，多数社交网络服务均支持用户通过创建在线身份及分享与研究相关的成果而增加知名度[⑤]，尤其是 2007~2008 年，研究人员使用社交网络服务从事与研究相关的活动开始日渐活

---

① VIGOLI M, KRAKER P, SEVAULT A. Paving the way for science 2.0: top-down and bottom-up approaches[C]// International Conference for E-Democracy and Open Government, 2015: 120-121.
② OZEL B. Collaboration structure and knowledge diffusion in Turkish management academia[J]. Scientometrics, 2012, 93(1): 183-206.
③ HE Z L, GENG X S, CAMPBELL-HUNT C. Research collaboration and research output: a longitudinal study of 65 biomedical scientists in a New Zealand university[J]. Research Policy, 2009, 38(2): 306-317.
④ MOUNCE R. Open access and altmetrics: Distinct but complementary[J]. Bulletin of the American Society for Information Science & Technology, 2013, 39(4):14-17.
⑤ PAPACHARISSI Z. The virtual geographies of social networks: a comparative analysis of Facebook, LinkedIn and a small world[J]. New Media & Society, 2009, 11(1-2): 199-220.

跃[1]，学者们最大限度地利用了一般社交网络服务的各种通信交流功能。例如，学者们使用 Facebook 的墙贴功能发布消息[2]，也有学者发现使用 Twitter 来发布学术成果不失为一个有效的分享策略[3][4]，但其学术服务的专业性也受到了一些学者的质疑[5]。

（2）使用在线参考文献管理站点开展学术研究。参考文献管理站点存储了大量学术文献供用户参考并允许用户发布或分享其参考文献，并生成参考文献列表，如 Mendeley、BibSonomy、CiteULike 及 Zotero。随着专业的参考文献管理站点不断进行学术社交功能的扩展和完善，其逐渐开始支持研究人员广泛的学术资源共享和信息交互。

（3）使用学术社交网络站点开展学术研究。在线社交网络在演化中持续发展。如 Facebook，虽然有多种用途，但其最常用的功能是朋友之间的非正式交流；又如 LinkedIn，主要还是用于职业沟通和职业网络。这些均表明一般社交网络服务站点在支持学术交流的专业性上还存在局限。2006~2008 年，学术社区开始逐渐兴起[6]，近年来，研究人员又逐渐开始使用学术社交网络来开展与研究相关的活动，学术社交网络是比一般 SNS 更具体、更专业化的学术社交服务站点，专门针对从事诸如论文和数据集分享活动的相关学术机构和学者，并提供出版物发布分析、问题求助与回答及信息交流促进功能。在线学术社交网络作为非正式的学术交流方式，正改变着传统学术交流的范式，促进了日常科研活动的开展，诸如 Mendeley、Academia 和 ResearchGate 等全球性学术社交网络已经成为学术领域研究的一部分。

学术社交网络为研究人员提供了单独用于研究的专业化网络，并结合了公开出版研究的社会化网络特征，均能满足学术研究人员的需求[7]。同时，学术社交网络还提供了诸如个人资料和同行互动等传统社交网络的功能，以及特定的学术需求工具，如文章的上传和引文跟踪[8]。按照 Ortega[9] 的观点，从全球范围看，人文社会科学和自然科学领域的科学家已经非常积极地参与到学术社交网络的活动中。Gruzd 等的调查显示，由于方便与同行建立合作关系，并促进研究人员在线工作，学者们在与研究相关的职业活动中已经越来越广泛地采用学术社交网络服务站点[10]，其对于整个科学发展进程的推动作用日趋显著。学术交流与协作工具的创建时间表如图 1-1 所示。

---

[1] MENENDEZ M, ANGELI A D, MENESTRINA Z. Exploring the Virtual Space of Academia[M]. London: Springer, 2012: 49-63.
[2] KORTELAINEN T, KATVALA M. "Everything is plentiful—except attention". Attention data of scientific journals on social web tools[J]. Journal of Informetrics, 2012, 6(4):661-668.
[3] EYSENBACH G. Can tweets predict citations? Metrics of social impact based on Twitter and correlation with traditional metrics of scientific impact[J]. Journal of Medical Internet Research, 2011, 13(4): 123-125.
[4] SHUAI X, PEPE A, BOLLEN J. How the scientific community reacts to newly submitted preprints: Article downloads, Twitter mentions, and citations[J]. Plos One, 2012, 7(11): 47523.
[5] GRUZD A. Non-academic and academic social networking sites for online scholarly communities[J]. Social Media for Academics, 2012: 21-37.
[6] ORTEGA J L. Social Network Sites for Scientists: A Quantitative Survey[M]. Oxford: Chandos Publishing, 2016: 99-103.
[7] OVADIA S. ResearchGate and academia.edu: Academic social networks[J]. Behavioral & Social Sciences Librarian, 2014, 33(3):165-169.
[8] JORDAN K. What do academics ask their online networks? An analysis of questions posed via Academia.edu[C]// ACM Web Science Conference. ACM, 2015:42.
[9] ORTEGA J L. How is an academic social site populated? A demographic study of Google scholar citations population[J]. Scientometrics, 2015, 104(1): 1-18.
[10] GRUZD A, STAVES K, WILK A. Connected scholars: Examining the role of social media in research practices of faculty using the UTAUT model[J]. Computers in Human Behavior, 2012, 28(6):2340-2350.

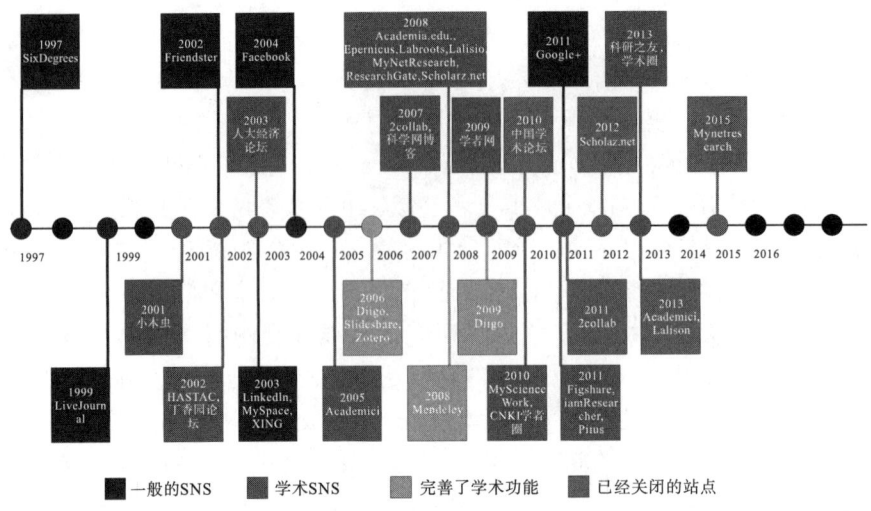

图 1-1　学术交流与协作工具的创建时间表

2013 年，在线教育出版商 Elsevier 收购了在线文献管理服务提供商 Mendeley，据推测，收购总额为 0.69 亿~1 亿美元；三周之后，比尔·盖茨（Bill Gates）联合其他投资者，向全球学术社交网络站点 ResearchGate 投资 0.35 亿美元。此外，ResearchGate 上还活跃着许多知名学者，如荣获数学最高奖项菲尔兹奖（Fields Medal）的陶哲轩（Terence Tao）[1]。这些事例充分证明了学术社交网络作为新兴社交媒体工具在科学传播领域显著的利益表现，以及受到的广泛关注。

1.1.3　用户对学术社交网络信息质量提出更高的要求

学术社交网络确实能促进知识的交流和传播，但是在线参与的用户生成内容的开放性也加剧了低质信息甚至是错误信息的生成风险，这种用户生成内容造成的低质信息的社交窘境，类似区域经济学中谈及的"公地悲剧"[2]。学术社交网络的内容贡献质量问题成为备受学者们争议的话题[3][4]。因为传统学术资源的公开出版方式，经过了各方面专家及同行的评审过程，这种编撰加工方式保证了学术资源的来源可信度，某种程度上减轻了人们对于学术内容质量判断的认知负担，而学术社交网络的用户内容生成，在潜在风险不确定的情况下，对用户的信息判断和组织形成了巨大挑战[5]。

学术社交网络上的信息质量并没有经权威人士或专家审核，把关人的角色已经从学术专家或学术权威转变为参与社区的各个研究成员，并且互动和开放一直是 Web 2.0 下学术社交

---

[1] HOFFMANN C P, LUTZ C, MECKEL M. A relational altmetric? Network centrality on ResearchGate as an indicator of scientific impact[J]. Journal of the Association for Information Science & Technology, 2015, 67(4): 1-11.
[2] JIN J, LI Y, ZHONG X, et al. Why users contribute knowledge to online communities[J]. Information & Management, 2015, 52(7): 840-849.
[3] YAN W, ZHANG Y. Research universities on the ResearchGate social networking site: An examination of institutional differences, research activity level, and social networks formed[J]. Journal of Informetrics, 2018, 12(1): 385-400.
[4] MANGAN K. Social networks for academics proliferate, despite some doubts[J]. Chronicle of Higher Education, 2012, 58(35): 1-7.
[5] LACHLAN K A, SPENCE P R, EITH C. Emergency Communication in the Developing World: Considering Intercultural Differences and the Needs of Urban Populations[M]. Strategic Health Communication in Urban Contexts, 2014: 65-76.

网络承袭的精神,内容质量评测和控制的困难也正是源于这种互动和开放,在学术社交网络平台,每个人都可以在未经同行评审的情况下提供学术资源。因此,这些资源的质量或高或低,为学者们发现高质量的资源带来了困难,很可能会降低他们加入学术社交网络获取和分享学术信息的欲望[①]。因此,信息质量问题成为学术社交网络长期面临的独特挑战,用户对学术社交网络平台提高信息质量的期望是需要格外关注的一个重要问题[②]。

丰富的学术社交网络站点为研究人员提供了多样化的学术交流空间,也向研究人员甄别有价值的学术信息资源提出了更大的挑战,催生了研究人员对精准信息的需求。信息质量是用户生成内容的核心问题,由于信息质量在具体情境下具有鲜明的用户主体特征,信息质量也源于用户的最终评价和判断,立足于用户视角研究学术社交网络感知信息质量各个因素的选判,充分了解用户对信息质量的体验和判断,将为深入分析用户感知信息质量提供理论依据,为推动学术社交网络的可持续发展提供参考。

那么,备受关注而又被广泛讨论的学术社交网络究竟是怎样一种科学服务工具形态?能否实现 Science 2.0 下所倡导的价值?学术社交网络具有的社会网络结构有哪些特征和规律?现有的用户行为研究集中在哪些方面?针对学术社交网络的多方面评价有哪些?为什么人们相信并愿意使用学术社交网络?人们为何乐于在学术社交网络上贡献内容?高质量的内容具有哪些特征?如何进行信息质量的判断?学术社交网络该如何进行信息质量的建设和管控?这些都是学界和业界亟待解决的问题,因此,对学术社交网络用户行为进行系统严谨的研究显得尤为必要。

1.2 国内外研究述评

1.2.1 学术社交网络的功能与结构研究

Science 2.0 环境下,研究人员在学术研究和交流阶段广泛使用了各种学术社交网络,诸多学者对现有学术社交网络的功能及社会网络结构研究进行了梳理。

1.2.1.1 学术社交网络的功能研究

早在 2011 年,Listed 就提出学术社交网络为促进高效的研究协作提供了途径,并且最大的功能优势在于其众包解决问题的能力,如个体提出一个问题,往往可以获得社区专家的回复,以此实现学术思想的交流,该种模式特别适合解决复杂问题的大规模协作难题[③]。同年,有学者认为一些学术社交网络,如科学博客,已经开始探索有关科学的命题,比如有关科学和社会的关系研究,不局限于科学发现成果的发布[④]。2014 年,Van Noorden 的研究表明,

---

① CHENG R, VASSILEVA J. Design and evaluation of an adaptive incentive mechanism for sustained educational online communities[J]. User Modeling and User-Adapted Interaction, 2006, 16(4):321-348.
② LI L, HE D, ZHANG C. Evaluating academic answer quality: A pilot study on ResearchGate Q&A[J]. Springer International Publishing, 2016: 61-71.
③ LISTED N. The scientific social network[J]. Nature Medicine, 2011, 17(2):137.
④ COLSON V. Science blogs as competing channels for the dissemination of science news[J]. Journalism, 2011, 12(7): 889-902.

研究人员选择不同的学术社交网络的目的有所不同，如使用 ResearchGate 和 Academia 平台的目的是联系合作者，而使且 Mendeley 主要是为了发现新发表的文章[①]。

协作功能的探讨方面，Bardakci 等根据对土耳其 34 所大学 95 名学者的调查结果，从社会文化和科学惯例的角度讨论了学术社交网络在研究协作中的重要作用[②]，Thelwall 和 Kousha 调查了哲学学科成员使用学术社交网络 Acadmia.edu 的情况，发现教师群体的主页访问量要高于学生群体，这与社交媒体的年轻化使用特征背道而驰，说明学术社交网络的主要功能还是在于学术交流，而非社交[③]；类似地，Pieterse 和 Meishar 通过对以色列研究人员的问卷调查，发现社交网络主要的使用功能在于信息消费，而非信息交互[④]，这表明学术社交网络站点主要是受到学术资本驱动，而非友谊驱动。然而，Oh 和 Wei 强调了学术社交中的协作，认为学术社交网络的主要功能在于促进跨学科的合作[⑤]。该观点在后来的研究中得到进一步认可，如 Rohani 和 Ow 通过对 5 个不同学术社交网络站点的调查，将其功能特征概括为管理、协作、报告和整合，其中协作功能就涵盖了多学科的合作[⑥]。

基本功能的界定方面，Gruzd 将学术社交网络的基本功能界定为两种，即支持社交网络的交流和基于文献管理的应用[⑦]。在此基础上，Bullinger 等分别对 Academia、Mendeley 和 ResearchGate 的 10 位平台创建者进行深度访谈，同时结合 24 个学术社交网络站点的案例分析，再次强调了协作功能，将学术社交网络的功能扩展为 4 种，即个人身份和网络管理、学术信息管理、交流管理和协作管理，并将其功能分类整合到框架体系中[⑧]，如图 1-2 所示。

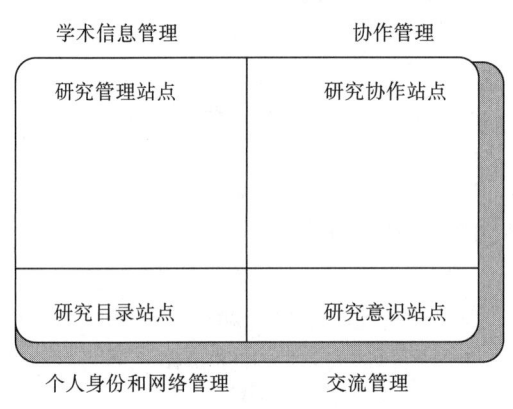

图 1-2　学术社交网络的功能分类框架

[①] VAN NOORDEN R. Online collaboration: Scientists and the social network[J]. Nature, 2014, 512(7513):126-129.
[②] BARDAKCI S, ARSLAN O, UNVER T K, et al. How scholars use academic social networking services[J]. Information Development, 2018, 34(4): 334-345.
[③] THELWALL M, KOUSHA K. Academia.edu: Social network or academic network?[J]. Journal of the Association for Information Science & Technology, 2014, 65(4): 721-731.
[④] PIETERSE E，MEISHAR T H. Academics' use of academic social networking sites: the Case of ResearchGate and Academia.edu[C]// European Distance & E-learning Network Conference, 2016: 19-24.
[⑤] OH J S, WEI J. Groups in academic social networking services: an exploration of their potential as a platform for multi-disciplinary collaboration[C]// IEEE Third International Conference on Privacy, Security, Risk and Trust. IEEE, 2011: 545-548.
[⑥] ROHANI V A, OW S H. Eliciting essential requirements for social networks in academic environments[C] // Computers & Informatics. IEEE, 2011: 171-176.
[⑦] GRUZD A. Non-academic and academic social networking sites for online scholarly communities[J]. Social Media for Academics, 2012:21-37.
[⑧] BULLINGER A C, HALLERSTEDE S H, RENKEN U, et al. Towards research collaboration: a taxonomy of social research network sites[C]// Sustainable it collaboration around the globe. Americas Conference on Information Systems, AMCIS, 2010, Lima, Peru, August. 2010:99-113.

韩文等在前人研究的基础上,剖析了学术社交网站对科研活动的辅助作用,将其基本功能概括为科研资源的整合、学术交流效率的改进、学术合作机会的扩增、学术资源工具的管理和学者评价的替代计量5个方面[①];此外,还有学者对学术社交网络的类型进行了框架式划分,基本分为研究共享类、资源分享类和成果共享类3种[②]。

在不同学术社交网络站点的功能比较方面,有学者专门剖析了Academia、Mendeley、ResearchGate、Zotero和Google Scholar五个学术社交网络站点的功能及优劣势,帮助用户识别站点的功能差异[③];Espinoza Vasquez和Caicedo Bastidas分别对Academia、ResearchGate、Mendeley、LinkedIn和ImpactStory五个平台所提供的服务及工具进行了比较分析,认为多数学术社交网络平台提供的服务大致相同,但各有侧重,如都支持交流通信和访问量计算服务,但Mendeley的功能更强调协作,ResearchGate还提供了RG分数以更全面地测量用户活跃情况[④];刘先红和李纲关注学术社交网络的推荐功能,对科研之友、学者网、ResearchGate和Academia四个学术社交网络,从推荐策略、推荐项目、冷启动方案、用户偏好学习方面对比分析了它们的推荐系统功能,并指出了国内推荐系统功能存在的问题[⑤]。

此外,还有学者通过主成分分析的定量方法,验证了学术社交网络平台的信息、凝聚、合作和管理功能对用户学术互动和合作行为的影响[⑥]。

1.2.1.2 学术社交网络的网络结构研究

具有成员社交关系的学术社交网络形成了一定的社会网络结构,基于平台用户社交关系数据而开展的社会网络分析,能够通过用户的社会网络结构,在一定程度上发现部分规律性结论,有助于了解学术社交网络的社群结构和知识扩散方式。

有学者关注了网络结构中的中心度指标,如Hoffmann等在研究中抓取ResearchGate站点成员的关注关系,并使用社会网络结构指标进行解释,探寻网络中心度指标和学术人员科研影响力的关系(例如,入度中心性指标代表活动或研究成果的显著性,接近中心性指标代表成员的连接广泛性,中介中心性指标反映了成员网络的跨学科特征,特征向量中心性指标可被用于度量成员的共鸣或影响力),揭示了网络中心度与既定的学术资本指标之间确实存在一定的对应关系。同时在研究过程中发现群组基本上由熟悉的同事所构成,而非通过新的连接关系建立,不仅反映了小世界网络的典型特征,也揭示了机构的同质性[⑦],表明相同或相近学科的成员易于形成内聚的小团体。同理,也有学者发现学术虚拟社区的成员影响力与其所在网络的中心度有关,中心度越高,说明存在于成员之间的信息交流活动越

---

① 韩文,刘畅,雷秋雨. 分析学术社交网络对科研活动的辅助作用——以 ResearchGate 和 Academia.edu 为例[J]. 情报理论与实践,2017,40(8):105-111.
② 李玲丽,吴新年. 科研社交网络的发展现状及趋势分析[J]. 图书馆学研究,2013 (1):36-41.
③ WILLIAMS A E, WOODACRE M A. The possibilities and perils of academic social networking sites[J]. Online Information Review, 2016, 40(2):282-294.
④ ESPINAZA VASQUEZ F K, CAICEDO BASTIDAS C E. Academic social networking sites: a comparative analysis of their services and tools[C]//Proceedings of the iConference, 2015: 29.
⑤ 刘先红,李纲. 科研社交网络的推荐系统对比分析[J]. 图书情报工作,2016,60(9):116-122.
⑥ 皇甫军. 科研社交网络平台功能因素和用户行为的相关性分析[J]. 情报科学,2017,35(8):62-67.
⑦ HOFFMANN C P, LUTZ C, MECKEL M. A relational altmetric? Network centrality on ResearchGate as an indicator of scientific impact[J]. Journal of the Association for Information Science & Technology, 2015, 67(4):1-11.

频繁，信息影响力也越大[1]。

　　此外，学者们还通过网络结构分析，发现了其他的规律特征。Jordan 将研究对象设定为 Academia、Mendeley 和 Zotero 3 个学术社交网络平台，通过对用户数据的社会网络结构分析，同样发现了一些规律性的结论：①这 3 个学术社交网络的用户数据样本呈现明显的长尾分布；②学科的差异性导致中心性指标的显著差异性；③初级学者虽更为活跃，但在网络结构中的连接数量较少且占据网络中较为边缘的位置，表明网络结构中的位置与研究人员的学术身份相关[2]。随后 Jordan 继续深化其研究，通过对使用学术社交网络平台（Academia 或 ResearchGate）及 Twitter 平台的 55 名英国学者数据进行社会网络分析，探索其在学术社交网络和普通社交网络两类平台上的个人网络结构差异，并得出如下规律性结论：①两类平台的范围相当，规模呈现显著相关性，但普通社交网络 Twitter 的规模更大，学术社交网络的密度更大；②学术社交网络平台的群组聚集程度和互惠程度显著高于 Twitter；③学术社交网络结构的入度中心性指标大小取决于成员的工作职位[3]。此外，Li 和 Gillet 利用 Mendeley 平台的用户数据进行网络结构分析，发现每篇文章的阅读人数呈现幂律分布特征[4]；段庆锋选取国内科学网作为研究对象，通过社会网络分析和复杂网络分析方法证实了学术社交网络学科社交外向性和小世界的网络特征[5]。

　　通过上述文献整理可以看出，对学术社交网络站点的功能和结构研究涉及 Academia、Mendeley、ResearchGate、Zotero 及 Google Scholar 等专业的学术社交网络平台，也有研究将范围扩展至能提供学术交流功能的 Facebook 和 Twitter 等一般社交网站。通过前人文献的梳理，发现多项研究将学术社交网络的基本功能总结为在线个人信息管理[6]、研究扩散[7]、协作[8]、信息管理[9]和影响力测量[10] 5 个方面。多数学者认为学术社交网络对传统的文献出版及成果发布方式都产生了革命性的颠覆，作为研究人员专业化的社交网络，具有社交网络的信息发布功能，能够满足研究人员的研究需求[11][12]但功能设计应该考虑以用户为中心，不同科研阶段的用户需求均存在差异，如何更好地满足学术研究人员的需求，并

---

[1] 毕强,贯君,赵夷平. 学术虚拟社区信息运动规律研究[J]. 图书馆学研究,2015 (7):6-13.
[2] JORDAN K. Academics and their online networks: exploring the role of academic social networking sites[J]. First Monday, 2014, 19(11): 55-63.
[3] JORDAN K. Academics' online connections: Characterizing the structure of personal networks on academic social networking sites and Twitter[C]// Proceedings of the 10th international conference on networked learning, 2016: 414-421.
[4] LI N, GILLET D. Identifying influential scholars in academic social media platforms[C]// IEEE/ACM International Conference on Advances in Social Networks Analysis and Mining. ACM, 2013: 608-614.
[5] 段庆锋. 我国科研人员在线学术社交模式实证研究:以科学网为例[J]. 情报杂志,2015 (9):97-101.
[6] BARBOUR K, MARSHALL D. The academic online: constructing persona through the World Wide Web[J]. First Monday, 2012, 17(9): 1-20.
[7] ESPINAZA VASQUEZ F K, CAICEDO BASTIDAS C E. Academic social networking sites: a comparative analysis of their services and tools[C]//Proceedings of the iConference, 2015:29.
[8] BULLINGER A C, HALLERSTEDE S H, RENKEN U, et al. Towards research collaboration: a taxonomy of social research network sites[C]// Sustainable it collaboration around the globe. Americas Conference on Information Systems, AMCIS, 2010, Lima, Peru, August. 2010:99-113.
[9] VELETSIANOS G. Open practices and identity: Evidence from researchers and educators' social media participation[J]. British Journal of Educational Technology, 2013, 44(4): 639-651.
[10] GRUZD A, STAVES K, WILK A. Tenure and promotion in the age of online social media[J]. Proceedings of the American Society for Information Science & Technology, 2011, 48(1): 1-9.
[11] OVADIA S. ResearchGate and academia.edu: Academic social networks[J]. Behavioral & Social Sciences Librarian, 2014, 33(3): 165-169.
[12] PIETERSE E，MEISHAR T H. Academics' use of academic social networking sites: the case of ResearchGate and Academia.edu[C]// European Distance & E-learning Network Conference, 2016: 19-24.

向其展示符合使用习惯的功能示能性，是未来学术社交网络功能设计面临的挑战。此外，学术社交网络的社会结构分析能够得出幂律分布、核心边缘结构和小世界等规律、现象和结论，但也忽略了实际之中的用户交互行为，并且相较于功能研究，学术社交网络的社会结构分析研究比较匮乏，用户参与交互而形成的社会网络结构是否能够对用户行为产生明显的影响，需要从客观的用户数据中挖掘更多规律性和价值性的结果，同时也应考虑扩大样本数据以有效展现整体网络特征，并结合复杂网络分析，以更好地揭示学术社交网络的运行机理。

1.2.2 学术社交网络的用户行为研究

用户是学术社交网络的构成主体，对其开展行为研究的成果颇为丰硕，是文献成果产出比较丰富的研究主题之一[1]，主要集中在用户主体特征差异研究、用户使用动机研究、用户内容使用行为研究、用户互动行为研究和用户行为影响因素研究五个方面。

1.2.2.1 学术社交网络的用户主体特征差异研究

不同的学术社交网络平台，其用户构成特征存在差异，通过深入剖析，能够了解学术社交网络的用户概貌，也可以从某种程度上揭示学科结构、科研合作及学术活跃性等特征。

1. 使用行为的群体差异研究

有学者通过数据发现，影响群体差异最显著的因素是学科和研究兴趣[2]，有关使用行为的群体差异研究中，大多数学者通过学科背景的不同，探讨用户行为的使用差异。首先，在学术社交网络平台的使用偏好上，不同学科背景之间的用户存在差异。如有学者研究了Mendeley学术社交网络平台的用户特征，发现进入该平台最早的用户学科背景为计算机信息科学和生物科学，之后进入的用户学科背景涉及社会科学、教育学和心理学，基本未见人文学科，该偏差也揭示了隐含平台偏好选择差异的可能[3]。Ortega通过对西班牙国家研究委员会成员的调查发现，人文社会科学学者偏向于使用Academia平台，生物学研究人员偏向使用ResearchGate平台[4]。而也有学者的研究结论与此恰好相反，如Lovett等研究发现美国罗得岛大学的教职人员，特别是社会和人文学科的相关人员，他们更偏向使用ResearchGate平台[5]。类似地，国内学者邓胜利和向阳同样发现软学科的学者更偏向使用ResearchGate平台[6]。其次，在学术社交网络的使用行为上，不同学科背景的用户之间存在差异。例如，学者Jeng等通过研究图书信息服务、艺术史和天体物理学3个不同学科背景的用户在ResearchGate上的信息和资源交换行为，发现学科背景的不同影响了他们在学术社交网络上的学术分享行为，如对问题的响应时间、引用的参考文献和理论的数量等[7]；

---

[1] 刘虹,李煜,孙建军.我国学术社交网络研究的发展脉络与知识结构分析[J].图书馆学研究,2018(17):7-16.
[2] 刘晓娟,刘新哲. 虚拟学术群组特征研究——以用户为分析视角[J]. 图书情报工作,2015,59(24):83-92.
[3] JENG W, HE D, JIANG J. User participation in an academic social networking service: a survey of open group users on Mendeley[J]. Journal of the Association for Information Science & Technology, 2015, 66(5): 890-904.
[4] ORTEGA J L. Disciplinary differences in the use of academic social networking sites[J]. Online Information Review, 2015, 39(4): 520-536.
[5] LOVETT J A, RATHEMACHER A J, BOUKARI D, et al. Institutional repositories and academic social networks: Competition or complement? A study of open access policy compliance vs. ResearchGate participation[J]. Journal of Librarianship and Scholarly Communication, 2017, 5: 1-35.
[6] 邓胜利,向阳. 基于学术社交网络的文献阅读及学科关注点差异研究[J]. 图书情报工作,2017(6): 99-106.
[7] JENG W, DESAUTELS S, HE D Q, et al. Information exchange on an academic social networking site: a multidiscipline comparison on ResearchGate Q&A[J]. Journal of the Association for Information Science and Technology, 2017, 68(3): 638-652.

邓胜利和向阳调查了不同学科文献在 Mendeley 和 ResearchGate 平台上阅读次数的差异，发现阅读次数与相关读者所属学科分布存在较大差异，Mendeley 平台阅读次数最多的是生命科学学科文献，而 ResearchGate 平台上为商业和管理科学文献；针对国内科学网博客社区，丁敬达和许鑫认为在学术交流中，管理综合学科背景的用户和自然科学学科背景的用户存在显著差异[1]；徐美凤和孔亚明通过仿真分析，发现理工类学科背景的用户在社区的知识共享形式偏向于问答式，而管理科学学科背景的用户则倾向于发布式[2]。最后，在学术社交网络的使用活跃度上，也存在学科差异。例如，有学者发现 Mendeley 平台上较活跃的学科群体来自心理学、经济学和地球科学[3]；而针对 Academia 学术社交网络平台，学者 Gemma 和 Ángel 通过对 12 所加泰罗尼亚的大学学者的使用情况进行案例分析，发现使用该平台最多的用户的学科背景是社会科学学科[4]，而将样本扩大至全平台，Almousa 发现问答最活跃的用户的学科背景来自人类学和哲学[5]。此外，有学者利用社会网络分析的方法分析 ResearchGate 的用户群体，发现诸多学者在该平台上感兴趣的话题讨论集中在计算机科学、人工智能、经济学、应用语言学和教育学等方面[6]。在国内用户的分析中，段庆锋在其研究中发现管理相关的学科相较于工程材料学科，具有更强的社交倾向，表明学科知识的社会属性越明显，知识构成越多元化，则该学科领域的研究人员更倾向于较为活跃的学术社交[7]，然而多位学者发现理工学科的研究人员比人文社会科学的活跃度更高[8][9]。

此外，还有学者从其他群体特征关注使用行为的差异。如 Yan 等按照 ResearchGate 上用户关注关系之间的比率不同，将用户分为信息源类、好友类和信息搜寻类三个群体，由此研究三类群体的用户行为，如在学术社交网络中的活跃度和平台利用情况[10]；还有学者探索了学术社交网络上的群组特征差异，以 Mendeley 平台的在线群组为例，发现每个用户平均加入 2.29 个群组，群组规模为 1～287 人，大多数群组规模较小，建议加强促进群组形成和增长的措施，以更好地保持群组协作[11]。

2. 使用行为的统计学特征差异研究

在性别特征上，Gemma 和 Ángel 发现近 3/5 的学术社交网络用户是男性，该比例也与当地的高等教育教师性别比例分布一致。在年龄特征上，活跃用户相对较年轻，61%的用户平均年龄低于 40 岁[12]，表明学术社交网络正受到广大年轻科研工作者的青睐。在学术

---

[1] 丁敬达,许鑫. 学术博客交流特征及启示——基于交流主体、交流客体和交流方式的综合考察与实证分析[J]. 中国图书馆学报,2015,41(3): 87-98.
[2] 徐美凤,孔亚明. 基于多主体建模的学术社区知识共享行为仿真分析[J]. 情报杂志,2013,32(4):161-165
[3] JIANG J, NI C, HE D, et al. Mendeley group as a new source of interdisciplinarity study: how do disciplines interact on Mendeley[C]// Proceedings of the ACM/IEEE-CS Joint Conference on Digital Libraries, 2013:135-138.
[4] GEMMA N, ÁNGEL B. Use of social networks for academic purposes: a case study[J]. Electronic Library, 2013, 31(6): 781-791.
[5] ALMOUSA O. Users' classification and usage-pattern identification in academic social networks[C]// Applied Electrical Engineering and Computing Technologies. IEEE, 2011: 1-6.
[6] KADRIU A. Discovering value in academic social networks: a case study in ResearchGate[C]// Proceedings of the International Conference on Information Technology Interfaces. IEEE, 2013:57-62.
[7] 段庆锋. 我国科研人员在线学术社交模式实证研究:以科学网为例[J]. 情报杂志,2015 (9):97-101.
[8] 张耀坤, 张维嘉, 胡方丹. 中国高影响力学者对学术社交网站的使用行为调查——以教育部长江学者为例[J]. 情报资料工作, 2017(3), 96-101.
[9] 耿斌, 孙建军. 在线学术社交平台的用户行为研究——以 ResearchGate 平台南京大学用户为例[J]. 图书与情报,2017(5):47-53.
[10] YAN W, ZHANG Y, BROMFIELD W. Analyzing the follower-followee ratio to determine user characteristics and institutional participation differences among research universities on ResearchGate[J]. Scientometrics, 2018(3): 1-18.
[11] OH J S, WEI J. Groups in academic social networking services—an exploration of their potential as a platform for multi-disciplinary collaboration[C]// IEEE Third International Conference on Privacy, Security, Risk and Trust. IEEE, 2011:545-548.
[12] GEMMA N, ÁNGEL B. Use of social networks for academic purposes: a case study[J]. Electronic Library, 2013, 31(6): 781-791.

身份特征上，有学者发现 Mendeley 平台的主要构成人员是科研人员、博士生、教师和博士后群体[1]。针对 Academia 平台，个人主页信息最完整的是教师和博士后，其次是学生，独立研究人员的研究兴趣最为广泛，也最为活跃，但由于其缺乏所属机构，社交关系程度最低[2]。针对 Google 学术引用平台，研究人员发现使用最频繁的是教授，其次是副教授，再次为博士生[3]。也有学者调查了欧洲高被引学者使用学术社交网络建立学术身份的情况，发现相较于传统媒体，高被引学者对于社交媒体的利用并不积极[4]。在机构特征上，有学者聚焦 ResearchGate 平台，发现来自高水平大学的用户利用该平台提升自身学术声誉和学术影响力的积极性更高，也更注重科学交流和协作，揭示了科学家对科学贡献的更多可见性，这非常类似马太效应[5]。还有学者调查了我国高校在 ResearchGate 平台上的影响指数，发现排名前 5 的高校分别为复旦大学、浙江大学、北京大学、清华大学和上海交通大学[6]。在国家特征上，有学者通过对 Academia 的案例研究，发现欧洲用户群体比北美用户群体更为活跃和开放，研究兴趣也更为广泛[7]。此外，以色列的研究人员 42%都拥有学术社交网络平台账户，38%的人员频繁访问学术社交网络平台，最偏爱的学术社交网络站点是 ResearchGate[8]。对于 Google 学术引用，使用最多的国家是美国和英国，其次是巴西和印度。而对于 ResearchGate 平台，中国、韩国、俄罗斯等国的使用积极性尚低，面临一定的学术机会错失风险[9]。针对中国用户的活跃度，也有学者通过用户在谷歌和百度的主动搜索行为，发现国内用户对 ResearchGate 的关注热度及利用水平远远不及国际水平[10]，虽然我国学者对学术社交网络的需求较大，但活跃程度一直处在较低水平[11]。

1.2.2.2 学术社交网络的使用动机研究

Pieterse 和 Meishar 调查了研究人员使用学术社交网络的动机，包括自我提升、专业知识的获取、信息社区的归属感和与他人进行交互等[12]。Elsayed 调查了阿拉伯研究人员，发现其使用学术社交网络的目的是学术成果分享和与其他学者进行交流[13]。Jeng 等针对 Mendeley

---

[1] JIANG J, NI C, HE D, et al. Mendeley group as a new source of interdisciplinarity study: How do disciplines interact on Mendeley[C]? Proceedings of the ACM/IEEE-CS Joint Conference on Digital Libraries, 2013:135- 138.
[2] ALMOUSA O. Users' classification and usage-pattern identification in academic social networks[C]//Applied Electrical Engineering and Computing Technologies. IEEE, 2011: 1-6.
[3] ORTEGA J L. How is an academic social site populated? A demographic study of Google scholar citations population[J]. Scientometrics, 2015, 104(1): 1-18.
[4] MAS-BLEDA A, THELWALL M, KOUSHA K, et al. Do highly cited researchers successfully use the social web?[J]. Scientometrics, 2014, 101(1): 337-356.
[5] YAN W, ZHANG Y. Research universities on the ResearchGate social networking site: an examination of institutional differences, research activity level, and social networks formed. Journal of Informetrics, 2018, 12(1): 385-400.
[6] 刘晓娟,余梦霞,黄勇,等. 基于 ResearchGate 的学术交流行为实证研究——以北京师范大学为例[J]. 情报工程, 2016, 2(3):26-36.
[7] MENENDEZ M, ANGELI A D, MENESTRINA Z. Exploring the virtual space of academia[M]. Springer London, 2012: 49-63.
[8] PIETERSE E, MEISHAR T H. Academics' use of academic social networking sites: The case of ResearchGate and Academia.edu[C]// European Distance & E-learning Network Conference, 2016: 19-24.
[9] THELWALL M, KOUSHA K. ResearchGate: Disseminating, communicating, and measuring scholarship?[J]. Journal of the Association for Information Science & Technology, 2015, 66(5): 876–889.
[10] 张义民,韩文,霍萌. 基于谷歌趋势和百度指数的 ResearchGate 关注度及使用情况分析[J]. 情报科学,2017 (7): 60-64.
[11] 胡文静,王睿. 社交网络学术活动特征分析及应对策略[J]. 情报资料工作,2017 (1):34-41.
[12] PIETERSE E, MEISHAR T H. Academics' use of academic social networking sites: the case of ResearchGate and Academia.edu[C]// European Distance & E-learning Network Conference, 2016: 19-24.
[13] ELSAYED A M. The use of academic social networks among Arab researchers[J]. Social Science Computer Review, 2015, 34(3): 378-391.

的开放小组成员，识别了4种参与动机，分别为跟踪前沿研究主题、寻找志同道合的群体、建立个人学术档案及与他人分享阅读文献[1]。隆晓雯和庞建刚在学术虚拟社区的情景下，利用主成分分析方法研究了成员的知识创新行为动机，将析出的6个主成分上升为内部动机、外部动机和内化的外部动机[2]。因此，用户使用学术社交网络的动机或目的具有一定的趋同性，将其总结概括为自我提升、社交互动、信息共享和学术合作（表1-2）。

表1-2 用户使用学术社交网络的动机

使用动机	具体表现	代表性文献来源
自我提升	建立个人学术档案，对自我学术形象、身份和地位的确认、提升及传播	Meishar-Tal 和 Pieterse[3]、Nicholas 等[4]
社交互动	与其他学者进行互动通信、相互关注、评论及对合作邀请的响应	Elsayed[5]、Gemma 和 Ángel[6]
信息共享	研究成果发布、观点扩散、跟踪前沿主题、分享学术资源	Jeng 等[7]、Salahshour 等[8]、Corvello 等[9]
学术合作	寻找研究伙伴、组建研究群组、参与合作研究、组织学术会议	Chen 等[10]、Chakraborty[11]、Gruzd 和 Goertzen[12]、胡文静和王睿[13]

1.2.2.3 学术社交网络的内容使用行为研究

内容使用行为涉及内容的创建和知识的贡献。其中，内容创建行为是用户使用学术社交网络的显著特征之一。在信息使用源可信度判断及引用行为上，有学者捕捉到了学术环境变化导致的研究人员态度的变化[14]。在内容创建行为上，有学者关注 ResearchBlogging 医学类的392个博客，通过内容分析方法，探寻到多数的博文都是引用最新的文章或引自跨学科的通用医学刊物，很少产生自引行为，90%以上的博文都会包括一个广泛性的讨论[15]。此外，学术博客是用户生成的学术信息中的一种形式，多位学者研究了学术博客的内容生

---

① JENG W, HE D, JIANG J. User participation in an academic social networking service: a survey of open group users on Mendeley[J]. Journal of the Association for Information Science & Technology, 2015, 66(5): 890-904.
② 隆晓雯,庞建刚. 基于主成分分析的学术社区成员知识创新行为动机研究[J]. 情报杂志,2016,35(12): 127-132.
③ MEISHAR-TAL H, PIETERSE E. Why do academics use academic social networking sites?[J]. International Review of Research in Open & Distributed Learning, 2017, 18(1): 1-22.
④ NICHOLAS D, HERMAN E, JAMALI H, et al. New ways of building, showcasing, and measuring scholarly reputation[J]. Learned Publishing, 2016, 28(4):327-327.
⑤ ELSAYED A M. The use of academic social networks among Arab researchers[J]. Social Science Computer Review, 2015, 34(3): 378-391.
⑥ GEMMA N, ÁNGEL B. Use of social networks for academic purposes: a case study[J]. Electronic Library, 2013, 31(6): 781-791.
⑦ JENG W, HE D, JIANG J. User participation in an academic social networking service: a survey of open group users on Mendeley[J]. Journal of the Association for Information Science & Technology, 2015, 66(5): 890-904.
⑧ SALAHSHOUR M, DAHLAN H M, IAHAD N A. A case of academic social networking sites usage in Malaysia: drivers, benefits, and barriers[J]. International Journal of Information Technologies & Systems Approach, 2016, 9(2): 88-99.
⑨ CORVELLO V, GENOVESE A, VERTERAMO S. Knowledge sharing among users of scientific social networking platforms[J]. Decision Support Systems, 2014: 369-380.
⑩ CHEN C H, DESARMO J, KE H R. Exploring reasons for use or non-use of academic social network services among Taiwanese fishery scientists[J]. International Journal of Information Technologies & Systems Approach, 2016, 9(2): 88-99.
⑪ CHAKRABORTY N. Activities and reasons for using social networking sites by research scholars in NEHU: a study on Facebook and ResearchGate[C]//8th Convention Planner, Sikkim University, Gangtok, Ahmedabad, 2012: 19-27.
⑫ GRUZD A, GOERTZEN M. Wired academia: why social science scholars are using social media[C]// Hawaii International Conference on System Sciences. IEEE Computer Society, 2013: 3332-3341.
⑬ 胡文静,王睿. 社交网络学术活动特征分析及应对策略[J]. 情报资料工作,2017(1): 34-41.
⑭ WATKINSON A, NICHOLAS D, THORNLEY C, et al. Changes in the digital scholarly environment and issues of trust: An exploratory, qualitative analysis[J]. Information Processing and Management, 2016, 52: 446-458.
⑮ SHEMA H, BAR-IIAN J, THELWALL M. How is research blogged? A content analysis approach[J]. Journal of the Association for Information Science & Technology, 2015, 66(6): 1136-1149.

成行为，如 Li 和 Zhang 从基于标签的特征和基于内容的特征两方面研究了学术博客的用户标签行为[①]；Hartley 和 Cabanac 研究了博客的合作写作行为，发现合作写作的博客内容可读性比单一作者的博客内容可读性要低[②]。

知识贡献行为的研究中，Corvello 等对 ResearchGate 的成员随机发放了网络问卷，调查了成员的使用行为，发现成员虽然有较高的感知知识自我效能，但对于学术社交网络的知识获取和知识贡献都不积极，多数成员认为对其研究工作的帮助意义不大，作者认为可能是他们对平台知识的质量缺乏信任[③]。

此外，张颖怡等研究了科学网学术博客的博文分类行为，主要涉及系统分类和个人分类两类行为与学科的关联度[④]。此外，还有学者通过平台上发布的项目数量、被阅读数量和被关注数量等探寻了内容使用行为之间的关系[⑤]。

1.2.2.4 学术社交网络的互动行为研究

有关互动行为中的推荐行为研究，王曰芬等从用户阅读的视角出发，选取科学网热门博文为研究对象，采用统计分析方法研究了博文点击量、评论量和推荐量与用户内容使用行为之间的关联情况，发现用户更偏向于推荐自身所参与交互的内容[⑥]；谭旻和许鑫使用 h 度研究学术博客中的推荐行为，发现博主之间的推荐频率并不高，平均每半年才推荐一次，因此认为学者之间的推荐行为较为谨慎，此后，他们进一步研究了兼具信息推荐与信息共现关系的共推荐行为，认为共推荐行为较为活跃[⑦]。

互动行为的研究方法主要有链接分析和社会网络结构分析两种[⑧]。周春雷采用链接分析方法对国内科学网学术博客进行了实证研究，弥补了传统链接分析的不足，对博客成员的互动行为进行了探讨[⑨]。邱均平和王菲菲同样以科学网学术博客为研究对象，采用链接分析和社会网络结构分析的方法挖掘社区中的知识交流情况，认为基于好友链接的互动交流关系广泛存在，跨学科的交流更为突出，并且通过共链分析，发现了明显的马太效应，即越核心的博主，被链接的频次越高，对信息的主导能力越强[⑩]。张素芳和张晓晓也在研究中发现了用户互动行为的倾向，即更倾向于熟人之间的交流活动[⑪]。史新艳和肖仙桃通过学术博客的链接结构，将互动交流特征总结为交流的双面性、动态性和多对多的交流方式[⑫]。

[①] LI L, ZHANG C. Characterizing users tagging behavior in academic blogs[C]// ACM/IEEE-CS on Joint Conference on Digital Libraries, 2016: 215-216.
[②] HARTLEY J, CABANAC G. Are two authors better than one? Can writing in pairs affect the readability of academic blogs[J]? Scientometrics, 2016,109: 2119-2122.
[③] CORVELLO V, GENOVESE A, VERTERAMO S. Knowledge sharing among users of scientific social networking platforms[J]. Decision Support Systems, 2014: 369-380.
[④] 张颖怡, 章成志, 陈果. 学术博客用户的博文分类行为研究——以科学网博客为例[J]. 情报学报, 2016, 35 (11):1223-1232.
[⑤] 耿斌, 孙建军. 在线学术社交平台的用户行为研究——以 ResearchGate 平台南京大学用户为例[J]. 图书与情报, 2017(5):47-53.
[⑥] 王曰芬, 贾新露, 傅柱. 学术社交网络用户内容使用行为研究——基于科学网热门博文的实证分析[J]. 现代图书情报技术, 2016, 32(6):63-72.
[⑦] 谭旻, 许鑫. 学术博客推荐网络的 h 度实证——以科学网博客为例[J]. 现代图书情报技术, 2015, 31 (7):31-36.
[⑧] 翟姗姗,许鑫,夏立新. 学术博客中的用户交流与知识传播研究述评[J]. 现代图书情报技术,2015(Z1):3-12.
[⑨] 周春雷. 链接内容分析视角下的科学网博客评价探索[J]. 图书情报知识,2012(4):11-17.
[⑩] 邱均平, 王菲菲. 基于博客社区好友链接的知识交流状况分析——以科学网博客为例[J]. 图书情报知识, 2011(6):25-33.
[⑪] 张素芳,张晓晓. 科研社交网络用户行为倾向的影响因素分析[J]. 国家图书馆学刊,2014,23(4):36-41.
[⑫] 史新艳,肖仙桃. 学术博客链接结构及其交流特性分析[J]. 图书情报知识,2009(5):79-83.

此外，还有学者梳理了互动行为的类型。缪健美等根据信息传播规律，将学术互动交流的过程分为关注、提问、回复(评论)和跟踪4个部分[①]。丁敬达等认为学术虚拟社区的互动交流方式主要有会话、链接和引证3种模式[②]。王伟军和甘春梅通过对学术博客链接功能的分类研究，证实了研究人员之间的多种互动交流行为[③]。

1.2.2.5 学术社交网络的用户行为影响因素研究

探索学术社交网络的用户行为，需要深入分析用户行为的影响因素，相关研究较为丰富，学者使用了不同的模型对学术社交网络用户行为的影响因素进行了考察，并揭示了其作用机制。

一些学者采用描述性统计分析测度了用户行为的影响因素，在使用动机的影响因素研究中，有学者通过意大利主要大学学者的大样本数据，调查了学者之间使用社交媒体网站进行交流的动机，发现使用频率、年龄、教学年限和学科领域是影响学术社交网络使用动机的主要因素[④]；也有学者认为利他主义是使用学术社交网络动机的主要影响因素[⑤]；还有学者通过案例研究分析，认为使用动机的影响因素可以归纳为与他人进行交流、传播研究成果及追踪他人的研究活动三个方面[⑥]。在使用行为的影响因素研究中，有学者通过对 Academia 平台的案例研究，证明了学术地位、大学排名和国家归属的基本成员特征对研究人员使用学术社交网络的行为存在不同程度的影响[⑦]。Goodwin 等发现研究人员学术交流行为模式受到学术社交网络界面设计的影响，在小组讨论论坛的界面中，用户更愿意与他人进行社会交互，在问答社区的界面中，用户更愿意回答和浏览各个问题[⑧]。还有学者研究了学术社交网络的平台采纳因素，将各个影响因素按作用大小依次归纳为技术因素、社交因素、任务因素和个人因素[⑨]。而文章的主题质量、图表质量等内容线索，以及对摘要的阅读都是影响学术资源信任的决定因素[⑩]。此外，Wei 等借鉴社会群组理论，从中析出直接的群主要求、面向成就的目标设置、感情联系和自我呈现导向四个因素用于研究 Mendely 线上关于群组的描述性语言，从而发现不同因素导向的语言对群组规模大小的影响不同[⑪]。

此外，还有诸多学者结合不同的理论，使用实证研究的方式，对用户行为的影响因素进行了分析，详见表 1-3。

---

① 缪健美, 姜华强, 项洁. 学术社交网络信息传播特征与规律研究[J]. 杭州师范大学学报(自然科学版), 2013, 12(1): 70-74.
② 丁敬达,杨思洛,邱均平. 论学术虚拟社区知识交流模式[J]. 情报理论与实践,2013,36(1):64-68.
③ 王伟军, 甘春梅. 学术博客中的链接类型与功能研究[J]. 情报学报, 2013, 32(6):640-652.
④ MANCA S, RANIER, M. Networked scholarship and motivations for social media use in scholarly communication[J]. International Review of Research in Open & Distributed Learning, 2017, 18(2): 133-138.
⑤ JENG W, HE D, JIANG J. User participation in an academic social networking service: a survey of open group users on Mendeley[J]. Journal of the Association for Information Science & Technology, 2015, 66(5): 890-904.
⑥ GEMMA N, ÁNGEL B. Use of social networks for academic purposes: a case study[J]. Electronic Library, 2013, 31(6): 781-791.
⑦ MENENDEZ M, ANGELI A D, MENESTRINA Z. Exploring the Virtual Space of Academia[M]. London: Springer, 2012: 49-63.
⑧ GOODWIN S, JENG W, HE D. Changing communication on researchgate through interface updates[J]. Proceedings of the Association for Information Science & Technology, 2014, 51(1):1-4.
⑨ RAD M S,DAHLAN H M,IAHAD N A et al. Assessing the factors that affect adoption of social research network site for collaboration by researchers using multicriteria approach[J].Journal of Theoretical & Applied Information Technology,2014,65(1): 170-183.
⑩ TENOPIR C, LEVINE K, ALLARD S, et al. Trustworthiness and authority of scholarly information in a digital age: results of an international questionnaire[J]. Journal of the Association for Information Science & Technology, 2016, 67(10):2344-2361.
⑪ WEI J, HE D, JIANG J, et al. Groups in Mendeley: owners' descriptions and group outcomes[J]. Proceedings of the American Society for Information Science & Technology, 2012, 49(1): 1-4.

表 1-3 学术社交网络用户行为影响因素

研究主题	研究对象	研究方法	理论基础	影响因素	文献来源
专业虚拟社区的知识贡献意愿影响因素	雅虎中国问答的知识问答社区	问卷调查、结构方程	期望确认理论	成员满意（因变量：知识的自我效能、确认）	Jin 等[1]
	在线知识社区成员	问卷调查、结构方程	社会交换理论、组织支持理论	感知社区支持、感知领导支持	Ye 等[2]
	3 个不同的台湾知识问答社区的发帖者和潜水者	问卷调查、结构方程	计划行为理论	知识共享态度、知识共享的主观规范、知识共享的感知行为控制	Hung 等[3]
	科学网学术博客成员	问卷调查、偏最小二乘法（partial least squares，PLS）结构方程	动机理论、自我概念理论	内部自我概念、外部自我概念、社会关系互惠形象、自我价值感知、乐于助人	赵鹏[4]
学术虚拟社区的知识共享影响因素	学术虚拟社区成员	问卷调查、结构方程	心理契约理论、社会资本理论	组织信任、互惠协作	Abdullah 等[5]
	科学网用户	问卷调查、PLS 结构方程	社会资本理论、技术接受模型	知识共享的满意度（前因变量：交互联结、关系资本、认知资本、感知有用性、感知易用）	陈明红[6]
	科学网学术博客使用成员	问卷调查、结构方程	感知价值理论	氛围感、交互感、感知价值	商宪丽和王学东[7]
虚拟学术社区使用意愿的影响因素	虚拟学术社区成员	问卷调查、PLS 结构方程	沉浸体验理论、用户持续使用理论	信息质量、沉浸体验、系统质量	李晶等[8]
	虚拟学术社区注册的美国大学成员	问卷调查、结构方程	技术接受和使用统一（unified theory of acceptance and use of technology，UTAUT）理论、虚拟实践社区模型	社区存在时间、领域知识、社区角色、专家状态、技术使用意愿、便利条件、技术焦虑	Nistor 等[9]
在线协作技术采纳影响因素	在线研究社区成员	半结构访谈和深度访谈	UTAUT 理论	绩效、付出期望、社群影响、便利条件、用户抵制	Bullinger 和 Renken[10]
移动学术虚拟社区知识流转的影响因素	移动学术虚拟社区成员	问卷调查、PLS 结构方程	无	社区成员、知识内容、情景、社区平台	李宇佳等[11]
学术社交网络学术活动影响因素	学术社交网络成员	问卷调查、结构方程	无	学科特征、感知价值、平台质量、转换成本、学术环境	胡文静和王睿[12]

---

[1] JIN X L, ZHOU Z, LEE M K O, et al. Why users keep answering questions in online question answering communities: a theoretical and empirical investigation[J]. International Journal of Information Management, 2013, 33(1): 93-104.
[2] YE H J, FENG Y, CHOI B C F. Understanding knowledge contribution in online knowledge communities: a model of community support and forum leader support[J]. Electronic Commerce Research & Applications, 2015, 14(1): 34-45.
[3] HUNG S Y, LAI H M, CHOU Y C. Knowledge‐sharing intention in professional virtual communities: a comparison between posters and lurkers[J]. Journal of the Association for Information Science & Technology, 2015, 66(12): 2494-2510.
[4] 赵鹏. 学术博客用户知识共享意愿的影响因素研究——以科学网博客为例[J]. 情报杂志, 2014, 33(11): 163-168.
[5] ABDULLAH N L, HAMZAH N, ARSHAD R, et al. Psychological contract and knowledge sharing among academicians: Mediating role of relational social capital[J]. International Business Research, 2011, 4(4): 231-241.
[6] 陈明红. 学术虚拟社区用户持续知识共享的意愿研究[J]. 情报资料工作, 2015(1): 41-47.
[7] 商宪丽, 王学东. 学术博客用户持续知识共享行为分析: 氛围感、交互感和价值感的影响[J]. 情报科学, 2016, 34(7): 125-130.
[8] 李晶, 卢小莉, 李卓. 学术社区用户沉浸体验的形成动因及其影响机理研究[J]. 大学图书情报学刊, 2017, 35(1): 3-8.
[9] NISTOR N, BALTES B, DASCALU M, et al. Participation in virtual academic communities of practice under the influence of technology acceptance and community factors. A learning analytics application[J]. Computers in Human Behavior, 2014, 34(6): 339-344.
[10] BULLINGER A C, RENKEN U. Understanding online collaboration technology adoption by researchers–a model and empirical study[C] //ICIS 2011 Proceedings, Shanghai, 2011: 1-11.
[11] 李宇佳, 张向先, 张克永. 移动学术虚拟社区知识流转的影响因素研究[J]. 情报杂志, 2017, 36(1): 187-193.
[12] 胡文静, 王睿. 社交网络学术活动特征分析及应对策略[J]. 情报资料工作, 2017(1): 34-41.

续表

研究主题	研究对象	研究方法	理论基础	影响因素	文献来源
在线知识社区互惠行为影响因素	在线英语学习社区成员	问卷调查、结构方程	公平理论、去个性化的社会身份模型	社区规范、感知匿名性	Feng 和 Ye
专业虚拟社区参与质量的影响因素	台湾的专业虚拟社区成员	问卷调查、结构方程	关系承诺理论、社会心理学理论	基于认同的关系、基于纽带的关系	Shih 等

由前述可知,用户行为研究是学术社交网络研究的重要内容,主要集中在用户主体特征差异研究、用户使用动机研究、用户内容使用行为研究、用户互动行为研究和用户行为影响因素研究 5 个方面,每个方面的研究成果均较为丰硕和深入。学术社交网络被研究人员成功使用,反映了学术资本和社交网络的融合[③]。然而,也应该意识到学术社交网络发展所面临的挑战在于如何吸引成员参与,并增加其活跃度,以及彰显信息技术的附加价值。大多数用户行为研究的方法主要为问卷调查和开放式访谈,其结果讨论受制于样本而有所局限,有时也未必能完全反映用户的真实参与情况,并且由于用户主体特征差异进行样本选择而造成的相悖结论,有待进一步证实。此外,用户行为研究的形态不应局限于使用动机、内容创建、沟通交互等方面,其他形态的学术社交网络的用户行为有待全面研究。

1.2.3 学术社交网络的评价研究

1.2.3.1 学术社交网络的学者评价研究

基于学术社交网络工具的科学影响力评价可视作一种开放的学术评价行为,已有大量学者致力于开发基于网络的评价方法来弥补传统引文分析的不足[④],包括涵盖网络来源的网络引文分析和基于用户网络使用的统计数据分析。经过系统梳理,发现关于学者的评价研究主要集中在学者学术声望影响力评价和学者社会活动评价两大方面。

1. 学者学术声望影响力评价研究

在学者学术声望影响力评价研究中,对于 ResearchGate 学术社交网站的 RG 分数(research gate score,RG score)是否可以用于衡量学者的科研活动及影响力,科学计量学界一直争论很大。Orduna 等认为 ResearchGate 上的 RG 高分值主要来自询问并回答网站上的问题及与之相关的活动,与发表和出版的学术成果无关,因此,不能作为学术声望的测度指标[⑤]。类似地,Kraker 和 Lex 基于完善的文献计量学研究指标,对 ResearchGate 上的 RG 分数用于学术声誉评价进行了讨论,研究结论指出 RG 分数指标计算不透明、不

---

① FENG Y, YE H. Why do you return the favor in online knowledge communities? A study of the motivations of reciprocity[J]. Computers in Human Behavior, 2016, 63: 342-349.
② SHIH H P, HUANG E, SIA C L. Influence mechanisms that leverage participation quality in a professional virtual community: the social-relationship perspective[J]. Journal of Global Information Management, 2015, 23(4): 77-100.
③ THELWALL M, KOUSHA K. Academia.edu: Social network or academic network?[J]. Journal of the Association for Information Science & Technology, 2014, 65(5): 721-731.
④ NEYLON C, WU S. Article-level metrics and the evolution of scientific impact[J]. Plos Biology, 2009, 7(11): 1-6.
⑤ ORDUNA M E, MARTIN M A, THELWALL M et al. Do ResearchGate scores create ghost academic reputations?[J]. Scientometrics, 2017, 112(1): 443-460.

可复制，以及该指标与科研人员发表论文的期刊影响因子挂钩，即影响因子存在不同学科不具有可比性的问题[①]。

不过，有学者也表达了相反的观点。例如，Onyancha 比较了样本中每篇文章在 Web of Science 的引用情况和在 ReseachGate 上的下载量，认为至少在机构层面，ResearchGate 的使用情况能够较好地反映学术兴趣和影响力[②]。Yan 和 Zhang 收集了美国 61 所高校的科研人员数据，并通过卡内基高等教育基金会（Carnegie Classification of Institutions of Higher Education）公布的学校排名来判断这些学校的层次。结果显示，RG 分数的确是一项"研究导向"的排名指标，该指标的结果和科研人员所在高校的层次密切相关[③]。此外，2016 年发表在期刊 Computers in Human Behavior 上的一篇论文使用了供应链管理领域学者的实证数据，也说明了 RG 分数用于科研评价的可行性，认为其可作为衡量个体研究者绩效的有效指标[④]。的确，ResearchGate 平台可以获得科研人员的文章浏览量、下载量和分享量等，这些指标也是影响科研人员 RG 分数的重要因素，研究水平较高的学校，其科研人员的 ResearchGate 关注人数也相对较高，这体现出 ResearchGate 用户关注网络是以高排名学校为中心的结构，表明 RG 分数在评估科研人员方面有其可取之处。

此外，还有学者开发了影响力指标、连接指标和曝光指标，以全面刻画学者的学术身份和学术状态[⑤]。

2. 学者社会活动评价研究

在 RG 分数用于社会活动的评价方面，Ortega 以西班牙国家研究委员会的成员为调查对象，研究了 ResearchGate 上的 RG 分数指标与传统文献数据库的计量指标之间的关系，发现基于引文的传统文献计量和基于社会活动的替代性指标评价之间的相关性较低[⑥]。与此不同的是，Thelwall 和 Kousha 通过采集 ResearchGate 上传的论文样本，并比较文章在 Mendeley 网站读者的浏览量和 Scopus 索引引用指标的情况，发现文章浏览量可以作为新的受众测量指标[⑦]。将调查范围扩大到更广的范围，Thelwall 和 Kousha 将研究对象集中于国家层面，调查 ResearchGate 平台上的相关指标（如 RG 分数、机构影响力、论文下载量）是否能反映现有的国家学术资本和学术资源现状，发现两者的相关性较大[⑧]。

在研究绩效评价方面，Kuo 等将大学作为整体考察对象，证明了项目获得资助的情况和 RG 分数之间存在极强的相关性，而该结论对个人则不显著，说明 RG 分数可以作为研

---

① KRAKER P, LEX E. A critical look at the ResearchGate score as a measure of scientific reputation[C]// Proceedings of the Quantifying and Analyzing Scholarly Communication on the Web workshop（ASCW'15），2015: 48-50.
② ONYANCHA O B. Social media and research: an assessment of the coverage of south African universities in ResearchGate, web of science and the webometrics ranking of world universities[J]. South African Journal of Libraries & Information Science, 2015, 81(1): 8-20.
③ YAN W, ZHANG Y. Research universities on the ResearchGate social networking site: an examination of institutional differences, research activity level, and social networks formed[J]. Journal of Informetrics, 2018, 12(1): 385-400.
④ YU M C, WU Y C J, ALHALABI W, et al. ResearchGate: an effective altmetric indicator for active researchers?[J]. Computers in Human Behavior, 2016, 55:1001-1006.
⑤ FU T Z J, SONG Q, CHIU D M. The academic social network[J]. Scientometrics, 2014, 101(1): 203-239.
⑥ ORTEGA J L. Relationship between altmetric and bibliometric indicators across academic social sites: the case of CSIC's members[J]. Journal of Informetrics, 2015, 9(1): 39-49.
⑦ THELWALL M, KOUSHA K. ResearchGate articles: Age, discipline, audience size, and impact[J]. Journal of the Association for Information Science & Technology, 2017, 68(2): 468-479.
⑧ THELWALL M, KOUSHA K. ResearchGate: Disseminating, communicating, and measuring scholarship?[J]. Journal of the Association for Information Science & Technology, 2015, 66(5): 876-889.

究绩效评价的指标工具[①]。

在研究活跃度评价方面,Yan 和 Zhang 调查了美国大学研究机构在学术社交网络上的活动情况,结果证实 ResearchGate 是一个面向研究的学术社交网站,客观地反映了机构的研究活动。随着大学研究活动水平的提高,机构旗下的用户也显示拥有更高的 RG 分数、更多的出版物和引文,以及更多的主页访问量和关注者,表明学术社交网络可以作为研究机构和研究活跃水平的评价指标[②]。

总之,如 Li 和 Gillet 所言,对学者的影响力评价应该兼具其学术影响力和社会影响力[③],但测量的侧重点有所不同,基于用户使用的统计数据和学者的影响力评价存在一定的关联,但是否能够有力证实其影响力一直备受争议[④]。如 Mohammadi 和 Thelwall 通过研究发现,具有代表性的用户阅读数据只能从用户视角反映其社会影响力,而学术影响力需要从引文数据中实施测量[⑤],但有学者通过 CiteULike 和 Mendeley 上的用户点击数据来验证其文章的影响力时发现其中并无显著关系[④]。

1.2.3.2 学术社交网络的知识交流评价研究

学术社交网络的开放性有效促进了学术知识交流,但目前对于学术社交网络知识交流的效果或效率的评价研究尚不丰富。多数学者利用定量分析的方法进行评价,如万莉利用面板数据,基于数据包络分析方法对国内两大典型学术社交网络"小木虫"和"人大经济论坛"8 个学科的知识交流效率进行评价,定量分析结果表明人大经济论坛纯技术版块效率高于小木虫论坛,但规模效率低于小木虫论坛,并指出技术水平下降是知识交流生产率下降的主要原因[⑥]。类似地,宗乾进等也采用数据包络分析方法评价了学术博客不同学科间的知识交流效果,发现整体交流效果不理想[⑦]。翟姗姗采用模糊综合评价的方法,测度了学术博客中个体之间的知识转移效果,同时与期刊文献中的个体知识转移效果进行比较分析,以此说明在学术博客上的知识转移效果更好[⑧]。

1.2.3.3 学术社交网络的内容质量评价研究

Li 等以 ResearchGate 问答社区的回答质量为研究对象,区分了回答质量评价的主观和客观因素,将研究析出的 9 个因素整合为质量评价框架,并对评价者的一致性判断进行了检测[⑨]。针对学术博客的评论质量,丁敬达和许鑫基于声望、受众和影响 3 方面,结合

---

① KUO T, TSAI G Y, WU Y C J, et al. From sociability to creditability for academics[J]. Computers in Human Behavior, 2016, 75(C): 975-984.
② YAN W, ZHANG Y. Research universities on the ResearchGate social networking site: an examination of institutional differences, research activity level, and social networks formed. Journal of Informetrics, 2018, 12(1): 385-400.
③ LI N, GILLET D. Identifying influential scholars in academic social media platforms[C]// IEEE/ACM International Conference on Advances in Social Networks Analysis and Mining. ACM, 2013:608-614.
④ LI X, THELWALL M, GIUSTINI D. Validating online reference managers for scholarly impact measurement[J]. Scientometrics, 2012, 91(2):461-471.
⑤ MOHAMMADI E, THELWALL M. Mendeley readership altmetrics for the social sciences and humanities: research evaluation and knowledge flows[J]. Journal of the Association for Information Science & Technology, 2014, 65(8): 1627-1638.
⑥ 万莉. 学术虚拟社区知识交流效率测度研究[J]. 情报杂志,2015,34(9):170-173.
⑦ 宗乾进,吕鑫,袁勤俭,等. 学术博客的知识交流效果评价研究[J]. 情报科学,2014,32(12):72-76.
⑧ 翟姗姗. 基于学术博客的个体知识转移作用效果评价研究[J]. 情报科学,2015,33(1):132-138.
⑨ LI L, HE D, ZHANG C. Evaluating academic answer quality: a pilot study on ResearchGate Q&A[C]. International Conference on HCI in Business, Government, and organizations Springer, Cham, 2016.

博客评论指数指标，对科学网学术博客的评论质量进行了测度，其研究结论为用户评论及评论频次能够反映学术博客的质量[①]。王东等针对学术虚拟社区的学术质量，从评价流程、评价内容和评价模式上展开了研究，并将对学术质量有影响的关键属性确定为学术性、规范性、创新性、科学性、价值性和效率性[②]。针对网络信息资源的学术质量，有学者设计了包含覆盖范围、更新频率、内容提醒及资源选择标准的评价指标[③]。

综上可知，现有学术社交网络的评价研究主要集中在学者评价方面，对知识交流评价和内容质量评价的研究乏善可陈。利用网络指标的评价有助于打破科研评价的二元制(同行评审和传统文献计量)局面，虽然已有相当数量的研究证明网络指标对预测成果及学者个人影响力都有明显的价值，但由于不同领域的学者对学术社交网络的使用情况存在较大差异，使用何种指标计算和评价学术社交网络的学者影响力尚未达成一致，因此将学术社交网络指标直接用于替代计量仍然存在继续探讨和实证的必要，需要开发和验证新的定量评价方法，以扩展和补充传统文献的计量分析方法。

1.2.4　研究现状小结

通过对国内外相关文献的梳理和回顾，可以看出越来越多的学者探寻了学术社交网络的特性和规律，诸如"学术社交网络的功能是什么""具有的社会网络结构有哪些特征和规律""现有的用户行为研究集中在哪些方面""针对学术社交网络的评价有哪些"等问题已经得到了一定程度的解答，但现有研究仍存在以下6个方面的问题，值得进一步关注和探索。

(1)从研究视域上看，尽管有关学术社交网络的学术研究已经覆盖了功能研究、网络结构研究、用户行为研究和评价研究等诸多方面，并且清晰呈现了用户行为研究的热度，证实了用户主体作为学术社交网络的重要参与角色，以及用户行为研究的意义和研究价值的重要性，但是经过深入的文献阅读及分析，发现仍存在拓展的空间。例如，评价研究中，RG分数即使能从某些方面预测其影响力，但是否能预测信息质量？学术社交网络的持续使用和知识贡献都离不开用户参与，但活跃度和积极性不高的问题是否仅仅只和自我效能、社区氛围、主观规范或感知支持有关？有学者已经指出，活跃度不高的问题有可能来自用户对学术资源内容质量的不信任[④]，可惜未做深入探讨。信息质量是否是用户作出使用决策的重要因素？哪些因子影响感知信息质量？用户如何感知此情景下的信息质量？此类研究的不足也为本书的研究目的和研究设计提供了依据和空间，即学术社交网络中用户不同形态的行为有待全面研究。

(2)从研究内容上看，上述研究中已经指出了研究学术社交网络信息质量的必要性和价值性。然而，当前学术社交网络信息质量的相关研究侧重于信息质量的评价或预测，而

---

① 丁敬达,许鑫. 论学术博客评论的质量测度功能及指标[J].情报学报, 2015, 34(2):129-135.
② 王东,曲久龙,刘国亮. 虚拟学术社区的学术质量评价流程与模式研究[J]. 情报理论与实践,2012,35(5):94-98.
③ MARY A, CRYSTAL R. Going for the gold: Identifying academic-quality internet resources[J]. Journal of Electronic Resources Librarianship, 2008, 20(4):262-274.
④ CORVELLO V, GENOVESE A, VERTERAMO S. Knowledge sharing among users of scientific social networking platforms[J]. Decision Support Systems, 2014: 369-380.

少数关于信息质量的影响研究也是聚焦于信息质量引发的结果因素,如持续使用的意愿和知识贡献等行为态度,尚缺少对影响学术社交网络信息质量形成的前置动因及用户对感知信息质量因素线索选判的研究。信息质量是信息对用户的适用性和满足程度[①],也是学术社交网络生成内容的核心问题。信息质量在具体情境下具有鲜明的用户主体特征,信息质量也源于用户的最终评价和判断,许多学者强调了需要从用户角度把握信息质量的内涵[②],充分考虑用户的需求和认知条件[③]。因此,对用户视角下的学术社交网络信息质量问题进行深入研究,具有一定的意义和创新性。

(3)从理论支撑上看,部分用户行为影响因素的实证研究虽提供了理论依据,但主要集中在UTAUT模型、技术接受模型(technology acceptance model,TAM)及计划行为理论等。除此之外,其他对学术社交网络的研究大都是探索式的、介绍性的或描述式的,浅尝辄止的研究缺乏理论可信度。因此,本书将围绕研究目的和研究设计框架,纳入恰当的理论作为本书研究的基础和依据,通过多方法的实证研究,力求提高结论的说服力。

(4)从研究系统性上看,整体的思想是系统论的主要内涵。即对研究对象应该展开有关系统、要素及环境三者相互关系和变动的规律性探索。然而现有学术社交网络的相关用户行为研究较为分散,未能系统揭示用户的使用行为和感知行为,缺乏一个深入和系统的分析框架,这对科学刻画用户行为特征与规律构成了挑战,因此亟待整合性的系统化研究。

(5)从研究方法上看,现有学术社交网络相关用户行为研究多数采用问卷调查、客观数据爬取和访谈调查等方法,一定程度上满足了部分定量和定性研究的需要。但是,也应该认识到学术社交网络的使用对象是研究人员,他们在此平台上的使用行为具有明显的目标驱动倾向,区别于一般的社交网站,他们对学术信息质量的感知判断与个体的认知和心理活动紧密相关,在学术信息泛化的情景下,更是有限理性判断的决策行为。如何更好地捕捉刻画此类行为,仅使用问卷或访谈的方法显然是不够的,需要在研究设计中进一步采用多种研究方法,以期对用户感知行为进行全面的研究。

(6)从研究应用上看,研究的核心价值在于对实践的指导和服务。当前,国内外多个学术社交网络平台的兴起和衰落,其竞争的激烈性是有目共睹的,多数平台方都已经意识到用户体验对学术社交网络站点可持续发展的重要性。然而,目前尚缺少针对学术社交网络平台方和服务方的研究探讨。学术社交网络除了向研究人员提供学术交流的平台和环境以外,其所提供的学术信息资源更是区别于其他新媒体或社交网络的重要标志,其信息整合能力和信息质量能够真实反映学术社交网络的价值。在当前学术信息泛化的学术环境下,若未能向用户提供较高信息质量的内容,则极易加重用户的信息辨识负担,使其陷入信息焦虑状态。因此对用户感知信息质量的全方位洞察,能够更好地促进学术社交网络的信息质量建设和提升。

总而言之,学术社交网络要提升用户体验,需要了解研究人员对学术信息质量的感知

---

① WANG R Y, STRONG D M. Beyond accuracy: what data quality means to data consumers[J].Journal of Management Information Systems, 1996, 12(4): 5-34.
② 贾君枝. 信息资源战略管理理论与实践[M].北京:科学出版社, 2007: 15-30.
③ 张宁,袁勤俭.数据质量评价述评[J].情报理论与实践,2017,40(10): 135-139.

和判断过程,从而解决信息过滤、信息质量控制和信息整合的相关问题,降低用户获取有价值学术信息资源的成本,提高研究人员对学术社交网络的参与积极性和认可度。鉴于此,本书的研究将围绕用户视角的学术社交网络信息质量感知展开,首先,探究影响学术社交网络用户信息质量感知的多构面因素,并据此构建用户感知信息质量的线索框架;其次,通过实证研究的方式验证外在环境线索的作用大小和作用关系;再次,基于内在信息特征线索检验用户面对具体信息时的线索使用方法和信息加工过程,剖析用户对各个信息质量影响线索的选判和决策过程;最后,基于上述研究结论为学术社交网络平台的信息质量建设和优化提升提出具有针对性的建议。

1.3 概念界定及研究问题

1.3.1 概念界定

1. 学术社交网络

学术交流的范式在最近十多年间发生了许多变化,学术信息的在线交流和资源交换与信息通信技术的快速发展密不可分,在大量、即时和动态的社交网络平台助推之下,流行的泛社会网络服务推动了专业化知识服务平台的快速成长。Wenger 先提出了实践社区(community of practice,COP)的概念,该学者认为实践社区是小型的、话题集中或高度灵活的非正式交流的社区,具备以下三个要素:①具有共同兴趣的领域;②具有共同活动、讨论、信息分享和协作互助的社区;③具有资源、工具和交互模式集中的实践[1]。在实践社区的理念下,专业性和领域性的人员聚集在互联网平台上,并开展了多种实践活动。如在线知识社区,其由具有共同兴趣、目标或实践的个体组成,并能结合自己了解的知识进行分享和参与社区活动,是一种虚拟社区形式[2]。在线知识社区越来越多地以探讨学术相关的主题为主,并广泛开展学术观点交流、传播和科研成果共享活动,从而形成了在线科研社区[3],也有学者称其为"面向科研工作者的社交网络"[4]。之后,学界称其为学术虚拟社区,它是主要针对特定的专业信息资源的专业社区[5],比较常见的学术虚拟社区有学术博客、学术网络论坛(bulletin board system,BBS)、科技论文网络发表 3 种形态[6]。

除了实现专业话题的交流和研究成果的发布,研究人员之间还有强烈的社交互动需求。一些快速增长的专业化社交平台,尝试帮助学者与研究者之间建立专业化网络,并促进各种研究活动的开展[7]。因此将这些专业化的社交平台称作学术社交网络站点。相较于

---

[1] WENGER, E. Communities of practice and social learning systems[J]. Organization, 2000, 7(2): 225-246.
[2] YE H J, FENG Y, CHOI B C F. Understanding knowledge contribution in online knowledge communities: a model of community support and forum leader support[J]. Electronic Commerce Research and Applications, 2015, 14: 34-45.
[3] 甘春梅,王伟军. 在线科研社区中知识交流与共享:MOA 视角[J]. 图书情报工作,2014,58(2): 53-58.
[4] 李建国,汤庸,姚良超,等. 社交网络中感知技术的研究与应用[J]. 计算机科学, 2009(11): 152-156.
[5] 徐美凤,叶继元. 学术虚拟社区知识共享研究综述[J]. 图书情报工作,2011,55(13):67-71.
[6] 付立宏,李帅. 虚拟学术社区的类型及特点比较分析[J]. 创新科技,2015(7): 38-40.
[7] JENG W, HE D, JIANG J. User participation in an academic social networking service: a survey of open group users on Mendeley[J]. Journal of the Association for Information Science & Technology, 2015, 66(5):890-904.

一般的社会化网络站点，学术社交网络具有与学术有关的更具体的特征，如具有研究导向属性的公共配置文件等[1]。而相较于以前功能繁多的学术 BBS，学术社交网络更加倾向于成为面向学术领域的垂直社交平台。

基于前人的认识和定义，本书将学术社交网络定义为：以促进学术交流和传播为主要目的，能够有助于研究人员建立和维护其学术关系网络，并且能够支持研究过程中的各项活动或服务的垂直化平台。

2. 感知信息质量

信息质量本身就是一个抽象的概念，目前关于信息质量的研究主要集中在两种认知范式上，一种是基于信息视角的质量认知范式，另一种是基于用户视角的质量认知范式。基于信息视角的质量认知范式中，主张研究信息的本身特征，而不涉及用户及情景特征。早期学者认为信息质量来源于数据质量，认为信息质量是衡量研究对象的客观准确程度[2]。Ballou 和 Pazer 率先划分了信息质量的属性维度，即准确性、完整性、一致性和及时性，这一划分体现了信息的固有特征[3]。基于用户视角的质量认知范式已经成为国内外学术界研究的主流，其强调用户所处的信息环境，参照用户预设的信息期望，对信息内容和效用做出的主观判断[4][5]。较早提出该观点的学者如 Wang 和 Strong，他们构建了具有影响力的面向用户的数据质量概念框架，即被后人广泛采纳的内在信息质量、情景信息质量、形式信息质量和可存取信息质量 4 个构面[6]。该研究表明了信息质量的多维属性，也为后来的诸多研究奠定了基础。Rieh 认为信息质量是用户感知信息有用、良好、通用和准确的程度[7]。Naumann 和 Rolker 按照主观、客观和过程的分类，选取了用户感知、信息自身和信息访问过程作为信息质量的评价维度[8]。Metzger 强调信息的可靠性是源于接收者对信息质量的客观判断和来源可信性的主观感知[9]。

基于前人的认识和定义，结合研究的具体情境，本书认为学术社交网络的感知信息质量比一般的社交网络信息质量判断更为复杂。首先，学术社交网络平台上的学术信息资源更为专业，且对于一些寻求解决方案的讨论式或探寻式话题，更是没有固定的质量判断标准；其次，学术社交网络的多数用户都是来自不同专业层次及背景的学者，秉持的学术素养和学术能力有差异，决定了信息质量感知判断的复杂性。因此，本书所界定

---

[1] JENG W, DESAUTELS S, HE D Q, et al. Information exchange on an academic social networking site: a multidiscipline comparison on ResearchGate Q&A[J]. Journal of the Association for Information Science and Technology, 2017, 68(3): 638-652.

[2] MARSCHAK J. Economics of information systems[J]. Journal of the American Statistical Association, 1971, 66(333):192-219.

[3] BALLOU D P, PAZER H L. Modelling data and process quality in multi-input, multi-output information systems[J]. Management Science, 1985, 31(2): 150-162.

[4] HILLIGOSS B, RIEH S Y. Developing a unifying framework of credibility assessment: construct, heuristics, and interaction in context[J]. Information Processing & Management, 2008, 44(4):1467-1484.

[5] KNIGHT S A, BURN J M. Developing a framework for assessing information quality on the World Wide Web[J]. Informing Science the International Journal of an Emerging Transdiscipline, 2005, 8:159-172.

[6] WANG R Y, STRONG D M. Beyond accuracy: what data quality means to data consumer[J].Journal of management information system, 1996, 12(4): 5-34.

[7] RIEH S Y. Judgment of information quality and cognitive authority in the web[J]. Journal of the American Society for Information Science and Technology, 2002, 53(2), 145-161.

[8] NAUMANN F, ROLKER C. Assessment methods for information quality criteria[EB/OL]. (2010-1-22)[2018-4-18]. http://mitiq.mit.edu/iciq/iqdownload.aspx? ICIQYear = 2000&File =AssessmentMenthods4IQ Criterria. Pdf.

[9] METZGER M J. Making sense of credibility on the web: models for evaluating online information and recommendations for future research[J]. Journal of the American Society for Information Science and Technology, 2007, 58 (13): 2078-2091.

的感知信息质量，兼具前人的信息视角的质量认知范式和用户视角的质量认知范式，既具有属性方面的客观质量特性，又具有心理方面的感知主观质量特性，其领域示意图如图 1-3 所示。

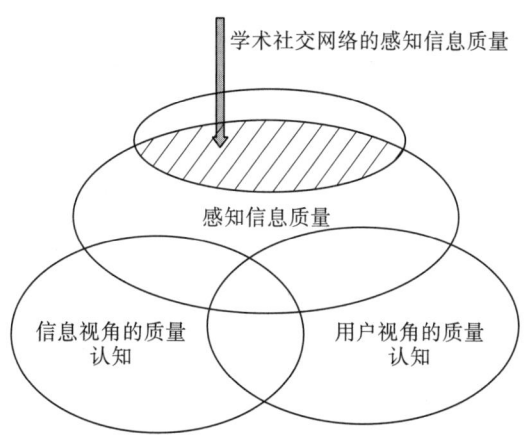

图 1-3　信息质量研究的领域示意图

综上，本书认为感知信息质量是用户对信息价值做出的认知判断，将学术社交网络情景下的感知信息质量定义为：用户在对学术信息资源进行浏览和阅读的过程中，能够感知到的信息内容的内在特性及其信息需求或期望的满足程度，是与平台交互过程中用户对信息质量的直观体验、认知和理解。

3. 感知信息质量的线索

信息线索（information cue）来源于信息觅食理论，原意是指昆虫在自然界中觅食时，能够释放一定气味的化学物质，向同伴传达某种信息，使其能够跟随气息路径寻找食物。信息环境下，信息线索意味着用户在互联网上搜寻信息时遇到的暗示性或提示性信息[1]，可以作为信息接收者评估标准的信号，如链接、文字、图片等[2]。Lee 和 Sundar 研究发现社交媒体上基于各种机构线索的启发式能够引起各种不同的可信度感知水平，例如，在线用户可能会根据亚马逊的评论评分和推荐做出购物决策[3]。线索可定义为所感知的某种事务的特征[4]。信息线索对用户的信息质量感知过程起到了非常重要的作用，随着信息线索的积累，用户对学术社交网络的信息质量形成了整体性认识，并以此进行评价。线索是用户能够觉察的，信息质量属性是用户希望获取的，如果信息线索能够准确地匹配信息质量属性，那么这个信息线索就产生了有效作用。

基于上述解释，本书将学术社交网络情景下用户感知信息质量的线索定义为：用户在

---

[1] 杨阳,张新民.信息觅食理论的研究进展[J].现代图书情报技术,2009(1):73-79.
[2] PIROLLI P. Information Foraging Theory[M]. New York: Oxford University Press, 2007: 99-232.
[3] LEE J Y, SUNDAR S S. To Tweet or to Retweet? That is the question for health professionals on Twitter[J]. Health Communication, 2013, 28(5): 509-524.
[4] CHOO C W. Information use and early warning effectiveness: perspectives and prospects[J]. Journal of the Association for Information Science & Technology, 2009, 60(5):1071-1082.

接触或访问使用学术社交网络时,能够觉察到的、具有一定的显著刺激的特征,能够对用户的信息质量感知产生暗示和引导作用的信息。

1.3.2 研究问题

如前所述,开放平台上学术资源的信息质量缺乏同行评议和编辑评审等传统的监督和把关机制[①],因此信息质量和信源可信度理应受到更多的关注[②]。现有研究尚缺乏用户视角的信息质量感知和线素选判的系统性研究及细粒度实证探索。为此,本书以用户为中心,从用户视角延伸出四大研究问题,如图 1-4 所示。

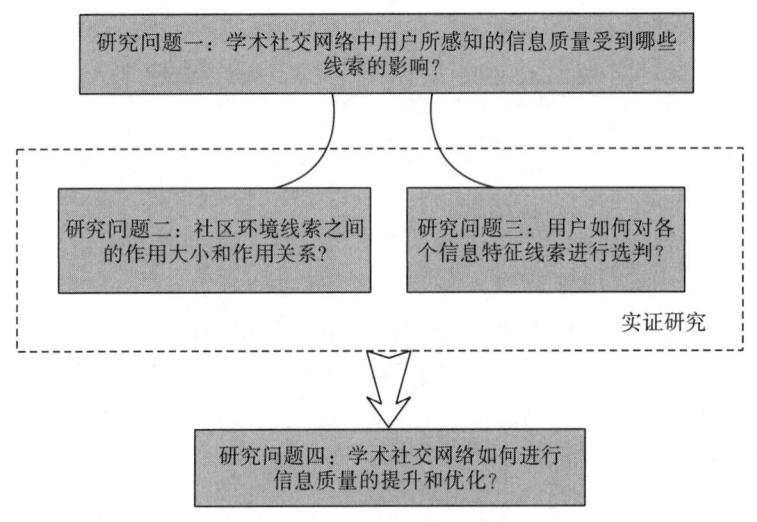

图 1-4 研究问题框架

(1)研究问题一:学术社交网络中用户所感知的信息质量受到哪些线索的影响?

在学术社交网络环境下,信息质量根植于社区成员贡献的信息内容、平台媒介载体等,产生于研究人员自发的信息交流行为、自主生成内容和利用学术社交网络平台进行信息传播的过程中。为了厘清影响用户所感知的学术社交网络信息质量的前置动因,本书提出的第一个研究问题,是整个用户线索感知和选判研究的起点。构建学术社交网络信息质量影响线索的多维模型,纳入外在环境因素和内在信息特征线索,不仅为用户视角的信息质量感知提供了一个可用的理论框架,还为后续实证研究中的变量选择奠定了基础。

---

① ARAZY O, KOPAK R. On the measurability of information quality[J]. Journal of the American Society for Information Science & Technology, 2011, 62(1):89-99.
② 查先进,张晋朝,严亚兰. 微博环境下用户学术信息搜寻行为影响因素研究——信息质量和信源可信度双路径视角[J]. 中国图书馆学报,2015,41(3):71-86.

(2)研究问题二：社区环境线索之间的作用大小和作用关系？

对学术社交网络信息质量的判断受到信息内容、用户的使用效用体验和信息传播渠道的影响[1]。因此，信息质量的诸多影响线索是多层次的，可通过解决第一个研究问题后构建信息质量线索多维模型。本书提出的第二个研究问题主要是针对学术社交网络用户群体，结合用户信息行为理论，探寻多维模型中社区环境线索之间的作用大小和作用关系，通过实证研究的方式验证研究问题一中所构建的多维模型中感知信息质量的外在环境线索影响。

(3)研究问题三：用户如何对各个信息特征线索进行选判？

用户使用学术社交网络的信息行为具有目标驱动性特征[2]，需要分析用户认知及心理作用因素。此外，用户对信息质量的感知是有限理性的行为过程，会受到多方面因素的共同影响。本书提出的第三个研究问题旨在回答用户是如何选判各个信息特征线索并进行决策的，通过实验场景，尝试不同信息特征线索的感知判断，使得更细粒度地考察用户感知信息质量的线索组合成为可能，也验证了研究问题一中所构建的多维模型中信息质量的信息特征线索的影响。

(4)研究问题四：学术社交网络如何进行信息质量的提升和优化？

洞察和验证用户感知信息质量的多维线索影响，对学术社交网络平台的优化和可持续发展具有重要的价值。本书提出的第四个研究问题，旨在综合前述问题的研究结论，从实践的角度，结合量化分析手段，为学术社交网络的管理运营人员和设计人员提出信息质量优化的策略和方案，推动学术社交网络向纵深发展。

1.4 研究方法及研究框架

1.4.1 研究方法

本书采用的研究方法主要包括 9 种。

1. 文献分析法

通过研究主题的确定，对大量相关文献进行调查和阅读，回顾及梳理学术社交网络研究的相关成果，把握学术社交网络的主要研究进展、研究热点和发展趋势，从中发现现有研究的不足，找到研究空白，进而提出本书的研究问题、研究思路及研究视角，并为整个系统性的感知信息质量研究工作奠定坚实基础。

2. 攀梯访谈法

攀梯(laddering)访谈法是 1983 年由 Olson 和 Reynolds 提出的半结构访谈方法[3]，它是质性研究方法，也可看作资料收集与分析的方法。基于访谈的定性研究的目的是描述和阐

---

[1] 李晶. 虚拟社区信息质量建模及感知差异性比较研究[D]. 武汉: 武汉大学,2013: 125-168.
[2] BROWN M E. A General Model of Information-Seeking Behavior[C]// ASIS Meeting, 1991:9-14.
[3] OLSON J C, REYNOLDS T J. Understanding consumers' cognitive structures: Implications for advertising strategy[J]. Advertising and Consumer Psychology, 1983(1): 77-90.

明人们关于生活、感受、经历、意义和成就的体验[1]，因为人的体验具有垂直深度，且感知行为对他人是不可见的[2]，因此访谈区别于其他研究方法之处在于，研究者直接参与参与者的对话，以产生深层的语境，并能细致入微地了解参与者外在和内心世界的真实描述，即他们的感知体验和对体验的解释。

作为一种半结构化的深度访谈方法，攀梯访谈法依据诱导性方式找到关键知觉元素之间的联系，这种联系被认为是知觉导向的联结网络或阶梯[3]。在访谈过程中不断以"为什么这对你是重要的"的话语进行询问[4]，该技术就是为了获取对于用户属性、结果和价值的深层次理解。因此，攀梯访谈程序化地采用一系列的询问方式来引导受访者回答对现象的感知，并挖掘出深层次的结果和价值。

攀梯访谈法按照执行方式可分为结构化问卷的硬式攀梯法(hard laddering)和深度访谈的软式攀梯法(soft laddering)，前者主要用于大规模的数据调查过程，但未能清晰了解用户内心的真实想法，后者能在较小范围内通过深度访谈了解用户的最终价值判断[5]。相比其他的访谈方法，攀梯访谈法的主要特点在于：一是通过攀梯访谈引导获取研究要素，获取要素的目的性较为明确；二是对访谈资料的质性分析，一般要求不少于20位访谈对象[6]。

攀梯访谈法适用于探索用户对信息质量影响因素感知的核心原因，解释为什么信息质量的某个影响因素会对最后的感知如此重要。本书拟通过攀梯访谈法中一对一深度访谈的软式攀梯法，运用直接询问作为访谈方式，确定用户对学术社交网络信息质量维度的细粒度认知，勾勒出用户感知信息质量的线索情景，并通过属性出现词频，利用网络分析绘制用户感知信息质量的影响因素路径图。

3. 内容分析法

内容分析法是一种将非定量材料转化成定量数据的分析方法，以此形成关于研究事实的判断和推论，通过内容观点和倾向的分析、内容趋势的描述和不同内容样本的对比分析，能够更为细致和规范化地处理材料的各个相关因素和结构，是一种较高层次的情报分析方法，广泛用于任何有记录的交流事件。本书拟采用内容分析法分析攀谈访谈中收集获取的资料，通过对受访对象的访谈阶梯质性资料的逐层编码和推理，提取"感知信息质量影响线索""感知信息质量结果""学术社交网络使用价值"各层级要素。

4. 扎根分析法

扎根分析法属于质的研究领域，其首要思想是在经验资料的基础上建立理论，由于在研究开始之前，未做任何理论假设，直接从实际观察入手，秉持开放态度，从原始数据资

---

[1] SCHWANDT T A. Qualitative Inquiry: A Dictionary of Terms[M]. Thousand Oaks, CA: Sage, 2001: 231-236.
[2] POLKINGHORNE D E. Language and meaning: data collection in qualitative research[J]. Journal of Counseling Psychology, 2005, 52(2):137-145.
[3] PITTS R E, WONG J K, WHALEN D J. Consumers' evaluative structures in two ethical situations: a means-end approach[J]. Journal of Business Research, 1991, 22(2):119-130.
[4] REYNOLDS T J, GUTMAN J. Laddering theory, method, analysis, and interpretation[J]. Journal of Advertising Research, 1988, 28(1):11-30.
[5] 林裕凌,李兆凳.以手段目的链探讨游戏机对顾客价值之研究[J].人文社会科学学刊,2009(1): 171-192.
[6] REYNOLDS T J, GUTMAN J. Laddering theory, method, analysis, and interpretation[J]. Journal of Advertising Research, 1988, 28(1):18-27.

料中归纳概括经验,进而上升到理论。本书拟对用户和他人(如媒体)对学术社交网络感知使用和感知质量的评测内容原始数据进行扎根分析,从客观资料中析出用户对信息质量感知的影响因素及相互关系,并构建研究模型。

5. 问卷调查法

问卷调查法是通过向调查对象发放纸质问卷或网络问卷的方式,了解情况或征询意见的调查方法,较为方便和快捷,具有一定的信效度。本书拟在构建的学术社交网络感知信息质量影响因素模型的基础上,通过实证模型,设计相关的问题选项从而形成完整的调查问卷,获取研究所需的原始数据,以此进行探索性因子分析和验证性因子分析。

6. 结构方程模型

结构方程模型是社会科学领域相当流行的统计方法,可以用于处理一组(2个或2个以上)关系的因变量和自变量,因此是多元数据统计分析的有力工具。本书拟采用问卷调查获取的数据,通过 SmartPLS 2.0 软件探寻用户感知的学术社交网络的信息质量影响因素,以此验证宏观影响因素的合理性。

7. 设计实验法

实验法是针对某些变量之间的因果关系及其发展变化过程加以观察分析的一种方法,是认知心理学和用户行为学广为采用的研究手段。该方法能够系统地操纵自变量并观察因变量的变化,在相对自然的条件下,结合适度的访谈,有目的、有计划地观察受试者的信息质量线索选判和决策过程。本书采用 Brown 主张的"设计实验"(design experiment)方法[1],既保留了实验法的严谨性,又立足于"用户为中心",促成对真实环境下的用户对线索的发现、选判和感知信息质量的理解。

8. 专家打分法

专家打分法是依靠某个领域内理论知识和经验丰富的专家,针对该领域内的复杂问题,采用打分的方式将定性描述转为定量化评估的操作方法,一般在匿名情况下多次征求目标领域专家的意见和反馈,并通过头脑风暴式的讨论不断调整,配合相应的统计分析处理,因此具有一定的数理统计特征,从而形成最终的分析结论。本书中的学术社交网络信息质量优化研究部分,可以采用专家打分的方法,以构造各个信息质量提升维度之间的相互影响和作用情况。

9. 多准则决策模型

多准则决策(multi-criteria decision-making, MCDM)模型是一种集中选择的决策模型,用于解决受冲突制约的有限方案。决策试验和评价实验室(decision making trial and evaluation laboratory, DEMATEL)方法是1971年日内瓦 Bottelle 研究所为了解决现实中的复杂社会问题而提出的,主要通过专家打分法获取每个因素对其他因素的影响程度及被影响程度,同时结合有向图有效刻画系统中各个影响因素的因果关系,目前广泛应用于组织规划与决策、在线评估及城市规划设计等诸多领域[2]。本书利用多准则决策模型构建学术

---

[1] BROWN A L. Design experiments: theoretical and methodological challenges in creating complex interventions in classroom settings[J]. Journal of the Learning Sciences, 1992, 2(2):141-178.
[2] TZENG G H, CHIANG C H, LI C W. Evaluating intertwined effects in e-learning programs: a novel hybrid MCDM model based on factor analysis and DEMATEL[J]. Expert Systems with Applications, 2007, 32(4):1028-1044.

社交网络的信息质量优化策略模型,并使用 DEMATEL 方法分析信息质量维度和准则之间的作用关系,明确各个信息质量优化策略的权重,据此对现有主流的学术社交网络信息质量状况进行比较分析。

每个研究问题至少采用 3 种研究方法,具体见表 1-4。

表 1-4 研究问题和研究方法

研究问题	研究方法							
	文献分析法	攀梯访谈法	内容分析法	扎根分析法	问卷调查法	结构方程模型	设计实验法	专家打分法	多准则决策模型
RQ1:学术社交网络中用户所感知的信息质量受到哪些线索的影响?	¤	¤	¤						
RQ2:社区环境线索之间的作用大小和作用关系?	¤				¤	¤			
RQ3:用户如何对各个信息特征线索进行选判并决策?	¤		¤				¤		
RQ4:学术社交网络如何进行信息质量的提升和优化?	¤							¤	¤

1.4.2 研究框架

线索对用户的信息质量感知过程起到了非常重要的作用。本书在国内外已有研究成果的基础上,综合利用情报学、信息管理学、认知心理学等相关学科知识和方法,密切关注学术社交网络这一极具前景的新兴环境,以用户为中心,构建本书研究的总体框架,内容概述如下。

第 1 章首先介绍了研究背景,在 Science 2.0 环境下学术社交网络受到广泛关注,用户也对其信息质量提出了更高的要求。在此基础上,对国内外现有学术社交网络的相关成果进行了梳理,找到尚未攻克的研究领域并由此提出研究问题。其次,对学术社交网络、感知信息质量和感知信息质量的信息线索进行了概念界定。最后,进一步明确了本书的四个研究问题和相匹配的研究方法,从整体上建立了研究框架。

第 2 章详细介绍了本书主要依据的研究理论,并厘清了各个研究理论在相关章节研究问题中的使用情况。整个研究的理论视角是基于信息的不确定性;在用户感知信息质量的线索框架研究中,主要使用了手段目的链理论,用于构建用户感知信息质量的价值层级模型;在用户感知信息质量的社区环境线索研究中,主要使用服务质量评价理论建立社区环境线索模型,利用社会资本理论探寻用户社会资本对模型的调节作用;在用户感知信息质量的信息特征线索研究中,主要利用双系统加工理论对实验进行设计,使用线索利用理论探寻实验中基于内容的线索和基于情景的线索影响;在信息质量治理和提升的研究中,使用显著解释理论诠释信息质量治理和提升的管理启示和实践对策。

第 3 章中主要使用两类研究数据构建用户感知信息质量的线索框架。首先是基于真实用户攀梯访谈的数据，采用混合方法刻画了用户感知信息质量动态过程中的属性、结果和价值之间的关系，并构建了各个属性、结果和价值(attribute-consequence-values，A-C-V)的关系链；其次是基于已有 126 份原始质性材料的扎根分析，归纳了影响学术社交网络用户感知信息质量的 120 个初始概念和 28 个范畴，并发展成为 9 个主范畴，最终获得一条影响学术社交网络信息质量的故事线，在此基础上构建学术社交网络用户感知的信息质量影响因素 CPUC 模型。最后，通过初步筛选合并及进一步的线索筛选，确定了本书的感知信息质量线索框架，本框架为接下来开展的研究提供了明晰的思路和实证研究的依据。

第 4 章主要解决学术社交网络中社区环境线索对用户感知信息质量的影响问题。基于服务质量评价模型和 SOR 模型，提出研究模型，即社区环境线索和期望质量共同影响用户对学术社交网络的质量体验，最终影响用户感知到的信息质量，同时考虑了成员社会资本的调节作用和信息质量体验的中介效应，并控制了年龄、性别、学历层次、学术社交网络访问频率及过往经历的影响。本书考虑全球化的被试对象样本，对全球 72 个国家的研究人员的感知信息质量进行了问卷调查，512 份有效问卷实证检验了第 3 章线索框架中社区环境线索的作用大小和作用关系。

第 5 章主要解决学术社交网络中信息特征线索对用户感知信息质量的影响问题，加深对学术社交网络用户感知信息质量线索选判的理解。本书参照 ResearchGate 网站，设计了一个高度仿真的移动端访问的实验系统，通过两个实验室实验，证明用户的感知信息质量结果受到启发式判断和分析式判断双重影响。其中实验一通过 2×2×2 的混合因子设计，整合考虑信息来源和信息内容对用户感知信息质量的影响效应；实验二通过 2×2×2 的组间因子设计，检验外部线索的权威线索、推荐线索和同伴线索的影响效应。验证了第 3 章线索框架中关于信息特征线索的作用机理。

第 6 章利用第 4 章和第 5 章中有关社区环境线索选判、信息特征线索选判的相关研究结论，构建面向管控机制、平台技术、信息内容和信息用户的信息质量治理决策模型，并使用 DEMATEL 方法，通过专家打分，获取各个质量治理策略间的影响及作用关系，明确信息质量治理策略的总体权重，并对国内外主要学术社交网络的信息质量管理状况进行比较与评价，根据数据分析结论提出三条重要的管理启示，为现有学术社交网络的信息质量治理及提升优化提供理论参考和实践指导。

第 7 章为结语部分，凝练了本书的主要研究结论，阐明了本书的主要贡献，并指出了研究局限及未来的研究展望。

本书的研究框架如图 1-5 所示。

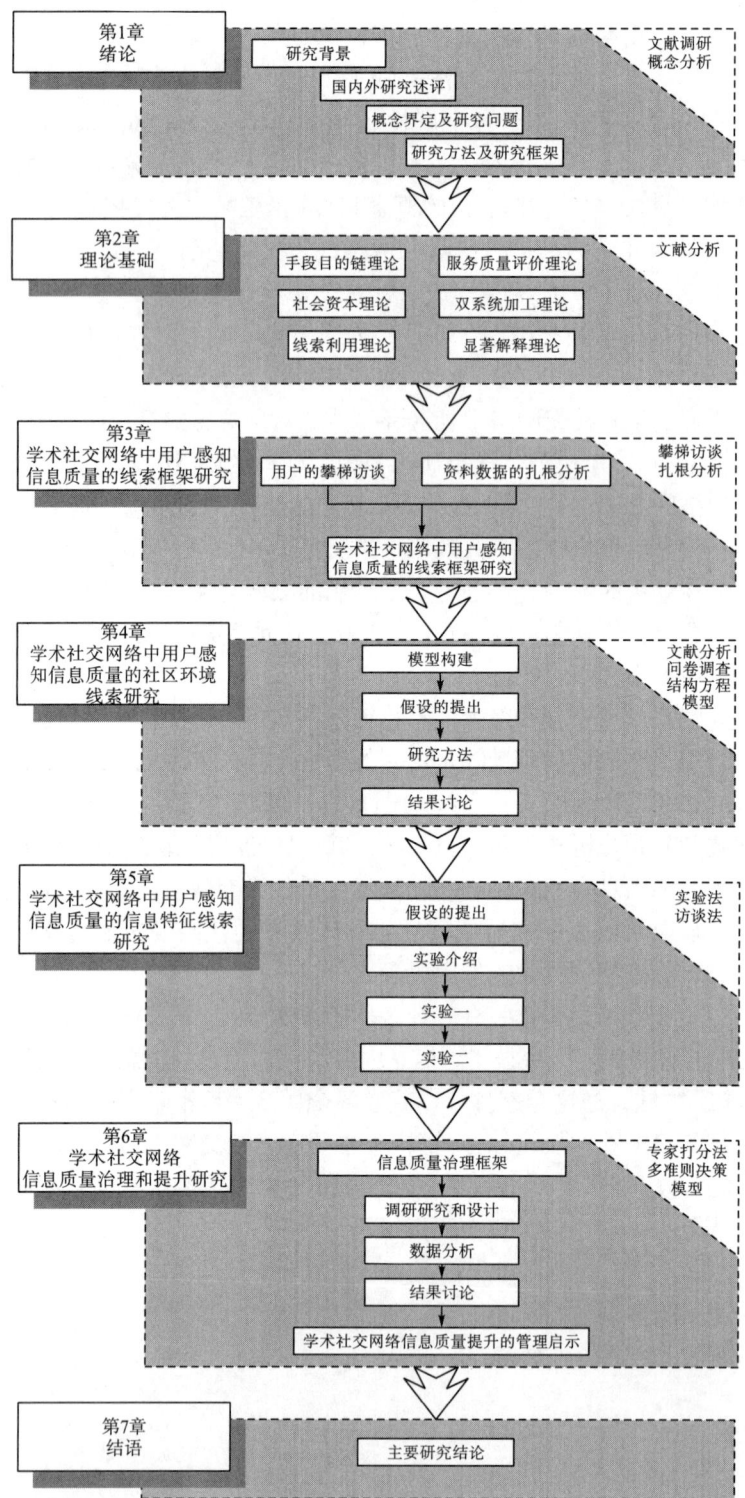

图1-5 研究框架

第 2 章 理 论 基 础

用户行为领域的研究包含了对现象探索性的分析、诸多实证性的研究设计和验证,同时产生了许多内容丰富的结果有待解释,因此需要大量理论的支撑,以增强研究设计的科学性和结果阐释的说服力。本书参考了六个主要的用户行为理论,以期全面揭示用户感知信息质量的线索影响和作用过程,这六个理论对本书研究问题的具体支撑情况如图 2-1 所示。

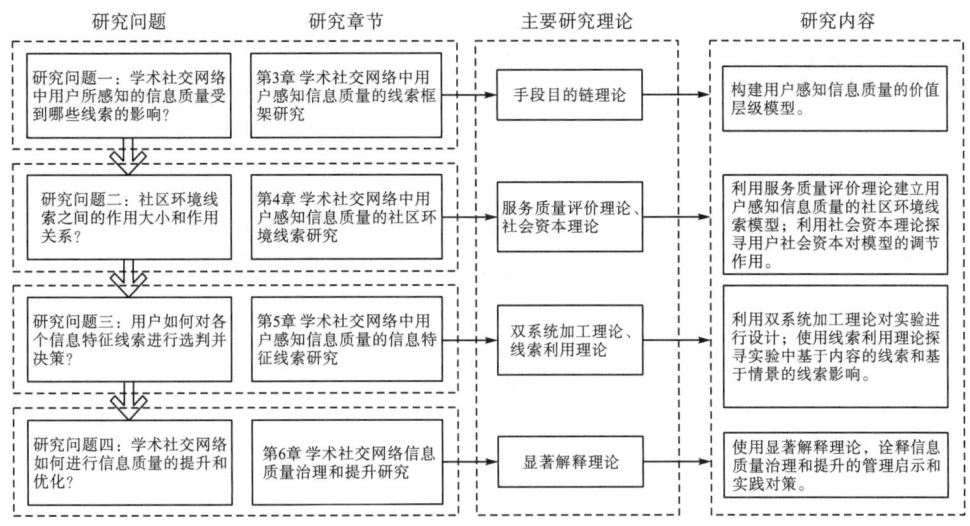

图 2-1 研究理论在本书中的应用逻辑

2.1 手段目的链理论

手段目的链理论(means-end chain theory, MEC Theory)是 1982 年由 Gutman[①]提出的。该理论尝试通过个人感知探寻和解释产品或服务的选择及达到期望目的状态的过程,是用于探讨个人行为与个人价值关系最具代表性的理论之一。该理论认为产品或服务的属性可视作消费者实现利益或重要价值(如 ends)的某种手段或方法(means)[②],在特定情境下关注消费者对属性、利益和价值内容或知识的组织,所以该理论较好地检验了消费者价值的层次结构。

手段目的链理论中属性(attribute)、结果(consequence)和价值观(value)构建了一个简单的链式结构(A-C-V),多用于研究消费行为,解释微观视角下产品的属性如何导致结果,

---

[①] GUTMAN J. A means–end chain model based on consumer categorization processes[J]. Journal of Marketing, 1982, 46(2):60-72.
[②] OLSON J C, REYNOLDS T J. Understanding Consumers' Cognitive Structures: Implications for Marketing Strategy[M]. Lexington MA: Lexington Books, 1983: 51-57.

进而带给消费者何种价值,由此通过"属性-结果-价值观"的层级链式结构揭示消费者的无形价值目标[①],其模型如图 2-2 所示。有学者也通过使用该方法,证明了产品和个体之间存在的实在关联及切身意义[②]。

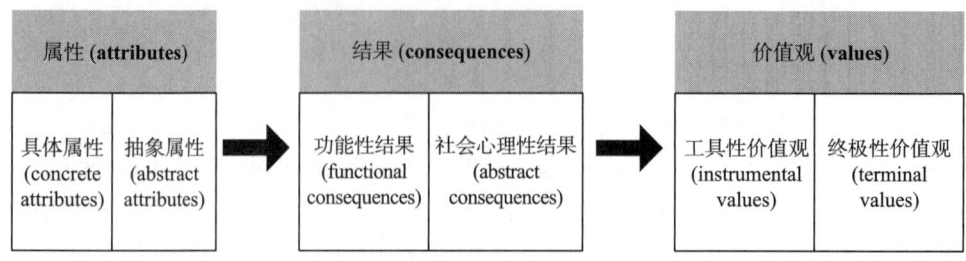

图 2-2 手段目的链模型[③]

已有大量的研究使用手段目的链理论,利用攀梯法将用户对产品的知识或决策的具体想法转换成抽象的感知[④]。根植于消费者行为学和市场营销研究的手段目的链理论[⑤],也同样成功应用到了信息科学和人机交互领域,用于识别信息系统中的关键要素[⑥]。例如,Sun 等使用手段目的链理论,研究了教师的个人价值和电子学习系统功能之间的关系,从教师的认知结构对系统的使用展开分析,发现教师在使用电子学习系统时的个人成就感、自我实现和生活愉悦是其持续使用系统的动力[⑦]。Chiu 采用手段目的链理论,探索了用户对基于网络的文件管理系统的感知方向,并通过攀梯访谈引导析出了系统用户的需求,挖掘出用户的深层次价值需求是舒适、开心、可控制、放心和安全[⑧]。此外,Jung 等采用同样的方法研究了青少年使用社交网站 Facebook 和心理健康之间的关系。与前人的相关研究不同,该研究通过手段目的链获取了社交网站用户行为更为细致和具体的描述结果[⑨]。Liao 和 Lin 运用此方法探究了用户对在线旅游广告和搜索结果页面的认知差异,从而为网站的内容设计和界面设计人员提供建议和参考[⑩]。

因此,本书认为手段目的链理论也非常适用于研究学术社交网络环境下用户对信息质量的认知和感知过程。信息质量有各种不同的属性表现,这些表现会引发用户的实际感知结果,而这些结果最终会使用户形成对学术社交网络信息质量的认知评价,即存在"感知

---

① 陈卫平.社区支持农业劳动份额的消费者价值认知结构:手段目的链的应用[J].农业技术经济,2012(9):84-95.
② REYNOLDS T J, GUTMAN J. Laddering theory, method, analysis, and interpretation[J]. Journal of Advertising Research, 1988, 28(1):11-31.
③ LIN C, FU H. Exploring logic construction on MECs to enhance marketing strategy[J]. Marketing Intelligence & Planning, 2001, 19(5):362-367.
④ BOTSCHEN G, THELEN E M, PIETERS R. Using means-end structures for benefit segmentation[J]. European Journal of Marketing, 1999, 33(1/2):38-58.
⑤ REYNOLDS T J, OLSON J C. Understanding Consumer Decision Making: the Means-end Approach to Marketing and Advertising Strategy[M]. Lawrence Erlbaum Associates, 2001: 3-20.
⑥ PAI P, ARNOTT D C. User adoption of social networking sites: eliciting uses and gratifications through a means–end approach[J]. Computers in Human Behavior, 2013, 29(3):1039-1053.
⑦ SUN P C, CHENG H K, FINGER G. Critical functionalities of a successful e-learning system: an analysis from instructors' cognitive structure toward system usage[J]. Decision Support Systems, 2009, 48(1):293-302.
⑧ CHIU C M. Applying means-end chain theory to eliciting system requirements and understanding users' perceptual orientations[J]. Information & Management, 2005, 42(5):455-468.
⑨ JUNG Y, PAWLOWSKI S D, KIM H W. Exploring associations between young adults' Facebook use and psychological well-being: a goal hierarchy approach[J]. International Journal of Information Management, 2017, 37(1):1391-1404.
⑩ LIAO Y, LIN C. Guiding the content of tourism web advertisements on a search engine results page[J]. Online Information Review, 2010, 34(2):263-281.

信息质量影响线索—用户感知结果—学术社交网络使用价值"三个层级逐渐抽象的链式结构，可以将信息质量与用户关联，清晰诠释用户对信息质量判定的内在思考脉络，从外显的信息质量属性感知到内隐的信息质量认知判断的追寻过程。针对研究问题一，本书在3.1节中使用手段目的链理论，结合学术社交网络真实用户的攀梯访谈数据，构建用户感知信息质量的价值层级模型。

2.2 服务质量评价理论

服务质量的相关研究最早是由市场营销领域的学者所发起的，自20世纪80年代左右开始，而且很长一段时间内都是针对消费者服务领域[1][2]。相关研究认为服务质量是消费者与商家之间对交互质量的全局和主观的评估，包括需要被满足的具体服务的程度，因此起初多用于线下环境。由于服务质量的无形性、异质性和不可分离性，基于Ajzen和Fishbein的期望价值理论[3]，许多学者提出通过用户对感知质量和自身期望进行比较，从而评价服务质量[4][5]。其中最具有影响力的是Parasuraman等的研究，他们在当时服务质量研究尚缺乏的时代背景下，通过深度的焦点小组访谈，提出了著名的服务质量评价概念化模型[6]。该模型认为消费者的感知服务质量难以测量，主要是取决于期望的服务以及感知的服务之间的差异，期望的服务可能还受到口碑、个人需要和过往经历的影响。同时，他们总结了消费者评价服务质量的10个决定因素，这10个决定因素也可称作消费者评价服务质量的基本标准，能够影响其感知的服务。总之，该模型的核心在于用户对服务质量的评价取决于用户感知和期望的服务，具体如图2-3所示。

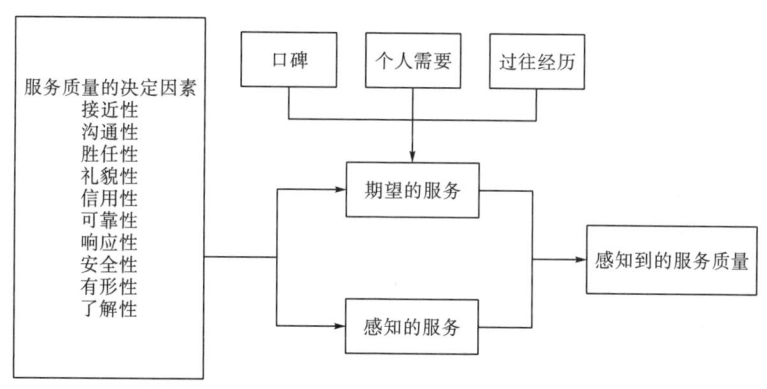

图2-3 服务质量评价概念化模型[6]

---

[1] DABHOLKAR P A, OVERBY J W. Linking process and outcome to service quality and customer satisfaction evaluations[J]. International Journal of Service Industry Management, 2013, 16(1):10-27.
[2] JOHNSTON R. The determinants of service quality: Satisfiers and dissatisfiers[J]. International Journal of Service Industry Management, 1995, 6(5):53-71.
[3] AJZEN I, FISHBEIN M. Understanding Attitudes and Predicting Social Behavior[M]. Prentice-Hall, 1980: 95-123.
[4] GRONROOS G. A service-oriented approach to marketing of services[J]. European Journal of Marketing, 1978, 12(8): 588-601
[5] SMITH, R A.Houston M J. Script-based evaluations of satisfaction with services[J]. American Marketing, 1982, 20: 59-62.
[6] PARASURAMAN A, ZEITHAML V A, BERRY L L, et al. A conceptual model of service quality and its implications for future research[J]. Journal of Marketing, 1985, 49(4): 41-50.

在该服务质量评价概念化模型的基础上，Parasuraman 等针对服务质量框架提出了最著名的服务质量(service quality，SERVQUAL)模型[1]，用于描述消费者对商家服务的显著性感知。该模型主要是从服务可靠性、服务保证、同情心、响应能力和服务基础设施可见性五个方面展开分析。大量研究通过 SERVQUAL 模型成功预测了消费者的反应，如销售收入的增加[2]、支付价格溢价的意愿[3]和客户满意[4]等。

尽管过去服务质量评价模型被成功应用于传统的线下环境，但在线商务或虚拟社区的线上环境也已成为一个成熟应用领域，因为线上环境的研究已从关注工具层面的 IT 利用转向用户导向的应用[5]。如 Gefen 将 SERVQUAL 模型用于电子商务情境中[6]；Zeithaml 等认为用户对在线服务质量的评价不仅来自与网站的交互，还来自与服务方的交互[7]；Liao 等发现在多渠道的服务情景下，渠道一致性调节了电子服务质量和用户满意度之间的关系[8]。

因此该模型十分契合本书研究的核心思想，将为探究环境线索影响的模型设计提供重要参考。本书拟借鉴服务质量评价理论和服务质量评价概念化模型，解决研究问题二，在第 4 章中构建用户感知信息质量的社区环境线索模型，依据服务质量评价概念化模型，寻求共同影响用户对学术社交网络信息质量体验的环境线索，同时考虑信息质量期望对信息质量体验的影响，从而共同决定感知信息质量的结果。

2.3 社会资本理论

社会资本作为由社会结构而产生的可调动关系，能够促进合作与行动，学界已经出现了对社区生活、民主、治理、经济发展和集体行动等系列普遍问题的研究。在信息系统领域，社交网络中成员之间的人际关系为信息交换提供了必要条件[9]。社会资本理论(social capital theory)同样可以用于研究在线参与。社会资本被公认为是研究在线信息行为的合适框架，因为其阐明了与在线行为相关的关系、结构和内容维度[10]。如 Diep 等针对成人在线教育的情景，研究了在线教育的参与问题，结果表明社会资本的两个维度，即归属感和互惠规范，能显著地预测在线参与行为[11]；Chen 等探索了社会资本、平台协同和积极参与对

---

[1] PARASURAMAN A, ZEITHAML V A, BERRY L L. SERVQUAL: a multiple-item scale for measuring consumer perceptions of service quality[J]. Journal of Retailing, 1988, 64(1):12-40.
[2] DABHOLKAR P A. Consumer evaluations of new technology-based self-service options: An investigation of alternative models of service quality[J]. International Journal of Research in Marketing, 1996, 13(1):29-51.
[3] ZEITHAML V A, BERRY L L, PARASURAMAN A. The behavioral consequences of service quality[J]. Journal of Marketing, 1996, 60(2):31-46.
[4] CRONIN J J, TAYLOR S A. Measuring service quality: a reexamination and extension[J]. Journal of Marketing, 1992, 56(3):55-68.
[5] STRAUB D W, WATSON R T. Research commentary: transformational issues in researching IS and net-enabled organizations[J]. Information Systems Research, 2001, 12(4):337-345.
[6] GEFEN D. Customer loyalty in e-commerce[J]. Journal of the Association for Information Systems, 2002, 3(1):27-51.
[7] ZEITHAML V A, PARASURAMAN A, MALHOTRA A. A conceptual framework for understanding e-service quality: implications for future research and managerial practice[R]. MSI Working Paper Series, 2005: 100-109.
[8] LIAO C, YEN H R, LI E Y. The effect of channel quality inconsistency on the association between e-service quality and customer relationships[J]. Internet Research, 2011, 21(4):458-478.
[9] NAHAPIET J, GHOSHAL S. Social capital, intellectual capital, and the organizational advantage[J]. Academy of Management Review, 1998, 23(2): 242-266.
[10] HUVILA I, HOLMBERG K, EK S, et al. Social capital in Second Life[J]. Online Information Review, 2010, 34(2):295-316.
[11] DIEP N A, COCQUYT C, ZHU C, et al. Predicting adult learners' online participation: effects of altruism, performance expectancy, and social capital[J]. Computers & Education, 2016, 101:84-101.

在线团购情景的消费者利益的影响，结果表明社会资本增加了消费者在线团购的积极性[1]；Sangmi 等探究了博客博主的知识贡献行为，发现博主的信任、社交关系的强度和互惠均正向影响知识贡献行为[2]；从动机角度，Chiu 等按照知识共享的数量和质量，调查了虚拟社区知识共享的意愿，发现社会资本，即社会交互联系、信任、互惠的规范、认同、共同愿景和共同语言均影响个体知识共享的动机[3]。

由于学术社交网络具有成员的社交化特征，不同的成员社区活跃度不同，对信息质量的感知程度也不同，因此在研究用户感知信息质量时可以加入用户的社会资本，探寻结构社会资本、关系社会资本和认知社会资本的个人因素对感知信息质量的影响。因此，针对研究问题二，在第 4 章构建的用户感知信息质量的社区环境线索模型中，考虑成员社会资本的调节作用，将结构社会资本、关系社会资本和认知社会资本分别概念化为成员的社会交互联系、互惠规范和共同愿景。

2.4 双系统加工理论

1984 年，英国普利茅斯大学的 Evans 教授在前期研究的基础上，提出"双系统加工理论"[4]（国内也有学者翻译为"双重加工理论"[5]），认为人在认知加工过程中存在两种截然不同的加工模式，即直觉式的启发式加工系统以及理性的分析式加工系统。1989 年，Evans 在专著《人类推理中的偏差：原因和结果》中以图示的方式展现了启发式和分析式的两阶段模型[6]，如图 2-4 所示。

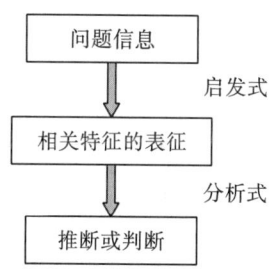

图 2-4 双系统加工的两阶段模型

由图 2-4 可知，基于直觉的启发式加工系统在对问题信息的处理中只需要较少的意识和认知努力，便能自动从环境中抽取相关特征，有利于已有知识结构信息的同化，是较为

---

[1] CHEN Y C, WU J H, PENG L, et al. Consumer benefit creation in online group buying[J]. Electronic Commerce Research & Applications, 2015, 14(6):499-513.
[2] SANGMI C, SANJUKTA D H. RAGHAV R. Factors affecting bloggers' knowledge sharing: an investigation across gender[J]. Journal of Management Information Systems, 2011, 28(3):309-342.
[3] CHIU C M, HSU M H, WANG E T G. Understanding knowledge sharing in virtual communities: an integration of social capital and social cognitive theories[J]. Decision Support Systems, 2006, 42(3):1872-1888.
[4] EVANS J S B T. Heuristic and analytical processes in reasoning[J]. British Journal of Psychology, 1984, 75(4):451-468.
[5] 高华,余嘉元.推理过程中非理性现象的新解释[J].南京师大学报(社会科学版),2006(4):106-110.
[6] EVANS J S B T. Bias in Human Reasoning: Causes and Consequences[M]. Brighton: Erlbaum, 1989: 90-110.

快速和自动化的；基于理性的分析式加工系统是慢速、序化和控制化的，一般用于复杂问题的推理和判断。与启发式加工系统相比，分析式加工系统具有较高的理性水平，需要更多的工作记忆系统的参与，也需要更多的意识努力和思考。

在网络环境下，随着认知环境和认知资源越来越丰富，研究人员更加关注交互式信息服务的信息认知因素和认知加工过程，也意识到信息服务工作的效果受到用户的认知过程制约，只有遵循用户的认知规律，才能更好地提高信息服务工作的用户满意度[①][②]。例如，Metzger 和 Flanagin 发现在社交媒体环境下，由于技术示能性和信息超载所带来的威胁，个人倾向于启发式认知加工过程，因此，简单的信息判断加工先于更理性的分析式认知加工而被触发[③]；查先进等通过双路径视角，研究了微博环境下的用户学术信息搜索行为，认为用户的行为态度改变受到启发式判断和分析式判断的影响[④]。此外，还有观点认为信息系统给定的示能性可以传递多种不同的线索，导致许多不同的启发式判断。

有学者指出，在线情景下的可信度判断的启发式方法是复杂的，因此在此种情境下研究启发式比其他情境下研究启发式更具有影响力，同时也是一项重要的研究任务[⑤]。与可信度判断类似，本书的在线信息质量感知判断同样是复杂的，涉及人们对所感知的信息质量进行认知、理解、判别、分析和推理等思维过程，因此借鉴双系统加工理论，能够了解人的认知思维和认知加工是如何进行工作的，便于更深入地探讨用户对信息质量的感知行为特性。本书针对研究问题一，在第 3 章的线索框架构建中，依据双系统加工理论刻画了线索的信息加工方式。此外，针对研究问题三，在第 5 章中依据双系统加工理论，对实验进行了设计，既考虑个体对信息感知判断时的分析式加工方式，也探究个体对信息感知判断时的启发式加工方式。

2.5　线索利用理论

线索利用理论(cue utilization theory)起源于消费行为领域，1962 年最先由 Cox 提出，他认为线索是诸如价格、颜色、卖方态度的"信息"。Cox 还根据线索对消费者的不同影响程度，将其分为线索预测价值(predictive value)和线索信心价值(confidence value)。线索预测价值是衡量消费者将一条线索与产品质量关联的程度，即用于质量预测阶段；线索信心价值是用于衡量消费者具体判断产品质量时的能力[⑥]。

该理论在 1972 年经 Olson 和 Jacoby 进行了扩展，主要是研究顾客利用线索作为产品质

---

① 李清茂, 田昌鹏. 基于认知心理学的信息服务本质探寻[J]. 重庆工商大学学报(自然科学版), 2008, 25(4): 380-384.
② 邢维慧, 袁建敏. 用户信息服务的认知心理分析[J]. 情报科学, 2004, 22(11): 1404-1408.
③ METZGER M J, FLANAGIN A J. Credibility and trust of information in online environments: the use of cognitive heuristics[J]. Journal of Pragmatics, 2013, 59(1/2): 210-220.
④ 查先进,张晋朝,严亚兰. 微博环境下用户学术信息搜寻行为影响因素研究——信息质量和信源可信度双路径视角[J]. 中国图书馆学报,2015,41(3): 71-86.
⑤ SUNDAR S, SHYAM. The MAIN model: a heuristic approach to understanding technology effects on credibility[J]. Digital Media, Youth, and Credibility, 2008,10: 73-100.
⑥ COX D F. The measurement of information value: a study in consumer decision-making[J]. Emerging Concepts in Marketing, 1962: 413-421.

量和价值感知及判断的工具[1]。如 Dawar 和 Parker 解释了线索的独特性作用，认为越是独特的信号，用于产品评估越有效[2]；Wheatley 等认为对感知质量影响较大的是物理线索，然而随着物理线索水平的提升，顾客则倾向使用产品的外部线索进行产品质量的判断[3]；Zeithaml 等考虑了产品因素的调节作用，认为使用内部线索时会受到产品因素的调节影响，使用外部线索则不会，而且用于产品质量评估的线索也会随着竞争、消费需求偏好的变化而变化[4]。

在信息管理领域，从信息处理加工的视角来说，将信息的使用概念化为类似于产品属性的信息线索解释的活动[5]，认为线索就是信号，可用来指导或指示事物的发展过程，是影响人们认知的有意识或无意识的符号信息，有助于解释决策的制定。相较于消费行为领域的研究，信息管理领域的研究较为微观，多数研究将线索利用理论应用于相关性判断、阅读、文件选择等多个涉及认知的活动中[6]。如 Crystal 和 Greenberg 运用信息线索理论研究健康信息使用用户的相关性判断，受访人员被要求识别网络搜索引擎代理和全文 Web 文档的使用标准，主要线索包括研究、课题、范围、数据、影响、从属关系、网络特性和权威，在线索使用上揭示了长尾特征[7]；Todd 通过准实验的研究方法，利用信息线索和信息使用理论，探索了四名高中生阅读文章前后知识结构的变化[8]；Wang 等在文档选择和文档使用的过程研究中，也将文档信息元素（如标题、作者等）视作信息线索，探索用户对文档价值的判断和决策[9][10]。此外，在电子商务领域，许多学者还将用户的评论或推荐视为能够影响决策判断的信息线索[11][12]。

总之，线索理论能够使信息接收者在说服性环境下将线索与信息相关联[13]。前人的研究给予本书研究较多的启示，线索利用理论也十分适合本书研究情景下感知信息质量影响线索的探寻，尤其是微观线索的选判和决策，它能帮助勾勒用户对信息质量微观线索的认知过程，厘清信息质量线索与用户感知之间的关系。因此，本书尝试用线索利用理论解决研究问题三，在第 5 章中通过两个控制实验探究基于内容的内部线索和基于情景的外部线索（如权威线索、同伴线索和推荐线索）对用户感知信息质量的影响。

---

[1] 王新新，杨德锋. 自有品牌与零售商竞争力研究[J]. 哈尔滨商业大学学报(社会科学版)，2007(6):94-97.
[2] DAWAR N, PARKER P. Marketing universals: consumers' use of brand name, price, physical appearance, and retailer reputation as signals of product quality[J]. Journal of Marketing, 1994, 58(2):81-95.
[3] WHEATLEY J J, CHIU J S Y, GOLDMAN A. Physical quality, price and perceptions of product quality: implications for retailers[J]. Journal of retailing, 1981, 57(2): 100-116.
[4] ZEITHAML V A, PARASURAMAN A, BERRY L. Delivering quality service: balancing customer perceptions and expectations[M]. New York, 1990, 331-336.
[5] SAVOLAINEN R. Information use and information processing[J]. Journal of Documentation, 2013, 65 (2):187-207.
[6] SAVOLAINEN R. Interpreting informational cues: an explorative study on information use among prospective homebuyers[J]. Journal of the American Society for Information Science & Technology, 2009, 60(11):2244-2254.
[7] CRYSTAL A, GREENBERG J. Relevance criteria identified by health information users during web searches[J]. Journal of the American Society for Information Science & Technology, 2010, 57(10):1368-1382.
[8] TODD R J. Utilization of heroin information by adolescent girls in Australia: a cognitive analysis[J]. Journal of the American Society for Information Science, 1999, 50(1):10-23.
[9] WANG P, SOERGEL D. A cognitive model of document use during a research project. Study I. Document Selection[J]. Journal of the Association for Information Science & Technology, 2010, 49(2): 115-133.
[10] WANG P, WHITE M D. A cognitive model of document use during a research project. Study II. Decisions at the reading and citing stages[J]. Journal of the Association for Information Science & Technology, 1999, 50 (2):98-114.
[11] SENECAL S, NANTEL J. The influence of online product recommendations on consumers' online choices[J]. Journal of Retailing, 2004, 80(2):159-169.
[12] SMITH D, MENON S, SIVAKUMAR K. Online peer and editorial recommendations, trust, and choice in virtual markets[J]. Journal of Interactive Marketing, 2005, 19(3):15-37.
[13] SUNDAR S, SHYAM. The MAIN Model: a heuristic approach to understanding technology effects on credibility[J]. Digital Media, Youth, and Credibility, 2008,10: 73-100.

2.6 显著解释理论

显著解释理论(prominence-interpretation theory)于 2003 年由斯坦福大学技术实验室提出[1]，主要用于在线网站可信度的评价。该理论主要由两个内容所构成，一个是用户对网站元素的注意(显著性)，另一个是用户对网站元素做出的判断(解释)，如果显著性没有产生作用，那么解释性的可信度评价也就无从谈起。该理论的构成如图 2-5 所示。

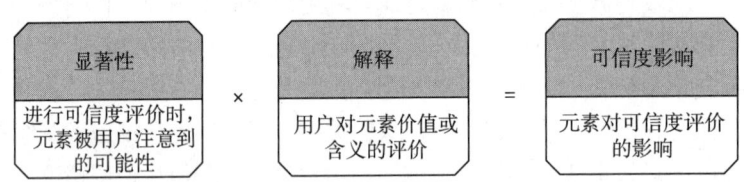

图 2-5　显著解释理论构成

该理论中存在 5 个影响显著性的因素：①用户的参与(如用户浏览网站内容的动机和能力)[2]；②网站的话题类型(如新闻类、娱乐类[3])；③用户的任务类型(如搜寻信息、寻求娱乐或开展交易)；④用户的经验(如就某个主题而言，是新手还是专家)；⑤个体差异(个人的认知需求、学习能力和文化素养)。

此外，还存在 3 个影响解释的因素：

①用户意识里的假设(如文化、过去的经验或启发式等)；②用户的技能或知识(如用户对某个网站主题的知识能力)；③情景(如用户环境、用户期望或情景规范等)。

总之，显著解释理论根植于网站可信度的评价，表示消息接受者先前的经验、技能和知识及其所处的情境决定了对信息或线索的解释[4]。该理论的思想也适合于研究学术社交网络情景下用户对信息质量的感知和判断。该理论为本书的研究提供了明晰的启示框架，即信息接受者的先前经历能够影响他们对各种线索的处理情况，并据此做出感知判断。此外，该理论也指出消息接受者必须首先注意到线索，或者在理论的条件下，线索必须足够显著，才会对消息接受者的感知判断产生影响。因此，本书利用显著解释理论，解决研究问题四，在第 6 章中使用该理论诠释管理启示和实践对策，增强结论的说服力。

---

[1] FOGG B J. Prominence-interpretation theory: explaining how people assess credibility online[C]// CHI, 2003:722-723.
[2] KIM N. World Wide Web Credibility：What effects do advertisement and typos have on the perceived credibility of web page information?[R]//Senior Honors Thesis. Stanford University, 1999: 88.
[3] FOGG B J. How do people evaluate a web site's credibility? Results from a large study[EB/OL]. (2002-11-10)[2018-04-29]. http://64.78.25.46/pdfs/stanfordPTL.pdf, 2002.
[4] DERHEIDE B V, LIM Y S. On the conditional cueing of credibility heuristics: the case of online influence[J]. Communication Research, 2016, 43(5): 1-20.

第3章 学术社交网络中用户感知信息质量的线索框架研究

区别于一般的社交类网络,学术社交网络是一类专门针对科研从业人员的新型交流平台。以 Academia、ResearchGate 和 Mendeley 为代表的全球学术社交网络,各有特色,因满足了科研特定群体的研究与交流需求,吸引了大量的用户。

学术社交网络为用户提供的信息资源更具专业性和效用性,同时由于用户生成内容的特征,学术社交网络与其他领域(娱乐、商务)的社交网络一样,也面临严峻的信息过载问题[1]。有学者已经指出,用户感知信息质量不高已经成为用户使用学术社交网络开展学术活动的主要障碍之一[2]。在线学术资源信息质量是用户对网站呈现信息的质量感知,信息应该是准确的、完整的、可理解的、及时的,并且与个体需求是相关的[3][4][5]。研究表明,成功的网站能通过提供高质量的信息帮助用户做出更好的在线决策[6],高质量信息的感知提升了用户在线体验的满意度[7]。

信息质量是一个多维的构念(multidimensional construct),常常与具体的使用情景相关联,而用户对信息质量的感知又是一个极为抽象和主观的过程,在学术社交网络情景下,用户如何感知学术社交网络的信息质量高低、用户感知学术信息质量受到哪些因素的影响、这些影响因素中哪些是用户感知信息质量的线索依据,本章将对用户感知学术社交网络信息质量的线索框架展开研究,自底向上解决这3个问题。

为了更全面地刻画用户感知学术社交网络信息质量的线索框架,本章采用攀梯访谈和扎根分析两种方法开展研究,根据主、客观研究分析视角析出的感知信息质量行为和影响因素,梳理出用户感知学术信息质量的众多线索,从而整合成完整的线索框架,为后续实证分析提供指导。

---

[1] 刘先红,李纲. 科研社交网络的推荐系统对比分析[J]. 图书情报工作,2016,60(9):116-122.
[2] 胡文静,王睿. 社交网络学术活动特征分析及应对策略[J]. 情报资料工作,2017(1):34-41.
[3] AIN T, RYU S, HAN I. The impact of Web quality and playfulness on user acceptance of online retailing[J]. Information & Management, 2007, 44(3):263-275.
[4] HEINRICHS J H, LIM K, LIM J. Testing a MIMIC model of e-shopping site usage[J]. International Journal of Retail & Distribution Management, 2009, 37(10):852-866.
[5] LIM H, WIDDOWS R, HOOKER N H. Web content analysis of e-grocery retailers: a longitudinal study[J]. International Journal of Retail & Distribution Management, 2009, 37(10):839-851.
[6] BELLMAN S, LOHSE G L, JOHNSON E J. Predictors of online buying behavior[J]. Communications of the ACM, 1999, 42(12): 32-38.
[7] DELONE W H, MCLEAN E R. Measuring e-commerce success: applying the DeLone & McLean information systems success model[J]. International Journal of Electronic Commerce, 2004, 9(1):31-47.

3.1 基于攀梯访谈的用户感知信息质量研究

由前述可知，理解用户在学术社交网络情景下的信息质量感知行为是十分困难的。其原因在于，首先，用户的感知行为在具体情景下会受到多种因素的影响，这些因素相互交织，其作用于感知的过程本身就较为复杂；其次，用户的感知和决策行为总是主观和动态的，因此对其的描述就显得十分模糊。为了理解在线感知信息质量的复杂性，本节采用对用户进行攀梯访谈的方法，以获取用于理解该复杂现象的丰富数据，通过该方法获取的详尽数据能够有助于理解用户信息质量感知的态度和行为。

具体地，为了揭示影响用户信息质量感知的各个因素和相互间的作用关系，本节对一种混合方法进行了研究。提出研究问题一：在学术社交网络情景下，影响用户信息质量感知的因素和相关线索维度有哪些？研究问题二：在学术社交网络情景下，如何更好地理解用户信息质量感知动态过程中属性、结果和价值之间的关系？在本节研究的第 1 阶段，以手段目的链理论为指导，对学术社交网络用户的使用行为及信息质量感知进行深度的攀梯访谈，以此识别用户感知信息质量的各个影响因素；在第 2 阶段，通过网络分析，构建第 1 阶段中识别的各个属性、结果和价值观(A-C-V)的关系链。

3.1.1 信息质量影响因素的现有研究

信息质量已经吸引了众多来自信息科学领域研究者的关注，信息质量在信息系统领域的研究开展，离不开以下学者的重要贡献：麻省理工学院(Massachusetts Institute of Technology, MIT)教授、首席数据官与信息质量计划负责人王盈裕(Richard Y Wang)，他是信息质量开创性的研究者，率先提出的信息质量的四维体系(内在质量、情景质量、表达质量和获取质量)已成为后人研究最具参考性的信息质量框架模型[1]；Delone 和 Mclean 最早构建了著名的信息系统成功模型(D&M 模型)，该模型不但正式提出了信息质量的概念，证明了信息质量对信息系统成功的重要影响，还论证了信息质量与系统质量对用户满意度和使用意愿的影响[2]，该模型提出后即被广泛应用，在我国不仅进行了本土化实践的研究，还拓展到了电子商务及移动商务领域的研究，信息系统的类型也拓展到了银行、政务和娱乐等不同类型的系统。此外，信息质量的发展还离不开信息质量国际会议(International Conference on Information Quality)的推动。该会议于 1996 年在 MIT 成功召开，此后吸引了全球的信息质量研究人员和从业人员围绕信息质量的基础理论、各个行业的信息质量、互联网对信息质量的影响和信息质量的评价方法等议题开展广泛探讨。

国内外对信息质量的研究多数基于一定的组织情景，主要涉及医疗卫生[3]、企业资源

---

[1] WANG R Y, STRONG D M. Beyond accuracy: what data quality means to data consumers[J]. Journal of Management Information Systems, 1996, 12(4):5-34.
[2] DELONE W H, MCLEAN E R. Information systems success: the quest for the dependent variable[J]. Journal of Management Information Systems, 1992(4): 60-95.
[3] DAMMAN O C, HENDRIKS M, RADEMAKERS J, et al. Consumers' interpretation and use of comparative information on the quality of health care: the effect of presentation approaches[J]. Health Expectations, 2012, 15(2):197-211.

计划[1]、管理信息系统[2]等。随着 Web 2.0 的兴起，一些研究人员在研究用户生成内容的知识社区时开始关注信息质量，他们将信息质量的研究整合到具体情景中，对行业和社会的实践活动更具有指导意义。信息质量影响因素的相关研究，即将信息质量单独作为因变量来研究，这在国内外研究中不常见[3]，与知识社区或知识系统相关的信息质量影响因素研究见表 3-1。

表 3-1 信息质量影响因素的相关研究

研究情景		研究方法	影响因素	文献来源
在线协同内容创建社区	维基百科的内容质量	文献分析	内容贡献者的活动类型、匿名内容贡献者的数量及高级内容贡献者的经验	Kane [4]
	维基百科的信息质量	根据 Wang 和 Strong 提出的信息质量框架	参与者信息创建动机、参与者的知识素养、管理审核机制、系统性能、信息政策和法规、系统安全性	金燕和周婷[5]
	维基百科的信息质量	问卷	动机、技术、协同行为和文化差异	Wagner 和 Prasarnphanich[6]
问答社区	Yahoo!Answers 的答案信息质量	相关性统计分析	内容价值、认知价值、社会情感价值、信息源价值、外在价值、实用性、语言通俗性	Kim 等[7]
	Yahoo!Answers 的答案信息质量	逻辑回归统计分析	答案信息本身、答案的完整性、答案的新颖性	Shah 和 Pomerantz[8]
	Yahoo!Answers 的答案信息质量	链接分析	用户权威	Jurczyk 和 Agichtein[9]
	知乎、Quora	问卷调查	信息发布者相关线索、信息展示页面相关线索	曹高辉等[10]
学术社区	学术社区的感知信息质量	文献分析	内容质量、信息效用、系统质量	李晶等[11]
知识网站	面向社区的知识网站的信息质量	文献分析	可信性、客观性、适当的数量、及时性和可理解性	Kim 和 Han[12]
信息可信度	网站信息可信度	文献分析	信息源(信息源的专业性、可依赖程度、认证情况等);	Wathen 和 Burkell[13]

---

[1] SHULING M A, ZHOU Y. Analysis and design of quality management information system based on QWF[J]. Machine Design & Manufacturing Engineering, 2013(4): 66-71.
[2] LI S, LIN B. Accessing information sharing and information quality in supply chain management[J]. Decision Support Systems, 2007, 42(3):1641-1656.
[3] 李晶. 虚拟社区信息质量建模及感知差异性比较研究[D]. 武汉: 武汉大学, 2013.
[4] KANE G C. A multimethod study of information quality in Wiki collaboration[J]. ACM Transactions on Mana -gement Information Systems, 2011, 2(1): 4.
[5] 金燕, 周婷. 协同内容创建系统的质量影响因素分析[J]. 情报理论与实践, 2015, 38(4):105-109.
[6] WAGNER C, PRASARNPHANICH P. Innovating collaborative content creation: the role of altruism and wiki technology[C]// Hawaii International Conference on System Sciences. IEEE, 2007:18-18.
[7] KIM S, OH J S, OH S. Best-answer selection criteria in a social Q&A site from the user-oriented relevance perspective[J]. Proceedings of the American Society for Information Science & Technology, 2010, 44(1):1-15.
[8] SHAH C, POMERANTZ J. Evaluating and predicting answer quality in community QA[C]// International ACM SIGIR Conference on Research and Development in Information Retrieval. ACM, 2010:411-418.
[9] JURCZYK P, AGICHTEIN E. Discovering authorities in question answer communities by using link analysis[C]//Conference on Information and Knowledge Management, 2007:919-922.
[10] 曹高辉, 胡紫祎, 张煜轩, 等. 基于外部线索的社会化问答平台信息质量感知模型研究[J]. 情报科学, 2016, 34(11):122-128.
[11] 李晶, 卢小莉, 李卓卓. 学术社区信息质量感知形成机理研究[J]. 图书馆学研究, 2017(1):6-11.
[12] KIM B, HAN I. The role of trust belief and its antecedents in a community-driven knowledge environment[J]. Journal of the Association for Information Science & Technology, 2010, 60(5):1012-1026.
[13] WATHEN C N, BURKELL J. Believe it or not: factors influencing credibility on the Web[J]. Journal of the American Society for Information Science and Technology, 2010, 53(2):134-144.

续表

研究情景	研究方法	影响因素	文献来源
信息可信度	网络学术信息可信度感知	文献分析	信息文本(信息内容、信息的时效性、相关性、准确性和信息组织); 信源(文献的类型、文献的档次、信息传播者或作者的社会知名度、信息发布者或作者所在单位的学术地位及项目资助情况); 信息内容(用户需求的相关度,参考文献的相关度、时效性、被引用情况及中性评价)	朱宁等[1]
	网络文本信息的可信度	文献分析	网站特征、信息本身特征、信息传播者特征及信息接收者特征	李璐旸[2]
社会化媒体信息质量		文献分析	网站的美观、实用性、响应速度	Barakovic 和 Skorin-Kapov[3]
		文献分析	内容的形式(附带图片、链接)	Figueiredo 等[4]
		文献分析	普通受众、专业媒体、媒体平台和政府部门	施佳烨等[5]
		实证分析	信息源、内容特征、平台信息技术、受众信息素养	冯缨和王娟[6]
		扎根理论分析	社会技术环境、信息管理水平、受众信息素养	马昕晨和冯缨[7]

综上,通过对国内外知识社区信息质量影响因素研究的梳理,发现信息质量的影响因素主要有信息的结构化特征(如贡献者数量、参考文献数量)、文本特征(如客观性、实用性等)、社交属性特征及外部环境特征,一定程度上给予了本书研究较好的启示。但是,学术社交网络兴起的时间较短,目前未见有针对该情景的相关研究。此外,现有研究方法主要为文献分析和定量统计分析方法,欠缺合适的质性研究方法,研究视角也主要是来源于信息质量的评价,在维度设定中寻求关联的影响因素,所获取的影响因素描述较为粗糙,十分欠缺对信息用户认知的深度了解。现有信息质量影响因素研究的碎片化亟待进行因素重要性的比较研究。尤其是多位学者曾经指出,信息质量只有在一定的情景下研究才有意义[8][9],因此在学术社交网络情景下需要重新审视用户感知信息质量的影响因素。

3.1.2 研究设计

3.1.2.1 研究方法

本小节的研究主要利用了手段目的链理论。该理论方法通常包括三个步骤,即攀梯访

---

[1] 朱宁, 陈红勤, 聂应高. 用户网络学术信息资源利用可信度感知的分析与评价[J]. 图书馆, 2010(5):37-39.
[2] 李璐旸. 面向网络文本的信息可信度研究[D]. 哈尔滨: 哈尔滨工业大学, 2011: 77-185.
[3] BARAKOVIC S, SKORIN-KAPOV L. Multidimensional modelling of quality of experience for mobile Web browsing[J]. Computers in Human Behavior, 2015, 10: 314-332.
[4] FIGUEIREDO F, PINTO H, BELEM F, et al. Assessing the quality of textual features in social media[J]. Information Processing & Management, 2013, 49(1):222-247.
[5] 施佳烨, 冯缨, 孙晓阳. 社会化媒体信息质量的系统动力学分析[J]. 情报理论与实践, 2016, 39(7):114-120.
[6] 冯缨, 王娟. 社会化媒体环境下的信息质量影响因素研究[J]. 图书馆学研究, 2017(7):2-8.
[7] 马昕晨, 冯缨. 基于扎根理论的新媒体信息质量影响因素研究[J]. 情报理论与实践, 2017, 40(4):32-36.
[8] STVILIA B, TWIDALE M B, SMITH L C, et al. Information quality work organization in Wikipedia[J]. Journal of the Association for Information Science & Technology, 2010, 59(6):983-1001.
[9] HILLIGOSS B, RIEH S Y. Developing a unifying framework of credibility assessment: construct, heuristics, and interaction in context[J]. Information Processing & Management, 2008, 44(4):1467-1484.

谈、内容编码和价值层级图（hierarchical value map，HVM）的绘制，以此刻画用户的属性、结果和价值[①]。

1. 攀梯访谈技术

攀梯访谈的技术步骤基本由三个阶段组成，如图 3-1 所示。

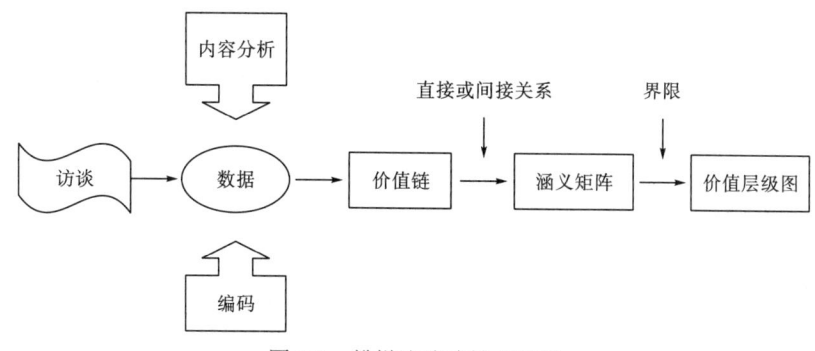

图 3-1 攀梯访谈法技术步骤

(1) 访谈中关键属性的引导。该阶段遵循凯利(Kelly)提出的凯利方格法(Kelly repertory grid)，由于对个体研究采取了社会认知和意义建构的视角，许多研究人员也认为攀梯访谈法是凯利方格法的一部分[②]，并且在访谈设计上两者也有许多相似之处，如凯利方格法提出了三元排序技术[③]，本书在访谈过程中也将采用三元排序技术，至少使用 3 个具体实例并引导受访者自行比较，并阐明原因，通过不断的追问和提炼，排除受访者提出的表面构念，以此获取个人态度、行为和感知等相关核心构念。

(2) 深度访谈式的攀梯。主要采用一对一的软式攀梯访谈技术，运用一系列直接追问的方式，如"你为何认为该学术社交网络平台的信息质量是高的"，以构造阶梯。

(3) 结果分析。在本阶段主要采用内容分析的方法，提取各个元素词频，并进行分类，从而构建涵义矩阵，并标明各个构念之间的链接关系。

基于攀梯访谈法，研究人员在访谈框架中对于元素选择和构念生成持有许多的设计方法，在硬式攀梯访谈中，研究人员将会在访谈中限制预先确定的元素和构念。为了产生丰富的情景数据，本书采用一对一的软式攀梯访谈，能够更为灵活地定义元素和诸多构念。

2. 研究方法选取的原因

第 1 阶段采用了攀梯式访谈的定性研究方法。因为就用户对学术社交网络的信息质量感知而言，许多认知上的复杂性和动态性问题尚未得到良好解决，而定性研究方法涉及许多开放式的提问，十分适合复杂问题的初始探索。Schultze 和 Abital 也曾指出，社交媒体为信息系统的定性研究提供了巨大的潜力，因为其为研究呈现了众多极具价值的数据，能够为新观点和新视野的迸发提供良好的环境[④]。但与现有定量研究的丰富性和成熟性相比，

[①] REYNOLDS T J, OLSON J C. Understanding Consumer Decision Making: the Means-end Approach to Marketing and Advertising Strategy[M]. Lawrence Erlbaum Associates, 2001: 48-56.
[②] TAN F B, HUNTER M G. The repertory grid technique: A method for the study of cognition in information systems[J]. MIS Quarterly, 2002, 26(1):39-57.
[③] KELLY G A. The Psychology of Personal Constructs[M]. New York: W.W. Norton & Company Inc, 1955: 98-143.
[④] SCHULTZE U, ABITAL M. Designing interviews to generate rich data for information systems research[J]. Information & Organization, 2011, 21(1):1-16.

信息系统领域对于非结构化数据生成的社交媒体的定性研究还不足,亟待相关研究人员采用适合的定性研究方法展开探索性或前瞻性的研究[1]。尽管多数现有研究对感知信息质量的探寻采用了问卷的方法,而本书采用攀梯访谈法主要是基于如下3方面理由:①一对一的深度攀梯访谈有助于从更细微的层次上理解用户对学术社交网络信息质量的感知过程;②用户对信息质量的感知过程具有较多的心理层面因素,难以通过传统的定量测量方式获取;③攀梯法通过场景提示,鼓励受访者回忆真实使用学术社交网络情境中对信息质量的感知和判断,而非强加于受访者的实验室受控实验和问卷调查。

第2阶段采用了混合研究方法。混合研究方法用于此阶段的研究是非常适合的,因为它是对研究现象的完整刻画。第一,混合研究方法能够同时解决探索性和验证性的研究问题;第二,混合研究方法利用定性研究和定量研究各自的优势,能够提供比单一研究方法更为有力的推断结论;第三,混合研究方法为各种不同方法的相互补充提供了一个融合的机会[2]。在A-C-V流程的解释和开发中,本书采用由Bagozzi和Dabholkar[3]及Pieters等[4]提出的一种方法,即非直接通过编码提取初始内容的分类,而是通过网络分析的思想,计算所提及的各个元素的数量从而构建阶梯的层次结构;并且采用网络分析的定量研究方法分析访谈数据,可以通过呈现路径展示各个结果之间的作用关系。因此基于Venkatesh等[5]的综合性观点,本书设计了混合研究方法以增强分析过程的说服力。

3.1.2.2 数据收集

1. 对象选取

受访者来自我国两所大学的研究生群体和教师群体,通过在学校网站社区发布有偿招募信息的方式而获取访谈样本,两所大学分别位于我国东部地区和西南部地区的省会城市,以在实验能力范围内产生一个尽可能相对多样性的受访样本群体。所有参与此研究的受访对象在一个小型实验室里接受访谈,每个访谈持续的时间为15～35分钟,所有的访谈都通过录音笔记录,并转换为文本以便进一步分析。

2. 访谈提纲

在开始攀梯访谈之前,预先设计了访谈提纲,访谈提纲的设计是为了保证和控制受访者问题回答的相对一致性[6]。访谈提纲为受访者阐明和解释他们的感知体验提供了一个明确的框架,同时尊重其思想的自由表达,帮助和指导受访者的客观表述并不断进行情景回溯,以此生成丰富数据。访谈提纲还在6位受访者中进行了访谈前测,通过前测,修改了模糊的问题和生硬的提问方式。前人研究中使用MEC方法,一般会运用3个攀梯问题,

---

[1] MCKENNA B, MYERS M D, NEWMAN M. Social media in qualitative research: challenges and recommendations[J]. Information & Organization, 2017, 27(2):87-99.
[2] TEDDIE C, TASHAKKORI A. Foundations of Mixed Methods Research[M]. Thousand Oaks, CA: Sage Publications, 2009: 43-99.
[3] BAGOZZI R P, DABHOLKAR P A. Consumer recycling goals and their effect on decisions to recycle: a means-end chain analysis[J]. Psychology & Marketing, 1994, 11(4):313-340.
[4] PIETERS A R, BAUMGARTNERB H, ALLENB D. A means-end chain approach to consumer goal structures[J]. International Journal of Research in Marketing, 1995, 12(3):227-244.
[5] VENKATESH V, BROWN S A, BALA H. Bridging the qualitative-quantitative divide: guidelines for conducting mixed methods research in information systems[J]. MIS Quarterly, 2013, 37(1):21-54.
[6] MYERS M D, NEWMAN M. The qualitative interview in IS research: examining the craft[J]. Information & Organization, 2007, 17(1):2-26.

本书为了更深层次地捕捉用户对信息质量的感知过程,使用了 4~5 个问题,并在访谈过程中采用不断追问"为什么是这个,而不是那个"的三元排序访谈技巧,鼓励受访者回答所有的问题,如果确实没有产生新的答案,则访谈终止。

基于攀梯访谈技术[①],整个访谈主要包括了 4 个开放式问题,以帮助引导用户对学术社交网络使用的目的及信息质量进行感知:①你平时使用什么学术社交网络?为什么使用它?②你使用学术社交网络的目的是什么?③你认为该学术社交网络的信息质量如何?④你为什么觉得它的信息质量是这样的?

例如,针对第 1 个问题受访者可能会回答"我主要使用的是 ResearchGate",接着我们会根据第 1 个问题的回答继续询问"你为什么使用的是 ResearchGate,而不是 Academia 或 Mendeley?"当受访者回答了问题之后,我们会继续询问第 2 个问题"你使用 ResearchGate 的目的是什么?"如果受访者回答"我使用 ResearchGate 的目的主要是寻找和关注其他的研究人员",紧接着我们会询问"你为什么要关注其他研究人员",他可能会回答"这样我可以跟踪学术前沿"……如此继续第 3 个和第 4 个问题,反复询问为什么,直到受访者提供了相同的回答为止,表明此轮攀梯不会产生更高层次的目标了。如图 3-2 所示,本书共开发了 12 个问题用以引导受访者表达出有关信息质量的多种深度的想法。具体的访谈过程详见附录 A 中的 A-1。

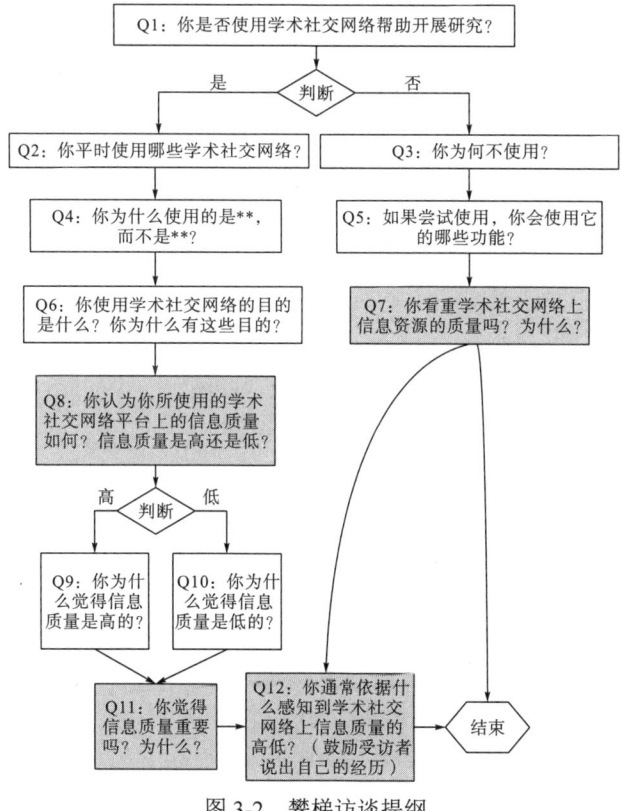

图 3-2 攀梯访谈提纲

---

① PIETERSA R, BAUMGARTNERB H, ALLENB D. A means-end chain approach to consumer goal structures[J]. International Journal of Research in Marketing, 1995, 12(3):227-244.

3.1.2.3 数据分析

首先是内容编码,整个编码过程见表 3-2。53 位受访者的编号为 01～53,内容编码的第一步是将受访者回答的问题进行分类,编码员 A 首先将受访者回答的问题按照单词或短语进行分类,采用开放式编码意味着编码并非预假设,而是来源于原始材料。然后,为了消除编码员 A 的分类偏差,编码员 B 重新根据单词或短语进行再次分类,所有的不一致的地方都通过协商进行处理。最终将两位编码员的编码结果进行比较,达到 92% 的一致性水平,即 Cohen's Kappa=0.92,被认为是信度接受的合理水平范围[1]。通常 Cohen's Kappa 的分数在 0.60 以上被认为是不同编码员之间具有较大的一致性[2]。

表 3-2 编码过程

步骤	编码员	行动	结果
一阶段	编码员 A	开放式编码(所有的编码都产生于原始材料而非预设)	数据编码
	编码员 A	记录所有的数据编码	数据记录
二阶段	编码员 B	重新对二阶段产生的记录进行再次编码,并检验内部一致性	形成最终编码方案(共 19 个节点)
三阶段		通过讨论解决编码不一致的地方	

其次,开发了涵义矩阵,用于计算每个提及的元素出现的次数[3]。该涵义矩阵是一个非对称矩阵,描述回答中一个节点同时引起另一个节点出现的次数[4]。此外,计算每个元素的抽象度和中心度。

最后,形成价值层级图(HVM)。为了突出目标之间的关键连接关系,需谨慎选取阈值[5],本书采用 Bagozzi 和 Dabholkar 于 1999 年所推荐的阈值方法[6]。

3.1.3 研究结果

1. 受访者的人口统计学特征

鉴于攀梯访谈的人数至少需要 20 人,本书共招募了 53 人作为样本对象开展研究,样本对象基本信息详见附录 A 中的 A-2。

样本中男性 31 人,女性 22 人,受访对象来源地区涉及北京、上海、天津、重庆、安徽、福建、甘肃、广东、广西、贵州、湖北、江苏、江西、山东、山西、陕西、四川、香港,以及 3 名外籍学者,他们分别来自韩国、土耳其和新西兰;学历身份涵盖硕士生、博士生、博士、博士后、讲师、副教授和教授;其专业根据国务院学位委员会、教育部印发的《学位授予和人才培养学科目录设置与管理办法》中设置的 13 个学科门类进行区分[7],受访者专业共涉及其

---

[1] SUBRAMONY D P. Why users choose particular websites over others: introducing a "means-end" approach to human-computer interaction[J]. Journal of Electronic Commerce Research, 2002(3): 144-161.
[2] LANDIS J R, KOCH G G. The measurement of observer agreement for categorical data[J]. Biometrics, 1977, 33(1):159-174.
[3] JUNG Y, KANG H. User goals in social virtual worlds: a means-end chain approach[J]. Computers in Human Behavior, 2010(26): 218-225.
[4] ZHAO Y, XU X, PENG X, et al. Understanding the determinants and dynamic process of user exodus in social networking sites: evidence from Kaixin001[J]. Journal of the Association for Information Science & Technology, 2018:1-13.
[5] REYNOLDS T J, GUTMAN J. Laddering theory, method, analysis, and interpretation[J]. Journal of Advertising Research, 1988, 28(1):11-31.
[6] BAGOZZI R P, DABHOLKAR P A. Consumer recycling goals and their effect on decisions to recycle: a means-end chain analysis[J]. Psychology & Marketing, 1994, 11(4):313-340.
[7] 国务院学位委员会 教育部关于印发《学位授予和人才培养学科目录设置与管理办法》的通知[EB/OL]. (2009-10-09)[2018-07-15]. http://www.moe.gov.cn/s78/A22/xwb_left/moe_833/moe_834/tnull_45419.html.

中 9 种，分别为法学、工学、管理学、经济学、理学、医学、教育学、农学、哲学。

在访谈之前还进行了一个小型的问卷调查，了解到受访者目前主要使用的学术社交网络是 ResearchGate、Mendeley、人大经济论坛、小木虫和丁香园，极少数用户使用 Academia 和 CSDN；受访者使用频率的分布上，偶尔使用的是 10 人，经常使用的是 35 人，频繁使用的是 8 人。样本基本情况统计见表 3-3。最后，详细编码分析选择本次访谈中 2/3 的访谈记录（35 人），理论饱和度检验使用剩余 1/3 的访谈记录（共 18 人）。

表 3-3 样本基本情况统计

项目	分类	人数/人	比例/%	项目	分类	人数/人	比例/%
性别	男性	31	58.5		法学	2	3.8
	女性	22	41.5		工学	2	3.8
学历身份	教授	4	7.5	专业	管理学	11	20.7
	副教授	6	11.3		经济学	14	26.4
	讲师	5	9.4		理学	11	20.7
	博士后	3	5.7		医学	6	11.3
	博士	6	11.3		教育学	4	7.5
	博士生	18	34.0		农学	2	3.8
	硕士生	11	20.8		哲学	1	1.8

2. 用户感知信息质量的相关因素

本节的研究采用内容分析法对访谈数据中的各个影响因素进行编码。共涉及 19 个节点，其涵义或指标和示例见表 3-4。

表 3-4 用户感知信息质量的编码节点

节点	涵义或指标	例子
C1：感知信源可信度	信息来源或解释的详细程度	导师和学校信息由机构发布，值得信赖
C2：感知信息内容质量	感知到的信息的及时性、准确性、完整性、针对性、相关性	信息具有一定的准确性，并且时效性越强的信息实用性越高
C3：专业人士数量	专家或经验丰富的研究人员数量	好像里面有不少高校研究者和教师，对文章质量提升也是一种推动
C4：版块设置及精华帖置顶机制	版块和栏目的合理划分；对精华帖的置顶宣传机制	版块设置合理，精华帖能够置顶，帮助我们了解质量较好的文章
C5：垃圾信息管控	垃圾信息转发的控制，包括删除、接受举报等	信息发布有严格的平台管控，杜绝垃圾信息的发布和传播
C6：感知信息有用性	感知到的信息的有用程度	这些实验设计方法对我的研究很有启发
C7：多数人认可	多数人的点赞、推荐数	根据多数人的看法判断信息质量
C8：发布者权威性	发布者的背景信息	信息发送者的经验值判断；信息发送者的个人信息判断
C9：同伴作用	来自好友的推荐或意见	好友的推荐会更值得信任
C10：信息的内容判断	根据内容涵盖的信息进行判断	主要根据发布信息的条理性判断
C11：成员规范	对成员的注册及等级信息进行管理	对信息发布者有实名认证
C12：自身知识经验	信息使用者的知识、能力和经验	根据自身的能力判断信息质量的高低
C13：学术交流	学术社交、交流	自己也会参与小范围的社交活动
C14：信息资源丰富程度	信息资源涉及的种类、范围	网站涉及的内容很丰富，版块多
C15：奖惩和监督机制	内容贡献的奖励惩戒和监督管控	平台没有建立明确的规则，以及激励机制，缺乏监督

续表

节点	涵义或指标	例子
C16：用户素养及活跃度	注册用户的受教育水平及素养	注册者大多为在校医学生或住院医师，很多专业人士很活跃
C17：品牌声誉和口碑	社区或平台的声誉口碑	这些平台能够有这么大的影响力，说明其所提供的信息是值得信任的
C18：自我提升	自我的提高和进步	对我一个小硕士而言，确实提高了许多
C19：解答疑惑	疑难问题的解答	在CSDN上给出的答案、代码都是很正确的，都能有效解决问题

采用 Bagozzi 和 Dabholkar 提出的网络分析方法计算数据[①]，根据一个节点指向另一个节点的次数构造层次结构，整个过程是对攀梯访谈的回应，将回答的第一个答案视作起始点，将相应的第二个问题的回答视作第一个问题的目标或价值，以此对应攀梯访谈中一系列"为什么"的问题。答案间所有的关系以涵义矩阵的形式给出，刻画了一个节点回应另一个节点的次数[②]，涵义矩阵见表 3-5。例如，C7（多数人的认可）引起 C1（感知信源可信度）1 次、引起 C2（感知信息内容质量）6 次。

表 3-5　涵义矩阵

	C1	C2	C3	C4	C5	C6	C7	C8	C9	C10	C11	C12	C13	C14	C15	C16	C17	C18	C19	Out
C1		3				2													5	10
C2						1							6					2	12	21
C3	3	3				2							2							10
C4		4				3							1		2	1				11
C5		4				2							3			1				10
C6		1											3				4	9		17
C7	1	6				1							3							11
C8	4	14																		18
C9		8				3		2												13
C10	3	3				6														12
C11		1													1					2
C12	2	4				2														8
C13																1		2		3
C14		5				3										1				9
C15		8				1										2				11
C16		5	2			2		2										3		14
C17	4	5																		9
C18																				0
C19													1					3		4
In	17	74	2	0	0	28	0	4	0	0	0	0	19	0	1	5	2	10	31	193
Ab	0.63	0.78	0.17	0	0	0.62	0	0.18	0	0	0	0	0.86	0	0.08	0.26	0.18	1	0.89	
Ce	0.15	0.54	0.07	0.06	0.06	0.26	0.06	0.13	0.07	0.07	0.01	0.05	0.12	0.05	0.07	0.11	0.06	0.06	0.2	

注：Out：出度；In：入度；Ab：抽象度；Ce：中心度。抽象度 Ab=入度/(入度+出度)；中心度 Ce=(入度+出度)/活跃单元格总和。

---

① BAGOZZI R P, DABHOLKAR P A. Consumer recycling goals and their effect on decisions to recycle: a means-end chain analysis[J]. Psychology & Marketing, 1994, 11(4):313-340.
② KLENOSKY D B. The "pull" of tourism destinations: a means-end investigation[J]. Journal of Travel Research, 2016, 40(4):396-403.

使用出度和入度指标计算每个节点的抽象度和中心度[①]。出度指标是指某个节点作为其他节点来源链接的总次数，入度指标是指某个节点作为其他节点终止链接的总次数。抽象度是指某个节点的入度数与入度数和出度数的总和之比，范围通常为0～1[③]。具有较高抽象度的节点通常被视作目的(end)或价值(value)，而具有较低抽象度的节点通常主要被看作手段(means)或线索(cue)。基于此，本书在涵义矩阵中计算了每个节点的抽象度，此外，还计算了每个节点的中心度，中心度代表了该节点在层次结构中的核心角色程度[②]。中心度等于某节点的入度数和出度数之和除以所有的活跃单元格数。一个活跃单元格表示两个节点之间出现了链接关系，在本书中，所有的活跃单元格数是193。

3. 价值层级图

基于涵义矩阵中的信息，开发用户感知信息质量的价值层级图(HVM)。总体思想是根据节点的抽象度，将节点置于对应的水平位置，然后根据方法和目的的关系绘制节点之间的链接。在此过程中，只绘制重要的链接关系，由于在图形中包含所有的链接会降低图形的可读性[③]，因此采用合适的阈值水平决定图形中应该包含的链接关系。

根据 Bagozzi 和 Dabholkar[④]提出的方法，构建了阈值决定表(表3-6)，所选的阈值水平为4，表示涵义矩阵中只有链接频率大于或等于4的关系才能被选入价值层级图中，该阈值水平代表了31%的活跃单元格数，以及79.3%的活跃链接数。根据Gengler和Reynolds[⑤]的建议，选入的活跃链接数应该代表总体活跃链接数至少2/3的水平，由此表明所选阈值为4的水平是一个合理的水平。

表 3-6　阈值决定表

阈值	涵义矩阵中活跃单元格的数量	阈值水平下活跃单元格的占比/%	涵义矩阵中活跃链接的数量	阈值水平下活跃链接的占比/%
1	58	100.00	193	100.00
2	45	77.6	180	93.3
3	31	53.4	166	86.0
4(阈值)	18	31.0	153	79.3
5	12	20.7	147	76.2

价值层级图如图 3-3 所示，该图展现了用户感知信息质量的手段-目的结构。在该图形中，展现了19个节点和17条链接关系，节点层次是依据抽象度水平而决定的，越高的抽象度，在图形中的层次越高。

[①] PIETERSA R, BAUMGARTNERB H, ALLENB D. A means-end chain approach to consumer goal structures[J]. International Journal of Research in Marketing, 1995, 12(3):227-244.
[②] BURT R S. Applied Network Analysis[M]. Sage Publications, 1978:101-116.
[③] REYNOLDS T J, GUTMAN J. Laddering theory, method, analysis, and interpretation[J]. Journal of Advertising Research, 1988, 28(1):11-31.
[④] BAGOZZI R P, DABHOLKAR P A. Consumer recycling goals and their effect on decisions to recycle: a means-end chain analysis[J]. Psychology & Marketing, 1994, 11(4):313-340.
[⑤] GENGLER C E, REYNOLDS T J. Consumer understanding and advertising strategy: analysis and strategic translation of laddering data[J]. Journal of Advertising Research, 1995, 35(4):19-33.

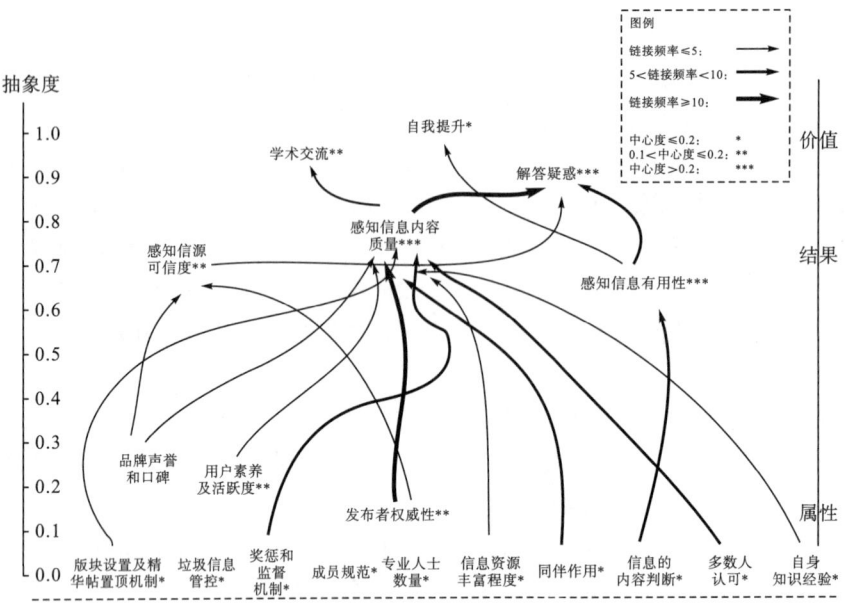

图 3-3 用户感知信息质量的价值层级图

3.1.4 结果分析

图 3-3 揭示了用户感知信息质量的过程及因素影响关系，表明用户通过使用学术社交网络，在此过程中感知信息质量高低，最终是为了实现三个方面的价值，即学术交流价值、自我实现价值和疑惑解答价值，这三方面的价值也体现在图形中较高抽象层次。其中，学术交流是以社交互动为主的用户信息交流活动；自我实现是个人自我知觉中较大程度的积极性肯定，是个体身心潜能得到的极大提升和发挥；疑惑解答是用户对针对性问题的帮助获取，如查询文献信息、学者信息或研究方法问题等。这三方面的价值也进一步证实了一般社交网络的部分特征，已有大量学者将不同的社交媒体使用需要划分为三类，即社交需要、娱乐需要和认知需要[1][2]，学术交流价值即是实现了个体的社交需要，而疑惑解答价值实现了个体的认知需要，当认知需要达到一定程度时，便实现了自我实现价值。

就中心度而言，感知信息内容质量(0.54)和感知信息有用性(0.26)在手段目的链的层次结构中占据重要位置，两个节点链接了涵义矩阵中 52.8%的关系，因为这两个节点代表了用户感知信息质量优劣的结果。感知信息内容质量是指内容本身蕴含的准确性、客观性、一致性和及时性等指标；感知信息有用性主要指信息内容与用户自身需求的相关性，是用户能够感知到的信息对自己的有用程度。

在感知信息质量的价值中，最重要的价值是解答疑惑价值(0.20)和学术交流价值(0.13)，不太明显的价值是自我提升(0.06)；在感知信息质量的线索中，最频繁使用的线索是依据发布者权威性(0.13)和用户素养及活跃度(0.11)，其次为同伴作用(0.07)、专业人士数量(0.07)、

---

[1] BLUMLER J G. The role of theory in uses and gratifications studies[J]. Communication Research, 1979, 6 (1):9-36.
[2] KATZ E, GUREVITCH M, HAAS H, et al. On the use of the mass media for important things[J]. American Sociological Review, 1973, 38(2):164-181.

信息的内容判断(0.07)、奖惩和监督机制(0.07)，再次为版块设置及精华帖置顶机制(0.06)、多数人认可(0.06)、品牌声誉和口碑(0.06)、垃圾信息管控(0.06)、信息资源丰富程度(0.05)和自身知识经验(0.05)。此外，还有少数受访者表示还会依据社区提供的成员规范(0.01)，如是否是实名注册进行信息质量的判断。

发布者的权威性是最重要的线索，能够直接帮助用户判断信息的质量及信源可信度，这是因为发布者权威性能够降低对信息质量判断的不确定性，Zhang 和 Watts 在研究中证明了信息源可靠性是在线社区中用户知识采纳的决定因素[①]。这与一般的社交网络信源可信度线索判断保持一致，如在社会化媒体的研究中，有学者在研究微博内容分享时，就发现信息发布者的标识和发布者的关注者数量代表发布者的权威性，能够影响微博内容来源可信度的判断[②]。类似地，也有诸多学者证实了微博信息的来源可信度和专业度显著影响个体的转发意愿[③④]。这是因为学术社交网络是专门为研究人员提供资源共享和信息交流的社区，其上发布的信息资源极具专业性，在去中心化控制的情景下，失去了"把关人"对信息质量的控制，信源可信度越来越依靠用户的自行判断[⑤]，使得用户对信息发布者的权威性尤为看重，许多受访者表示"会参考回答者的真实身份信息，如学术身份等""会考虑信息提供方的个人背景信息，如虚拟头衔、发帖等级或经验值等"。

为了回答研究问题 2，本书构建了价值层级图(HVM)，并自底向上识别了 17 条主要的可以视作感知信息质量的动态路径。如图 3-3 中所揭示的，学术交流价值、自我提升价值和解答疑惑价值可认为是用户使用学术社交网络的主要价值或目的。其中最主要的作用路径是发布者权威性—感知信息内容质量—解答疑惑，表明发布者的权威性是学术社交网络用户感知信息质量时最看重的一条线索，它能帮助用户增强对于感知到的信息准确性和客观性的信心，从而解答遇到的问题。另外几条比较显著的作用路径如下。

1. 同伴作用—感知信息内容质量—解答疑惑

同伴作用是指在学术社交网络中，通过"关注"等建立的虚拟好友关系，与其他的用户生成内容的社交媒体情景类似，线上的同伴或好友关系通过认知程度、交互强度或关系结构而建立[⑥]，代表了共同的兴趣和爱好。在学术社交网络平台上，研究人员之间的同伴关系更是蕴意着相似或感兴趣的研究目标和研究方向等，同伴作用下成员之间的信息互动本着维系和提升彼此关系的期望[⑦]，会通过信任及群体归属感等区别于陌生人之间的消息传递效果[⑧]，使得对来自同伴的推荐、意见和回答等产生更高的信任。因此学术社交网络

---

① ZHANG W, WATTS S. Knowledge adoption in online communities of practice[C]// Proceedings of International Conference on Information Systems, 2003: 96-109.
② 胡开远. 社会化媒体中的线索对用户内容分享的影响研究[D]. 杭州：浙江大学，2013.
③ SHI Z, RUI H, WHINSTON A B. Content sharing in a social broadcasting environment: evidence from Twitter[J]. MIS Quarterly, 2014, 38(1):123-142.
④ LIU Z, LIU L, LI H. Determinants of information retweeting in microblogging[J]. Internet Research Electronic Networking Applications & Policy, 2012, 22(4):443-466.
⑤ SPENCE P R, LACHLAN K A, SPATES S A, et al. Intercultural differences in responses to health messages on social media from spokespeople with varying levels of ethnic identity[J]. Computers in Human Behavior, 2013, 29(3):1255-1259.
⑥ 蔡小筱,张敏.虚拟社区中基于熟人关系的知识共享研究综述[J].图书馆学研究,2015(2):2-10.
⑦ CHEN I Y L. The factors influencing members' continuance intentions in professional virtual communities — a longitudinal study[J]. Journal of Information Science, 2007, 33(4):451-467.
⑧ ZHAO L, LU Y, WANG B, et al. Cultivating the sense of belonging and motivating user participation in virtual communities: a social capital perspective[J]. International Journal of Information Management, 2012, 32(6):574-588.

用户根据同伴作用的线索,感知信息内容质量的优劣,如受访者会在访谈中表达"会倾向相信好友的观点""熟悉关系的人的意见更可靠"等。这与其他领域的用户对该线索的依赖现象保持一致,如在电子商务领域,Iyengar 等通过实证研究证实了网络朋友的购买信息对个人的购买决策有正向影响[1];也有学者强调社交网络中用户联系的紧密程度与受到的影响程度成正比[2]。这充分表明同伴作用是用户做出相关决策判断时经常参考的外部线索之一。

2. 多数人认可—感知信息内容质量—解答疑惑

多数人的认可代表了各种社会推荐信息的有效性,该线索可以通过信息的推荐次数、关注次数或点赞次数等指标反映。使用这种线索有时候可能会替代用户自己对信息质量的感知和评价,从而减少认知负荷,当有足够多的值得信赖的同伴提供建议时,这是一种普遍的线索依赖[3]。Posten 和 Mussweiler 已经指出这种对比性的思考是一种降低不确定性的有效认知策略[4]。如 Facebook 的"Like"功能就通过多数人对内容的喜好信息展示而引导用户对信息的选择[5];社交网络上拥有更多关注用户的意见领袖对信息传播产生巨大的影响[6];亚马逊平台的商品销售排名能够显著影响购物决策[7]。这充分表明,本书研究的结论与多数研究人员的结果类似。人们在网站上常常基于集体反馈做出判断[8],这是一种从众效应或趋同效应,如访谈中析出的观点"我会根据大家的推荐来判断,因为我认为多数人认可的答案就是质量高的""根据其他人的判断来评判,比如热帖一定蕴含了有价值的信息"。 Sundar 认为这种逻辑类似于"如果别人都认为这是一个好故事,那我也深以为然[9]"。

3. 奖惩和监督机制—感知信息内容质量—学术交流

学术社交网络为研究人员提供了学术交流的平台,与传统的面对面的人际沟通不同,成员通常会质疑信息来源的真实性和可靠性等,因此会依赖平台的可靠性和可信任性。平台方的可信任性,即卓越的口碑声誉,往往是通过良好的管控治理措施而实现和积累的,奖惩和发帖监督机制就是其中一种。如受访者会表示"因为论坛没有设置合理的管控机制,对帖子缺乏内容甄别和监督,有些帖子就是灌水的,根本没有什么作用,所以我认为其上的信息质量不高""另外,很重要的一点就是一些非学术的虚假信息在该学术平台上

---

[1] IYENGAR R, HAN S, GUPTA S, et al. Do friends influence purchases in a social network?[R] Harvard Business School, Working Paper, 2009: 12-130.
[2] BANERJEE S, Al-QAHERI H, HASSANIEN A E. Mining social networks for viral marketing using fuzzy logic[J]. Journal of Retailing and Consumer Services, 2010, 20(1):24-28.
[3] METZGER M J, FLANAGIN A J, MEDDERS R B. Social and heuristic approaches to credibility evaluation online[J]. Journal of Communication, 2010, 60(3):413-439.
[4] POSTEN A C, MUSSWEILER T. That certain something! Focusing on similarities reduces judgmental uncertainty[J]. Cognition, 2017, 165:121-125.
[5] MESSING S, WESTWOOD S J. Selective exposure in the age of social media: Endorsements trump partisan source affiliation when selecting news online[J]. Communication Research, 2014, 41(8):1042-1063.
[6] LAZARSFELD P F, MERTON R K. Friendship as A Social Process: A Substantive and Methodological Analysis[M]. Freedom and Control in Modern Society, 1954.
[7] LEE J Y, SUNDAR S S. To tweet or to retweet? That is the question for health professionals on Twitter[J]. Health Communication, 2013, 28(5): 509-524.
[8] FLANAGIN A J, METZGER M J. Digital media and youth: unparalleled opportunity and unprecedented responsibility[J]. Digital Media, 2007:1-27.
[9] SUNDAR S, SHYAM. The MAIN Model: a heuristic approach to understanding technology effects on credibility[J]. Digital Media, Youth, and Credibility, 2008: 73-100.

能得到很快的打击，对一些宣传反动的言论能及时地制止和消除，所以我特别爱去这个社区""有清晰的举报机制，用户可以方便及时地举报不良信息"。社区的奖惩机制和发帖监督机制能够促进高质量的内容生成，因为奖励机制鼓励了内容生成，惩罚和监督机制保障了生成质量，所以形成了广泛积极的学术讨论，有利于形成学术交流的价值。如果说早期的学术虚拟社区侧重于"学术性"，那么在 2008 年后迅速兴起的学术社交网络则更加侧重于交流平台的"社交化"和"开放性"。

4. 信息的内容判断—感知信息的有用性—自我提升

Evans 提出的用于推理、判断和认知的"双重加工理论"中阐释了人类对信息加工的两个阶段：首先是根据信息外部相关表征的启发式判断，然后是根据内容推断的分析式判断[1]。在信息加工方式的理解上，启发式判断是非逻辑反应的参与，而分析式判断是具有逻辑或解释要素的加工[2]。与之对应的是，在线索利用理论中，Cox 将信息外部相关表征定义为外部线索，而信息本身的内容则定义为内部线索[3]。因此，提供信息的内容是学术社交网络的用户进行质量判断的内部线索，虽然 Metzger 等证明外部线索能够比内部线索更为有效地降低认知负荷[4]，但是学术社交网络的用户是具有一定专业知识储备的研究人员，并且相较于一般社交网络，更看重信息质量和信源可信度。在访谈中发现部分学历层次较高的研究人员较少依赖外部线索，而是进行更多的认知努力，采取内部线索分析的信息加工方式，如"我从来不跟风点赞，我都是根据回答者具体的回答内容信息进行质量判断""不能简单地辨别信息的质量，需要结合自身的经验，比如与专业相关的信息更不能仅看一些宣传指标""我从不关注点赞或权威，而是关注信息内容"。

3.1.5 小结

本节通过一对一的软式攀梯访谈，结合手段目的链理论，探究和概念化了影响学术社交网络用户感知信息质量的 13 个线索，并由价值层级图梳理出了 17 条有显著影响的动态路径。结果表明，3 个感知信息质量的价值是学术交流价值、自我提升价值和疑惑解答价值，最重要的外部影响线索是发布者的权威性、同伴作用、多数人认可、奖惩和监督机制。除此之外，人们还通过自身的知识积累对信息内容进行判断，由此能够感知到信源的可信度、信息本身的内容质量和信息的有用性。

本节内容为学术社交网络用户感知信息质量的研究提供了一种新的研究视角，不仅梳理了诸多影响线索，还通过感知信息质量的结果和价值刻画了不同线索的影响路径，对感知信息质量的过程进行了详细描述，丰富了该领域的相关研究，也为后续的线索框架研究提供了有力的证据支持。

---

[1] EVANS J S B T. Bias in Human Reasoning: Causes and Consequences[M]. Brighton: Erlbaum, 1989.
[2] 胡竹菁, 胡笑羽. Evans 双重加工理论的发展过程简要述评[J]. 心理学探新, 2012, 32(4):310-316.
[3] COX D F. The measurement of information value: a study in consumer decision-making[J]. Emerging Concepts in Marketing, 1962: 413-421.
[4] METZGER M J, FLANAGIN A J, MEDDERS R B. Social and heuristic approaches to credibility evaluation online[J]. Journal of Communication, 2010, 60(3):413-439.

3.2 基于已有资料扎根分析的用户感知信息质量研究

3.2.1 研究设计

3.2.1.1 研究方法及选择原因

社会学家 Glasser 和 Strauss[①]所提出的"扎根理论",属于质的研究(qualitative research)领域,被认为是走在质的研究最前沿的完整方法论体系[②]。其首要思想是在经验资料的基础上建立理论,由于在研究开始之前,未做任何理论假设,直接从实际观察入手,秉持开放态度,从原始数据资料中归纳概括经验,进而上升到理论。通过对研究问题的界定、广泛且系统的资料收集、三层次编码、多次比较分析调整以及理论生成与检验,自下而上建立实质理论的方法,属于基于后实证主义的研究范式[③]。

这种从资料中产生的理论不仅具有极强的生命力,而且十分吻合本章研究所开展的探索性工作,因其注重发现逻辑而非验证逻辑,可以有效避免由于实证范式下经验性的观点或预先设定的理论模式对原始资料及所获结论范畴的"程序化"限制[④]。此外,学术社交网络用户感知的信息质量与用户的信息行为密不可分,兼具过程性和互动性的特点,与扎根理论的方法适用性相一致。

3.2.1.2 数据来源

当前,已有学者指出,情报学的诠释研究范式不仅要考虑用户,更要侧重于用户所处的社会环境和历史背景,即关注社会互动与文本的社会行为[⑤],充分表明文本是能够作为全面反映研究对象的客观素材。

因已发表的研究性论文是对已有原始材料的二次加工,为了更好地忠于原始材料,保障扎根理论的有效性,故排除所有学术期刊、会议论文及专著形式的数据。样本的选择与组成应切合研究的问题和情景,本书研究的数据获取媒介包含网络新闻、报纸及学术社交网络评论等客观数据,具体数据来源为中国知网"中国重要报纸全文数据库"、上海图书馆"全国报刊索引"数据库、知乎评论、科学网博客及部分评论、新浪微博以及豆瓣小组。

首先以"学术社交网络""学术/科研虚拟社区""学术博客""科研知识社区""学术/科研交流社区"为关键词在上述媒介进行搜索,共获取了 198 份质性材料。其次进行人工初步阅读筛选,筛选内容标准为用户或第三方(如媒体)对学术社交网络感知使用和感知质量的评价,因为该评价最能反映用户的主观感受和主体认知。最终得到符合

[①] GLASSER B G, STRAUSS A L. The discovery of grounded theory: strategy for qualitative research[J]. Nursing Research, 1967, 3 (4): 377-380.
[②] VINKLER P. Indicators are the essence of scientometrics and bibliometrics[J]. Scientometrics, 2010, 85 (3):861-866.
[③] 陈向明. 扎根理论的思路和方法[J]. 教育研究与实验,1999(4):58-63.
[④] 高军,马耀峰,吴必虎. 外国游客感知视角的我国入境旅游不足之处——基于扎根理论研究范式的分析[J]. 旅游科学, 2010, 24(5): 49-55.
[⑤] 韩正彪,周鹏. 扎根理论质性研究方法在情报学研究中的应用[J]. 情报理论与实践,2011,34(5):19-23.

研究设计的相关质性资料 126 份,其中包括 8 篇报刊评论文章数据、5 条网络新闻数据、4 条科学网博客数据、13 条科学网博客评论数据、9 条新浪微博数据与评论数据、81 条知乎评论数据、3 条豆瓣评论数据及 3 条"网络舆情"专家研讨会专家发言数据。最早的评论文本出现在 2011 年。

3.2.2 分析过程与结果展示

3.2.2.1 开放性编码

通过开放性编码,对原始数据进行逐行编码,并实现逐层概念化和范畴化。概念是原始资料分析中对资料进行编码的有意义的最小单位,范畴是原始资料经过抽象后所表现的观点或主题[①]。对所获原始资料进行逐字逐句分析以确定其初始概念,将非常简单及过于模糊的描述予以排除,除去预留的 10 份材料用作理论饱和检验之外,共得到 233 条原始语句,通过贴标签的方式对原始材料的语义进行分析,由于原始材料在语义上有所交叉重复,因此删除重复频次在 2 次以下的原始语句形成概念,共形成 120(a1~a120)个初始概念。通过不断比较分析,将数据和抽象出的概念实行重新整合,实现范畴化。由于开放性编码较具主观色彩,为了保证此阶段过程中的信度,文献编码过程由本书作者和另外一名编码员分别独立进行,结束后将两份编码结果进行对比,两份编码结果的一致性采用 Holsti[②]的可信度公式计算,一致性结果达到 92.4%,针对不一致的现象,由共同商议决定,最终形成包括 28 个范畴的编码结果(表 3-7)。

表 3-7 开放式编码结果

范畴	初始概念
A1 社区运营	a1 人气聚集,a2 与用户保持沟通,a3 内容和广告相互独立,a4 市场机制运营,a5 目标群体定位,a6 产品专注,a7 社区网络结构,a8 用户体验设计,a9 注重内容
A2 社区管理	a10 管理制度,a11 责任担当,a12 工作态度,a13 公正处理,a14 管理方式,a15 发帖规定,a16 资格审核,a17 管理思路,a18 社区规则,a19 管理水平,a20 实名机制,a21 奖励激励,a22 广告筛选,a23 刷新方式,a24 引导高质量问题,a25 增加实时性问题,a26 精准推送,a27 管理员水平,a28 门槛设置
A3 社区氛围	a29 整体氛围,a30 活力人气,a31 学术纯洁保持,a32 学术活动,a33 虚假制造繁荣,a34 社区气氛,a35 商业氛围,a36 参与度,a37 社区文化,a38 活跃度
A4 社区体制	a39 社区市场化
A5 服务创新	a40 更多的服务开发,a41 准许标注及可视化,a42 链接其他网站
A6 精英密度	a43 专家数,a44 大师资源
A7 品牌效应	a45 品牌价值,a46 声望
A8 领域细分	a47 栏目丰富,a48 领域丰富
A9 学术认可	a49 扩大影响力
A10 感知成就	a50 影响政策制定,a51 促进信息获取,a52 获取满意
A11 社会认同	a53 共同圈子,a54 增进友谊,a55 身份认同,a56 归属感,a57 获取认可,a58 自我角色定位
A12 社群距离	a59 冲突形成,a60 共识达成,a61 分裂加速

---

① 陈欣,叶凤云,汪传雷. 基于扎根理论的社会科学数据共享驱动因素研究[J]. 情报理论与实践,2016,39(12):91-98.
② HOLSTI O R. Content analysis for the Social Sciences and Humanities[M]. Addison-Wesley Pub. Co., 1969: 137-141.

续表

范畴	初始概念
A13 研究素养	a62 人员素养, a63 学术道德, a64 著作权, a65 原创性, a66 内容的自我控制
A14 用户水平	a67 回复的详细程度, a68 知识储备, a69 专家回复质量, a70 提问质量, a71 用户质量
A15 用户数量	a72 用户数量, a73 受众人数
A16 驱动撰写	a74 受众关注驱动, a75 受众阅读驱动, a76 媒体邀请, a77 拉近和传播, a78 兴趣驱动, a79 利益驱动, a80 交流驱动, a81 知识获取
A17 感知效用	a82 免费分享, a83 成果传播, a84 研究发现, a85 资源丰富, a86 内容有用, a87 掌握研究进展, a88 提供工作帮助, a89 有用有益, a90 促进学习
A18 交互连结	a91 交流的一致性, a92 便于交流, a93 认真讨论, a94 情绪影响, a95 用户价值观, a96 交流不充分, a97 有益的批评
A19 可用性	a98 获取难度, a99 获取门槛
A20 平台特质	a100 网络论坛特质, a101 内容的自我生产, a102 用户完成质量审核
A21 平台界面	a103 界面设计
A22 功能设计	a104 功能问题, a105 首页设计
A23 技术支持	a106 后台技术
A24 内容的及时性	a107 最新进展, a108 快速
A25 内容的相关性	a109 只谈科学, a110 针对受众
A26 内容的专业性	a111 专业性强, a112 资料质量, a113 内容误导科学
A27 语言使用	a114 大众化, a115 通俗化, a116 不能低俗化, a117 专业逻辑, a118 专业话语
A28 写作风格偏好	a119 富有人情味, a120 轻松随意

由于开放性编码过程的工作量较大,涉及原始材料中大量的编码分析内容,囿于篇幅限制,仅列举少数原始材料参考点及其编码形成的初始概念,每个范畴的形成仅列举 1 个原始材料,详见表 3-8（较为完整的开放式编码过程见附录 B 中的 B-1）。

表 3-8 部分开放式编码过程

原始资料(初始概念)	范畴
丁香园论坛由七人组成的最高管理机构,全权负责广告和项目审核。如果公司要借助丁香园论坛的人气进行商业广告或项目运作,事先必须在管委会备案,版主同意则项目放行,以此来避免伤害学术独立性的事件发生。(内容和广告相互独立)	A1 社区运营
要想成为大家认可的客观公正的平台,绝不是靠条条框框来管理博客就可以的,而是要有眼光、有担当才行。(责任担当)	A2 社区管理
科学网目前来看只有在实名博客方面获得了非常大的成功,但在活力和人气方面并不是那么令人满意。(活力和人气)	A3 社区氛围
科学网应该大胆地走市场化道路,充分利用民间资本的敏感性和活力。(社区市场化)	A4 社区体制
我们必须能够标记任何东西,在任何东西上加笔记,在任何东西上加注释或加边注,用可视化的方式显示相关联的内容。(允许标注及可视化)	A5 服务创新
对于这个网站的初始认知是来自本科的物理化学老师的推荐,一位 55 岁的教授在课堂上说"有一个叫小木虫的网站大家可以去看看",当时听到"小木虫"三个字心里就觉得怎么这么业余。后来发现,里面有大量的虫友都是硕博在读研究生、年轻的高校教师、部分对新兴事物感兴趣的老教师和企业研发人员。没统计过,但我认为这大概是我逛过所有论坛里高知比例最高的社区论坛。(大师资源)	A6 精英密度
丁香园始终专注于医疗领域,且该领域本身发展潜力巨大,12 年来的用户积累与知识沉淀,产生了巨大的实际与品牌价值。(品牌价值)	A7 品牌效应
我想小木虫创办初期大概就是想给化工化学人提供交流平台吧,后来随着论坛注册人数的增加,一级学科和二级学科的分类已经不能满足大家在各自领域交流的需求,所以出现了很多非理科生看不懂的东西。(领域分类)	A8 领域细分

续表

原始资料(初始概念)	范畴
在学术交流的前期宣传、学术会议、学术成果的反馈与发表等一系列过程中，都可利用网络传播范围广、速度快等特点扩大学术交流的影响力，取得更好的效果。(扩大学术影响力)	A9 学术认可
将所讨论的话题持续地让提问者获得满意或超出期望值的答案，回答者获得理应的成就感，问与答足以驱动其他用户的围观热情。(获取满意)	A10 感知成就
社区内的小组把科研区分成不同的领域，你能在自己的领域找到志同道合的朋友。(找到归属)	A11 社会认同
草根学术与学术精英互动频繁，相互影响，也易发生对立和冲突。(冲突形成)	A12 社群距离
博主发现一些人毫无学术道德，盗用他人研究。这个来自纽约大学的"小偷"，盗用我科**教授成果。其个人介绍发表了140篇文章，博主仅仅浏览了首页20篇，全部为盗用。(学术道德)	A13 研究素养
在ResearchGate上看到有人问不到15D的蛋白应该用什么胶跑，下面诸多热心人士献计献策，详细给出了胶和缓冲液的类别浓度。(回复的详细程度)	A14 用户水平
从商业价值来讲，受众越多，对精英持续分享的动力越大。(受众人数)	A15 用户数量
"伸手党"众多，新人的回答质量远不如以前了。专业角度的应助不如以前……你现在发一个帖子，带几个金币，几分钟就会被人抢光，全部都是快速回复一个表情……(利益驱动)	A16 驱动撰写
很多论文能在线免费共享或发请求，也可以即时问答、评论、推荐给其他学者。我的博导就特别喜欢在上面推给我各种link，在线聊天。感觉让学术界不再那么遥远和生硬了。(免费分享)	A17 感知效用
前提是其中较为顶级的科研工作者能够乐于与普通的科研工作者交流。如果说那些顶级的科研工作者只是单纯以该网站作为推广自己成果的工具，那么它的实际用途就会大打折扣。(同行交流)	A18 交互连结
我认为人大经济论坛在其论坛币模式上确实为自己的网站贡献不小，但是很多人作为新手，都没法便捷地获得自己想要的资源(当然想要资源需要付出，但是貌似急用的资源没法很快到)。(获取难度)	A19 可用性
网络论坛具有很大的即时性和随意性，这样的论坛形式既可能碰撞出思想的火花，但也容易产生垃圾言论，甚至出现恶意攻击。(论坛特点)	A20 平台特质
细分领域的分类栏居然红红绿绿、密密麻麻还带小划线！这个也就算了，首页版面居然有N个屏的版面，广告至少占了两个屏。(界面设计)	A21 平台界面
首页推荐的话题不具代表性，没什么营养，至少我是这么看的。(首页功能)	A22 功能设计
在冯××等到来之前，丁香园的技术力量应该不是特别强大(个人估计)。好的产品是靠好的人来打造的。(后台技术强大)	A23 技术支持
下班前在ResearchGate上提出实验设计上的问题，回家睡一觉以后，早起一看，美国友人已经把修改意见放上N条了。(回复速度)	A24 内容的及时性
小木虫在资源方面给了我们很大的帮助，不同版块针对性也很强，我觉得很好。(版块的针对性)	A25 内容的相关性
因为它叫人大经济论坛而不叫人大金融论坛啊，盈利不盈利不关我事，我只知道，里面的资料还没看到值得花钱买的。(资料质量)	A26 内容的专业性
我们的人文社会科学工作者还是要将专业逻辑与专业话语与社交媒体建立起一种学术区隔，从而避免严肃的学术问题在自媒体、社交媒体引起误读和炒作。(话语专业性)	A27 语言使用
对不同内容的侧重，一方面反映了科学家的兴趣，同时也展现了他们的个人色彩。(写作风格)	A28 写作风格偏好

3.2.2.2 主轴编码

主轴编码是只对可以与范畴产生重要关联的数据所进行的编码[①]，对开放性编码形成的范畴进行归类分析，挖掘各个范畴之间内在的关系，从而确定范畴间的内在联系。本书根据研究对象和研究目标的特点，充分考量应用场景关系，对上述开放性编码过程得到的28个范畴进行归纳聚类，最终形成9个主范畴(B1~B9，包括社区治理、社区成效、情感诉求、用户特质、参与动机、感知易用、感知技术、效用特征和生产特征)，将主范畴纳

---

① GLASER B G. Theoretical Sensitivity[M]. Mill Valley, CA: Sociology Press, 1978: 77.

入社区、平台、用户和内容 4 个维度，详见表 3-9。

表 3-9 主轴编码后的主范畴结果

维度	主范畴	范畴	范畴内涵
社区	B1 社区治理	A1 社区运营	学术社交网络运行中的计划、组织和设计，如聚集人气、社区网络结构设计、关注学术社交网络体验等
		A2 社区管理	对学术社交网络的日常性管理，如发帖规则、激励机制、实名制等
		A3 社区氛围	学术社交网络活跃度和文化的营造
		A4 社区体制	学术社交网络的市场化及资本运作
	B2 社区成效	A5 服务创新	学术社交网络的服务开发，如允许标注、其他学术资源的集成等
		A6 精英密度	学术社交网络的专家人数与社区规模的比例
		A7 品牌效应	学术社交网络的历史、声望及社区价值
		A8 领域细分	学术社交网络的栏目设置
用户	B3 情感诉求	A9 学术认可	学术的重要性评价，如学术和专业影响力等
		A10 感知成就	任务完成时的满足感，如促进信息获取、影响政策制定等
		A11 社会认同	概念化他人或自我的定义，如归属感、身份认同和角色定位等
		A12 社群距离	不同学术层次关系群体之间的差异表现，如冲突或共识的形成
	B4 用户特质	A13 研究素养	学术人员的素养和道德，如知识产权维护和原创性问题
		A14 用户水平	学术人员的知识能力水平，如提问和回答问题的质量
		A15 用户数量	学术社交网络的用户人数
	B5 参与动机	A16 驱动撰写	学术社交网络知识贡献的驱动因素，如兴趣驱动、媒体邀请等
		A17 感知效用	使用学术社交网络后的需求满足，如成果传播、促进学习等
		A18 交互连结	用户之间的交流互动特征，如认真讨论、有益的批评等
平台	B6 感知易用	A19 可用性	使用学术社交网络的难易程度，如资源获取难度、获取门槛等
		A20 平台特质	学术社交网络的独特性，如内容自生产及受众完成质量审核等
	B7 感知技术	A21 平台界面	使用学术社交网络交互界面的体验
		A22 功能设计	学术社交网络的功能模块设计，如功能设置、首页设计等
		A23 技术支持	学术社交网络平台的技术支持程度
内容	B8 效用特征	A24 内容的及时性	一定时间内感受到内容价值的属性
		A25 内容的相关性	内容与专业主题的相关程度，如科学性、针对受众等
		A26 内容的专业性	内容的专业深度，如内容反科学等
	B9 生产特征	A27 语言使用	内容的语言使用情况，如通俗化、专业话语等
		A28 写作风格偏好	内容的写作表达偏向，如富有人情味、轻松随意等

3.2.2.3 选择性编码

选择性编码是在主轴编码的基础上进一步整理范畴之间的关系，梳理出范畴中的核心内容，并系统建立核心范畴和其他范畴之间的相互作用关系。围绕"学术社交网络中用户感知信息质量的影响线索"这一核心范畴，揭示主范畴中各个典型关系的结构(表 3-10)。

表 3-10　主范畴的典型关系结构

典型关系	关系结构	关系结构的内涵
情感诉求 $f_2(U_1)$→学术社交网络感知信息质量 Q $Q=f_2(U_1)$	因果关系	情感诉求是社区用户在学习交流后的感知成就、社会认同及学术认可等，能够直接影响学术社交网络用户感知的信息质量
用户特质 $f_2(U_2)$→学术社交网络感知信息质量 Q $Q=f_2(U_2)$	因果关系	研究素养、用户水平和用户数量是学术社交网络参与人员的构成现状，能够直接影响学术社交网络用户感知的信息质量
参与动机 $f_2(U_3)$→学术社交网络感知信息质量 Q $Q=f_2(U_3)$	因果关系	驱动撰写、感知效用和交互连结是个体的内在动机，也是直接影响学术社交网络用户感知信息质量的因素之一
生产特征 $f_4(C_1)$→学术社交网络感知信息质量 Q $Q=f_4(C_1)$	因果关系	生产特征涉及内容生成过程中的语言使用和写作风格偏好，能够对学术社交网络用户感知信息质量的表现产生直接影响
效用特征 $f_4(C_2)$→学术社交网络感知信息质量 Q $Q=f_4(C_2)$	因果关系	效用特征涉及内容的及时性、相关性和专业性，能够直接影响学术社交网络用户感知的信息质量
社区治理 $f_1(C_1)$→学术社交网络感知信息质量 Q $Q=f_1(C_1)*f_2(U)$	中介关系	社区治理包括社区的运营、管理、氛围和体制，能够通过用户的感知和认可进而间接影响学术社交网络用户感知的信息质量
社区成效 $f_1(C_2)$→学术社交网络感知信息质量 Q $Q=f_1(C_2)*f_2(U)$	中介关系	社区成效是通过社区治理后形成的社区服务创新、精英密度和品牌效应等影响个体用户的感知和认可，进而间接影响学术社交网络用户感知的信息质量
感知技术 $f_3(P_1)$→学术社交网络感知信息质量 Q $Q=f_3(P_1)*f_2(U)$	中介关系	通过平台界面、功能设计等的支持，促成学术社交网络用户对技术的感知和认可，从而间接影响学术社交网络用户感知的信息质量
感知易用 $f_3(P_2)$→学术社交网络感知信息质量 Q $Q=f_3(P_2)*f_2(U)$	中介关系	感知易用包括平台可用性和平台特质等，能够通过影响用户的使用体验进而间接影响学术社交网络用户感知的信息质量

3.2.2.4　理论饱和度验证

扎根理论方法的应用相比其他量化研究而言，更加重视样本的代表性、覆盖性和资料的丰富性，通过对预留用作理论饱和度验证的 10 份材料记录进行编码，编码的标签都能全部列入析出的编码概念中，并未发掘出新的概念、范畴和典型关系，符合"学术社交网络中用户感知信息质量的影响线索"的核心范畴，满足新抽取的样本不再提供新的重要信息为止的理论饱和原则，因此，认为理论饱和度验证通过，该模型达到饱和状态。

3.2.2.5　感知信息质量影响因素构成模型及分析

本节通过在学术社交网络质性材料的扎根理论编码过程中对概念类属内涵、内涵间关联的理解，梳理出学术社交网络用户感知的信息质量是社区、用户、平台和内容共同交互的结果，且社区和自身平台均是通过影响用户感知而间接影响学术社交网络的信息质量。根据此故事线，建构学术社交网络用户感知信息质量影响维度的扎根理论分析模型。

构建的学术社交网络用户感知信息质量影响因素模型(CPUC 模型)如图 3-4 所示，扎根研究发展的 9 个主范畴，形成社区、平台、用户和内容 4 个维度，分别使用 $f_1(C)$、$f_2(U)$、$f_3(P)$ 和 $f_4(C)$ 表示，其中涉及 5 个因果关系及 4 个中介关系，揭示了学术社交网络用户感知的信息质量影响因素和影响机理。4个维度对于用户感知信息质量的影响作用机制并不一致,具体阐述如下。

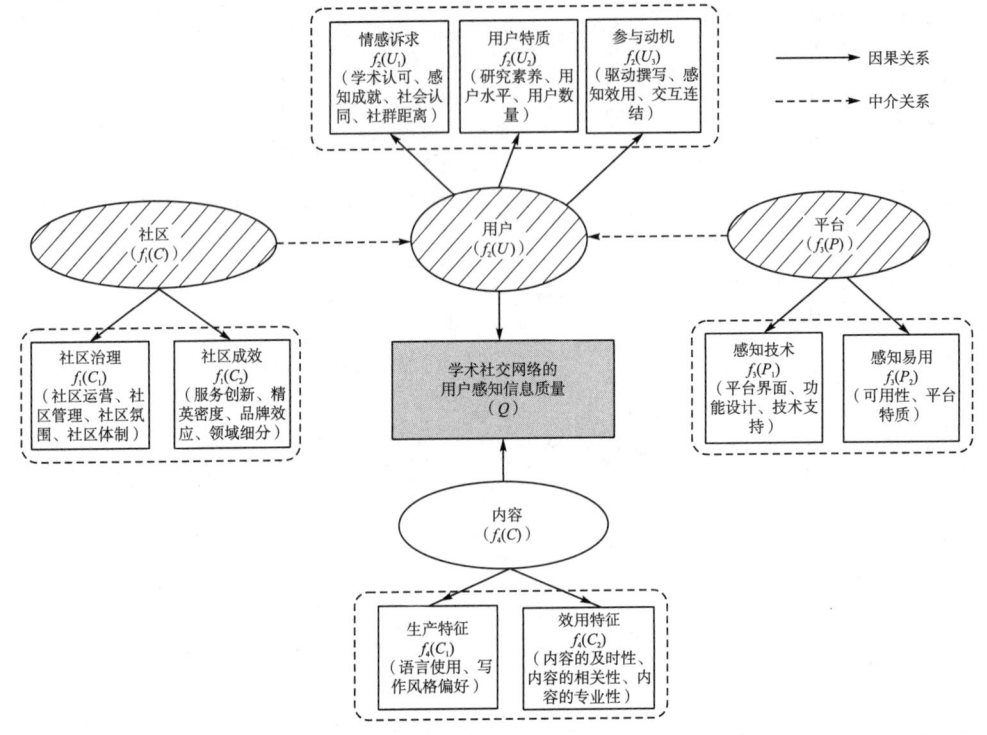

图3-4 学术社交网络用户感知信息质量影响因素模型

1. 社区维度

社区维度由社区治理和社区成效两个主范畴构成,均能够通过用户的感知和认可,间接影响学术社交网络的信息质量。学术社交网络是研究人员进行知识交流和协作互助的虚拟空间,良好的社区治理和运营,强化了用户的归属感,加强了用户知识交流的沉浸体验,从而提升了知识创造和贡献过程中的认真专注[1],有利于提高学术社交网络的信息质量。因此,从管理实践的角度,首先社区管理层应设计良好的信息过滤规则,及时发现并控制噪声信息的生成,净化社区环境,如全球虚拟学术交流平台ResearchGate就设定了学术社交网络每天发送消息的次数,以此限定垃圾信息的传播;其次,在理解和满足学术社交网络需求的基础上,Porter等指出应采取必要的措施鼓励学术社交网络用户创造高质量的知识内容并与他人交互[2],即通过激励措施,适当激励高质量的知识贡献者及其持续的参与行为;最后,积极创建社区氛围,为学术社交网络用户提供愉悦的知识交流与知识共享的体验,鼓励学术社交网络间的合作,增强学术社交网络社会资本,促进用户社交网络的形成。

---

[1] YAN Y, DAVISON R M, MO C Y. Employee creativity formation: the roles of knowledge seeking, knowledge contributing and flow experience in Web 2.0 virtual communities[J]. Computers in Human Behavior, 2013, 29(5): 1923-1932.
[2] PORTER C E, DONTHU N, MACELROY W H, et al. How to foster and sustain engagement in virtual communities[J]. California Management Review, 2011, 53(4): 80-110.

2. 平台维度

学术交流和内容共享离不开平台技术的支持作用。平台维度析出了感知技术和感知易用两个主范畴，用户能够通过感知和认可，间接影响学术社交网络的信息质量。显然，在学术信息交流的过程中，用户使用平台的最终目的是通过相应的系统操作，获取和使用相应的内容，并在平台提供的信息呈现和信息组织的功能下体验学术信息内容，这一过程中包含了对平台人机交互界面的各种体验。张耀辉等在研究中界定了感知信息质量是用户通过与平台进行信息交互过程而获得的体验与感受，是对信息资源、信息系统、信息服务价值和水平具体、实际和主观的认知[1]；Baraković 和 Skorin-Kapov 认为用户对网站的美观、加载时间和实用性的体验能够影响信息质量[2]；赵宇翔和朱庆华也提出用户生成内容与感知有用和感知易用有关[3]。因此，平台系统的系统性能和服务水平将影响用户的使用体验，从而间接影响对学术社交网络信息质量的感知。平台的技术人员应充分捕捉用户的信息需求，围绕人机交互过程中的平台界面、搜索优化和功能设计等，激发创造性的社区功能和知识交流效率提升的技术设计，搭建满足用户认知和情感需求的平台技术环境。

3. 用户维度

用户维度涵盖用户的情感诉求、用户特质和参与动机三个主范畴，能够直接影响学术社交网络的信息质量。学术社交网络是典型的用户生成内容社区，社区用户既是信息创造的主体，也是知识库的分享者。Coleman 等认为用户作为信息的提供者，其能力、动机和相关知识对参与程度和信息质量的影响很大[4]。因而社区用户的研究素养，具体包括用户信息认知能力、学术写作能力、外部资源的引用等，认知层面的情感诉求和参与动机直接影响信息的表达、知识组织和选择，是学术信息质量评价重要的直接影响因素。用户体验与感知信息质量伴随平台交互的全过程，且直接影响信息生成的进程和结果，这与前述中介影响的结论一致，信息交互过程中的用户状态（情感、社交关系、特质、动机）、系统特征（可用性、易用性、功能）与特定情景（社区氛围）相互作用，从而影响学术社交网络用户感知的信息质量。用户作为信息质量影响因素的直接作用者，需要引导和完善对高质量社区用户的识别和激励机制，提升用户与高质量信息资源的有效交互。因此从整体上看，用户是学术社交网络用户感知信息质量的重要影响因素。

4. 内容维度

生产特征和效用特征作为信息内容本身的两个构念反映，能够直接影响学术社交网络用户感知的信息质量。Liu 在研究中发现信息内容的好坏能够显著影响学生对网站学术信息的可信度感知，进而影响对信息质量的感知[5]；Varma 研究发现信息内容和信息格式是感

---

[1] 张耀辉,卢爽,刘冰. 学术社交网络信息交互过程中影响信息质量的因素分析[J]. 情报理论与实践,2012,35 (6):12-15.
[2] BARAKOVIĆ S, SKORIN-KAPOV L. Multidimensional modelling of quality of experience for mobile Web browsing[J]. Computers in Human Behavior, 2015: 314-332.
[3] 赵宇翔,朱庆华. Web2.0 环境下影响学术社交网络生成内容动因的实证研究——以土豆网为例[J]. 情报学报, 2010, 29(3): 449-459.
[4] COLEMAN D J, GEORGIADOU Y, Labonte J. Volunteered geographic information: the nature and motivation of producers[J]. International Journal of Spatial Data Infrastructures Research, 2009 (4): 332-358.
[5] LIU Z M. Perceptions of credibility of scholarly information on the web[J]. Information Processing & Management, 2004, 40(6):1027-1038.

知信息质量的影响因素[①]；在信息传递过程中，莫祖英提出应该考虑信息的内容质量和形式质量[②]。学术社交网络中，用户对获取的知识信息的固有特征和表达水平存在一定的期望。固有特征即从效用的角度所提出的内容的及时性、相关性及专业性等；表达水平是内容创造过程中的语言使用和写作风格偏好，能够代表用户对信息呈现方式的感知[③]，格式是否良好，极大程度上影响了用户的在线阅读体验[④]，两者所构成的内容质量成为学术社交网络用户感知信息质量的直接影响因素。在内容型社区上，用户的使用体验主要取决于社区提供的信息内容是否具有价值，因此学术社交网络努力构建的信息内容过滤筛选机制从根本上说都是为了提高社区的内容质量，从而提高用户对信息质量的感知。

3.2.3 小结

本节通过扎根理论和分析方法的应用，从理论上探索了用户视角下的学术社交网络信息质量的多维影响因素，以及细粒度的作用机制分析，发现不同的社区因素维度、平台因素维度、用户因素维度和内容因素维度均会交叠作用于用户感知信息质量的优劣，也会形成学术社交网络不同的用户感知信息质量。具体为用户的情感诉求、用户特质和参与动机直接影响学术社交网络用户感知的信息质量，此外，内容的生产特征和效用特征也是影响用户感知的信息质量的直接因素，而社区治理、社区成效、感知技术和感知易用则通过用户间接影响用户感知的信息质量。

四个因素维度及九个主范畴指标的不同作用关系也折射出学术社交网络用户感知信息质量的复杂性。首先学术社交网络平台上的学术信息资源更为专业，且对于一些寻求解决的讨论式或探寻式话题，更是没有固定的质量判断标准；其次，学术社交网络的多数用户都是来自不同专业层次及背景的学者，其学术素养和学术能力的差异，决定了感知信息质量的复杂性。因此，本节研究所凝练的感知信息质量影响因素 CPUC 模型，兼具前人的信息视角的质量认知范式和用户视角的认知范式，既具有技术方面的质量特性，又具有心理方面的质量特性，比单纯信息本身的质量视角的研究更为系统、多样和全面，如前人多数只关注信息内容的质量影响因素[⑤⑥]，忽略了用户特征、用户心理因素及社区的情景因素。此外，从宏观上把握学术社交网络情境下用户感知的信息质量形成机理，为信息质量的相关研究提供了新的视野，为后续相关研究提供了参考借鉴；在学术社交网络的情境下更深入细致地研究用户的感知信息质量，能够真实客观地把握用户需求，为学术社交网络的各环节服务实践寻找出发点和落脚点，从而促进整个学术社交网络的可持续运营与发展。

---

① VARMA A. Information quality perceptions: the role of communication media characteristics[D]. Washington: Washington State University, 2001: 142.
② 莫祖英. 基于过程分析的信息质量影响因素研究[J]. 情报科学, 2014, 32(7): 14-18.
③ ONG CC, DAY M, HSU M. The measurement of user satisfaction with question answering systems[J]. Information & Management, 2009, 46(7): 398-399.
④ WALKER S, SCHLOSS P, Fletcher C R, et al. Visual-syntactic text formatting: a new method to enhance online reading[J]. Reading Online, 2005: 13-39.
⑤ MURPHY P. Value-added processes in information systems by R. S. Taylor[J]. Library Quarterly Information Community Policy, 1986, 27(3): 206.
⑥ KLOBAS J E. Beyond information quality: fitness for purpose and electronic information resource use[J]. Journal of Information Science, 1995, 21(2): 95-114.

3.3　学术社交网络中用户感知信息质量的线索框架研究

Walther 和 Jang 已经给出一个被人们普遍接受的观点，相较于现实中面对面的沟通交流，虚拟空间中人们更倾向于依赖线索或启发式做出相应的判断[①]。尤其是在丰富技术示能性和信息超载的社交网络情景下，个体更偏向使用各种线索或线索组合，以最小的认知努力降低判断的不确定性。

在 3.1 节基于攀梯访谈的研究和 3.2 节基于已有资料扎根分析的基础上，本节拟构建学术社交网络中用户感知信息质量的线索框架。建立感知信息质量线索框架的目的有以下三点：①为被研究的线索提供系统和简洁的度量集合；②为感知信息质量问题提供思路和分析框架；③为信息质量的优化提升或前瞻性的管理提供基础。

3.3.1　用户感知信息质量的线索确定

3.3.1.1　线索的相关研究

当前，在线背景下的线索利用理论主要应用于在线购物或在线借贷中，两个领域均需涉及经济的判断决策过程，需要线索辅助以降低信息不对称性，如依赖网站设计[②]、商品评论[③]、店铺声誉[④]、商品信息组织方式[⑤]及网站质量[⑥]，具体见表 3-11。

由表 3-11 可知，虽然已有线索利用理论解释了网络环境下的诸多用户信息行为，但这一理论却没有回答所有的情景问题和行为问题，理由如下。

(1) 同样的线索感知行为，在网络购物决策情景下与学术网络感知信息质量情景下，其作用关系和作用权重是否存在不同。

(2) 现有线索研究的成果多数集中在线索主效应上，较少关注多信息线索之间的相互作用。

(3) 现有的线索理论用于感知信息质量行为中的部分研究，多集中于少数硕士学位论文，并没有一个相对完整的框架预测和解释多个外在和内在线索对信息质量感知的影响，虽然涉及了部分线索，但结果较为分散，并未形成完整的理论框架，解释力受到限制。

---

① WALTHER J B, JANG J W. Communication processes in participatory websites[J]. Journal of Computer-mediated Communication, 2012, 18(1):2-15.
② SANJOSE-CABEZUDO R, GUTIERREZ-ARRANZ A M, GUTIERREZ-CILLAN J. The combined influence of central and peripheral routes in the online persuasion process[J]. Cyber Psychology & Behavior the Impact of the Internet Multimedia & Virtual Reality on Behavior & Society, 2009, 12(3):299.
③ UTZ S, KERKHOF P, VAN DEN BOS J. Consumers rule: how consumer reviews influence perceived trustworthiness of online stores[J]. Electronic Commerce Research and Applications, 2012, 11(1):49-58.
④ SAN-MARTIN S, CAMARERO C. A cross-national study on online consumer perceptions, trust, and loyalty[J]. Journal of Organizational Computing & Electronic Commerce, 2012, 22(1):64-86.
⑤ MAVLANOVA T, BENBUNAN-FICH R. Counterfeit products on the internet: the role of seller-level and product-level information[J]. International Journal of Electronic Commerce, 2010, 15(2):79-104.
⑥ PARBOTEEAH D, VALACICH J, WELLS J. The influence of website characteristics on a consumer's urge to buy impulsively[J]. Information Systems Research, 2009, 20(1):60-78.

表 3-11　线索的相关研究

研究情景	维度	线索表现
线下购买决策[1]	外部线索	价格、广告、个人经历、需求
线下购物决策[2]	外部线索	价格、品牌名称、商店名称和广告
服务性行业中对感知产品质量的判断[3]	外部线索	品牌形象、口碑、员工仪容举止、服务承诺、广告
农产品感知质量[4]	外部质量线索	品牌、价格、原产地形象、包装和认证标识、超市形象
网上购物[5]	价值、情景、质量、信息、认同	价值感知线索、知觉情景线索、质量安全线索、信息驱动线索、认同依赖线索
社会化问答平台答案信息质量感知[6]	信息发布者维度、信息消费者维度、信息载体维度、信息量特征维度	信息利用线索、信息认同线索、信息举报线索、信息否定线索、信息能力线索、信息表象线索、系统推荐线索
微博内容分享[7]	来源可信度、论点品质	发布者认证标识和发布者关注者数量、消息转发次数
网贷中用户的投资行为[8]	中心线索、次级线索	信用等级中心、借款人照片信息

因此本节将在前述研究的基础上形成完整的学术社交网络用户感知信息质量的线索及线索框架。

3.3.1.2　用户感知信息质量的线索的确定

首先对前述攀梯访谈和已有资料数据的扎根分析析出的诸多影响因素进行筛选和合并整理，然后对整理后的关键影响因素进行线索确定。

1. 初步筛选及合并

对攀梯访谈和已有资料扎根分析中获取的影响因素进行梳理，首先排除用户自身的影响因素（如用户动机、用户水平等），然后在剩下因素中进行合并整理。本书作者与另外一名博士生共同编码，仔细分析原始材料，对涵义表达接近的因素进行合并，必要时进行重新命名，对涵义表达模糊的因素进行命名细化，最终一致性结果达到92%，针对不一致的地方，由两人共同商议决定。

合并整理后的关键影响因素共有 18 个，分别为：社区品牌和声誉、社区氛围、版块设置、精华帖置顶机制、奖惩机制、发帖监督机制、平台界面设计、垃圾信息转发监控机制、成员规范控制、重复内容检测机制、内容搜索引擎推荐优化、发布诚实担保机制、发布者的权威性、感知精英密度、信息资源的丰富程度、同伴作用、多数人的认可、信息本体，具体内涵详见表 3-12。

---

[1] BURNKRANT R E. Cue utilization in product perception[J]. Advances in Consumer Research, 1978:55-63.
[2] 王新新, 杨德锋. 基于线索利用理论的感知质量研究[J]. 经济研究导刊, 2007(4):97-102.
[3] 李颜. 基于线索利用理论的消费者购买意愿研究[J]. 企业技术开发, 2012(35):27-28.
[4] 汪俊. 基于外部质量线索理论的农产品感知质量研究[D]. 武汉: 中南民族大学, 2011: 92-103.
[5] 王林, 曲如杰, 赵杨. 基于评论信息的网购情境线索类型及其作用机制研究[J]. 管理评论, 2015, 27(4):156-166.
[6] 张煜轩. 基于外部线索的社会化问答平台答案信息质量感知研究[D]. 武汉: 华中师范大学, 2016: 164.
[7] 胡开远. 社会化媒体中的线索对用户内容分享的影响研究[D]. 杭州: 浙江大学, 2013: 112-174.
[8] 周曼. P2P 网络借贷投资行为影响因素的实验研究[D]. 苏州: 苏州大学, 2013: 152.

表 3-12 关键影响因素内涵解释

关键影响因素	内涵
社区品牌和声誉	学术社交网络社区的口碑和影响力
社区氛围	营造愉悦的知识交流和共享体验氛围，引导和鼓励用户的活跃性
版块设置	版块的合理划分、内容细分机制
精华帖置顶机制	内容优质的精华帖的置顶宣传
奖惩机制	扶持和激励优质内容生产者，惩罚灌水者
发帖监督机制	开放举报等功能对发帖内容进行监督
平台界面设计	符合习惯和直觉的视觉元素安排
垃圾信息发布监控机制	通过建立敏感词汇库等方式监控和限制垃圾信息的发布和转发
成员规范控制	通过实名注册、门槛化认证、新手任务或考试等方式对成员身份和素质进行确认及提升
重复内容检测机制	通过机器审核，对重复内容进行预警或删除
内容搜索引擎推荐优化	通过内容搜索引擎的推荐优化，能够推荐更相关的主题内容
发布诚实担保机制	信息发布的可靠性担保机制
发布者的权威性	信息发布者的个人身份信息及社区资料信息
感知精英密度	能够感知到的社区专业人士或权威人士的构成情况
信息资源的丰富程度	能够感知到的平台提供的信息资源丰富程度
同伴作用	来自关注好友的推荐或意见
多数人的认可	表现为收藏量、点赞量、推荐量、转发量及关注量等
信息本体	信息本体是用户在学术社交网络中，以自己兴趣领域和需求确定的具体知识

2. 线索筛选

由于前述的攀梯访谈和已有资料数据的扎根分析都是围绕学术社交网络用户感知信息质量进行的探索性研究，因此研究设计是以摸清学术社交网络中用户感知信息质量的影响因素为主要指导的。但是影响因素和线索在内涵上还是存在一定的区别，影响因素是对个体思想或行动起作用的要素，而本书将学术社交网络情景下用户感知信息质量的线索定义为：用户在接触或访问使用学术社交网络时，能够觉察到的、具有一定显著刺激的特征，能够对用户的信息质量感知产生暗示和引导作用的信息。因此，是否容易察觉和是否具有一定的显著刺激特征成为两个概念明显的区分依据。正如 Pee 等学者所言，研究信号或评价信号效应时，最重要的是用户能够观察或感知到的程度[①]。这意味着应该关注线索被明显感知的程度，即其具有的显著性特征，而非该线索是否是客观存在。

因此，本书首先找到 40 名研究生被试(19 名男性、21 名女性)，告知他们 18 个学术社交网络感知信息质量的关键影响因素及其内涵，让他们结合自己使用学术社交网络的体验，感知这 18 个影响因素在平台上的易察觉性(observability)和特征显著性(saliency)，并对其进行评分，评分采用 5 分量表(1 代表非常不易觉察/不显著；5 代表非常易觉察/显著)。

---

① PEE L G, JIANG J J, KLEIN G, et al. Signaling effect of website usability on repurchase intention[J]. International Journal of Information Management, 2018, 39: 228-241.

每个因素按照易觉察性和特征显著性的得分加总平均,为了将评分转换为两分类决策(显著性:高和低),根据 Shah 和 Pomerantz 的建议[1],将得分高于或等于 3 分的视作高显著性,低于 3 分的视作低显著性。两组指标采用单样本 t 检验,得到两组的均值差异显著 ($M_{高}$=3.68, $M_{低}$=2.14, P<0.001)。根据学术社交网络感知信息质量线索的定义,将刺激特征显著的 12 个因素界定为线索,将刺激特征不显著的 6 个因素界定为非线索(表 3-13),表示被试者在线索组能感到比非线索组更明显的刺激特征,并在后续研究中将非线索予以舍弃排除。

表 3-13 线索与非线索的确定

分类	具体内容	描述统计	结果
线索组	社区品牌和声誉、精华帖置顶机制、奖惩机制、发帖监督机制、垃圾信息发布监控机制、成员规范控制、重复内容检测机制、发布诚实担保机制、发布者的权威性、同伴作用、多数人的认可、信息本体	3.68 (0.07)	保留
非线索组	社区氛围、版块设置、平台界面设计、感知精英密度、内容搜索引擎推荐优化、信息资源的丰富程度	2.14 (0.18)	舍弃

3.3.2 用户感知信息质量的线索框架构建

3.3.2.1 用户感知信息质量的线索的分类

根据上述确定的 12 个用户感知信息质量的线索,将该线索集合划分为社区环境线索和信息特征线索,划分依据阐释如下。

1. 社区环境线索

觅食理论最早用于解释动物在自然环境中的觅食行为,最优觅食理论中的斑块模型假定动物所觅食物是以块状形式存在于自然界中[2]。Pirolli 和 Card 在此基础上提出了信息觅食理论[3],提供了一种人们搜寻信息的新方式。该理论指出,人们在判断信息来源和信息导航空间时容易受到环境因素的影响,并将这种影响称为"信息气味"[4][5]。因此类似于该理论的斑块模型,用户首先根据学术社交网络所属的外在环境线索,进行整体信息质量感知的预测判断,形成线索预测价值,类似于觅食者在食物搜寻过程中首先要锁定块状分布的资源区域。

Sundar 等通过实验法研究新闻线索,发现信息气味并不仅仅局限于新闻标题等的文本特征,认为线索应该考虑其影响价值,而不仅仅是一些可视化信息[6]。据此本书将社区的

---

[1] SHAH C, POMERANTZ J. Evaluating and predicting answer quality in community QA[C]// 33rd Annual International ACM SIGIR Conference on Research and Development in Information Retrieval, Geneva, SWITZERLAND. 2010:411-418.
[2] 周欣.基于信息觅食理论的数字图书馆学科服务研究[J].信息资源管理学报,2016,6(2):101-106.
[3] PIROLLI P, CARD S K. Information foraging[J]. Psychological Review, 1999, 106: 643-675.
[4] PIROLLI P. Computational models of information scent-following in a very large browsable text collection[C]// Proceedings of the Conference on Human factors in Computing Systems, Atlanta, GA. 1997: 3-10.
[5] PIROLLI P. Information Foraging Theory[M].New York: Oxford University Press, 2007.
[6] SUNDAR S S, KNOBLOCH-WESTERWICK S, HASTALL M R. News cues: information scent and cognitive heuristics[J]. Journal of the American Society for Information Science and Technology, 2010, 58(3):366-378.

管理和技术管控机制均归为社区环境类线索，具体为：社区品牌和声誉线索、精华帖置顶机制线索、奖惩机制线索、发帖监督机制线索、垃圾信息发布监控机制线索、成员规范控制线索、重复内容检测机制线索、发布诚实担保机制线索。

2. 信息特征线索

用户确定注册使用某个学术社交网络平台之后，在该平台上会面临从大量信息资源中选择合适资源的问题。信息觅食理论认为，在很多相似的信息线索中，用户需要甄选出可用性最高的线索以做出质量判断决策。此时用户会根据学术社交网络的内在信息特征线索，如信息发布者的权威性信息、他人推荐数量信息、文本长度信息、发布日期信息、参考链接信息等，对具体的信息质量感知进行判断，形成线索信心价值。类似于最优觅食理论中的食谱模型，觅食者在具体的斑块区域中决定该吃什么食物而不吃什么食物，应该觅食哪些资源[①]。

由此确定用户感知信息质量的信息特征线索为：发布者的权威性线索、同伴作用线索、多数人的认可线索、信息本体线索。

3.3.2.2　用户感知信息质量的线索框架

根据上述确定的线索组合及线索分类，并结合双系统加工理论，绘制学术社交网络中用户感知信息质量的线索框架，如图3-5所示。

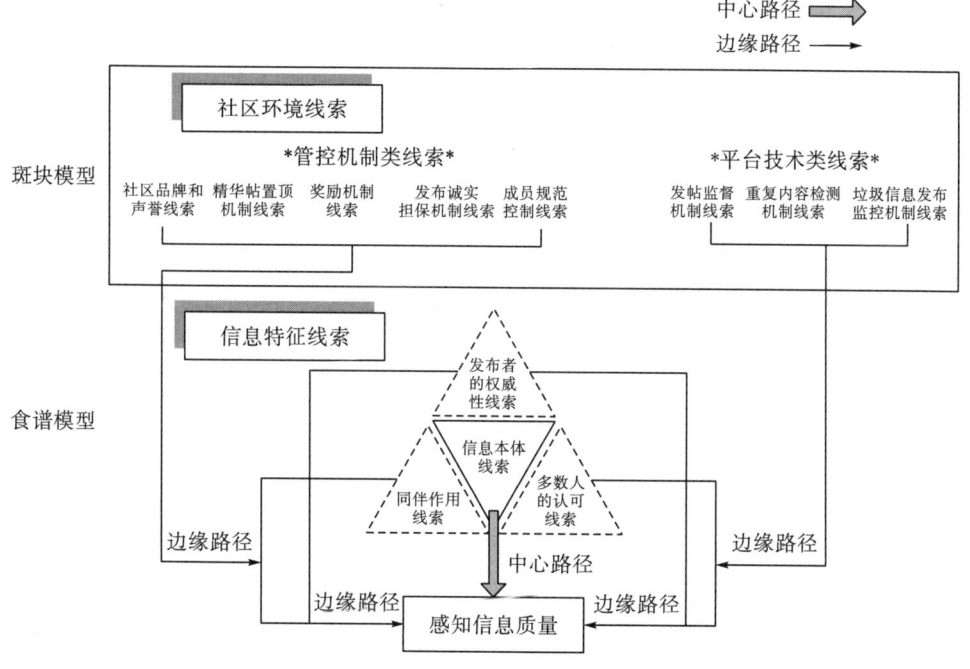

图3-5　用户感知信息质量的线索框架

---

① 杨阳, 张新民. 信息觅食理论的研究进展[J]. 现代图书情报技术, 2009, 3(1):73-79.

用户感知信息质量的线索框架由社区环境线索和信息特征线索两部分构成。从人的认知过程规律来看，用户首先是根据社区环境线索对学术社交网络平台的信息质量形成初步感知，可大致分为管控机制类线索和平台技术类线索两类共8种线索，由于在目标判断中并不涉及深入的思考，因此在线索的信息加工中属于边缘路径的加工方式，边缘路径是基于直觉的启发式加工。其次，用户注册使用某个其认可的学术社交网络平台之后，会在使用中继续感知或判断信息质量。此时是通过信息特征线索进行感知，信息是感知形成的基础，探寻信息特征线索对用户感知信息质量的影响是感知信息接收层次的核心问题。图3-5中显示信息特征线索由发布者的权威性线索、同伴作用线索、多数人的认可线索、信息本体线索组成。其中发布者的权威性线索、同伴作用线索、多数人的认可线索是根据信息的外部线索进行感知，不需太多的认知思考，因此所付出的认知努力较少，也属于边缘路径的线索信息加工方式。而信息本体线索是用户根据需求信息的具体内容进行感知，需要结合自身的专业知识和经验，花费更多的时间，对信息本身的内容进行慎重周全的加工，付出较多的认知努力，因此属于中心路径的信息加工方式，中心路径是基于分析式的理性加工。

3.3.3 小结

本节首先结合最优觅食理论，确定了线索的分类，虽然信息资源毕竟不等同于自然界的食物资源，但加以改进后使用仍不失为一个从崭新角度去分析理解问题的良好途径；其次结合双系统加工理论，在构建的线索框架中刻画了线索信息的加工方式，边缘路径和中心路径的线索信息加工方式形成了用户对信息质量感知的复杂过程。

使用何种路径加工方式，取决于用户在加工系统中付出的认知努力的多少，用户通过增加更多的认知努力，进行更多的变量思考，属于中心路径的加工方式。而用户仅根据外围信息输入，整合有用的信息以进行综合性的判断，属于边缘路径的加工方式。Winter等已证实低认知需求的个体更容易依赖外围信息形成认知态度，而高认知需求的个体则更注重信息内容[①]。然而在学术社交网络情景下，用户会在什么情况下偏向何种线索加工方式，是本书后续将要探讨解决的问题。

社区环境线索中的线索众多，且均是边缘信息加工路径，在具体感知时，各个线索之间的作用大小和作用关系如何，是否受到信息话题的影响，都将在接下来的研究中进行实证探索。

感知的线索处理层次具有高度的复杂性，因此基于线索集的用户感知行为是十分庞杂的，因为线索集的信息是多样化的，而用户在感知过程中对线索的选择判断也是受多因素的影响，如锚定效应、框架效应、趋同效应等均会导致用户不同的信息质量感知体验，用户在学术社交网络情景下具体受到哪类效应的影响？作用大小和作用关系如何？也是本书后续即将进行的细粒度探索。

---

① WINTER S, METZGER M J, FLANAGIN A J. Selective use of news cues: a multiple-motive perspective on information selection in social media environments[J]. Journal of Communication, 2016, 66(4):669-693.

第4章　学术社交网络中用户感知信息质量的社区环境线索研究

各种形式的社交媒体不断启用多种功能，以丰富用户建立和维护社会关系的体验平台[1]。学术社交网络作为针对研究人员群体的社交媒体，在学术身份建立、沟通交流和专业问题的答疑解惑等方面为研究人员提供了良好的平台。2014年5月，*Nature* 通过邮件对数万名研究人员开展了问卷调查，来自95个国家的3500位学者进行了回应，结果显示超过88%的科学家和工程师表示知晓学术社交网络 ResearchGate，其中只有不到50%的研究人员是访问频繁的用户[2]。平台服务方为了构建优质的学术生态虚拟社区、提高用户活跃度和扩大用户群体等，对用户生成内容的社区形态施加不同程度的管控措施。这些管控措施、激励机制和技术操作是否有效？是否能影响用户最终的感知信息质量呢？用户的社会资本是否会调节该感知过程？本章将对这些问题逐一进行分析。

从信息系统的角度看，各种各样由特定信息问题产生的信息不确定性感知，都应该通过信息系统的合理使用而得以消减[3]。多位学者认为，线索作为某种可见的信号，能够传递可靠的信息从而减少服务方和用户方的不确定性因素[4][5]。部分在线用户行为的研究中，强调了这些线索信号有益于用户确定服务方所提供的质量，从而期望能影响其用户的信念和购买决策[6]，尤其是一些以网站平台为中心的相关线索研究，如网站设计投入、网站信息的综合化程度[7]。平台线索不仅作为外部环境因素成了电子商务和信息系统研究者的特定兴趣点，同时也给予了本章研究较好的启示。因此，本章研究采用刺激—机能—反应范式，结合服务质量评价理论，以调查用户在使用学术社交网络时环境线索对信息质量感知的反应作用。

---

[1] MANAGO A M, TAYLOR T, GREENFIELD P M. Me and my 400 friends: The anatomy of college students' Facebook networks, their communication patterns, and well-being[J]. Developmental Psychology, 2012, 48(2):369-380.
[2] VAN N R. Online collaboration: scientists and the social network[J]. Nature, 2014, 512(7513):126-129.
[3] PAVLOU P A, LIANG H, XUE Y, et al. Understanding and mitigating uncertainty in online exchange relationships: a principal-agent perspective[J]. Management Information Systems Quarterly, 2007, 31(1): 105-136.
[4] SCHLOSSER A E, WHITE T B, LLOYD S M, et al. Converting web site visitors into buyers: how web site investment increases consumer trusting beliefs and online purchase intentions[J]. Journal of Marketing, 2006, 70(2): 133-148.
[5] WELLS J D, VALACICH J S, HESS T J. What signal are you sending? How website quality influences perceptions of product quality and purchase intentions[J]. MIS Quarterly, 2011, 35(2):373-396.
[6] PEE L G, JIANG J J, KLEIN G, et al. Signaling effect of website usability on repurchase intention[J]. International Journal of Information Management, 2018, 39: 228-241.
[7] LI H, FANG Y, WANG Y, et al. Are all signals equal? Investigating the differential effects of online signals on the sales performance of e-marketplace sellers[J]. Information Technology & People, 2015, 28(3): 699-723.

4.1 模型构建

来自环境心理学领域的 SOR 模型强调了环境变量作为各种刺激(stimuli,S)能够影响人们的内部机能(organisms,O)感知状态,并且反过来驱使行为反应(response,R)[①]。该模型表明外部环境变量和情景因素能够影响人的感知,外在因素中所发现的刺激能够强化人的内部状态[②]。"机能"通常用作描述人的感知、思考和感受的状态[③],最终,人们会根据感知状态做出最终的决策判断或相应的行为反应[②]。

SOR 模型十分契合本章研究的理由有以下两点:首先,SOR 模型已经在先前研究中广泛用于刻画许多用户的在线行为。例如,Parboteeah 等检验了网站特征对消费者认知、情绪体验和后续在线购买行为的影响[④];Wang 等将在线商店特征作为刺激,探索了其对消费者内部状态和最终行为反应的影响[⑤];Koo 和 Ju 确认了在线环境特征对用户情绪和意愿的影响[⑥]。其次,鉴于 SOR 模型中环境变量和感知体验能够影响社交网络的用户行为,因此 SOR 模型提供了一个良好的结构化范式,能够用于检验环境变量(如环境线索)对用户的感知体验,并最终影响用户对信息质量的感知判断。本章将该模型应用到学术社交网络的情景下,能够有助于识别环境线索对用户感知信息质量的影响结果。

4.1.1 社区环境线索的刺激

Jacoby 指出刺激因素是个体所遇到的某种环境[⑦]。在本章研究中,各个社区环境线索可看作是一系列的刺激,能够引发用户的心理状态变化及相应的判断反应。根据第 3 章中的线索框架,社区环境线索包括社区品牌和声誉线索、精华帖置顶机制线索、奖惩机制线索、发帖监督机制线索、垃圾信息发布监控机制线索、成员规范控制线索、重复内容检测机制线索、发布诚实担保机制线索。

---

① MEHRABIAN A, RUSSELL J A. An Approach to Environmental Psychology[M]. Cambridge: MIT Press, 1974: 88-106.
② EROGLU S A, MACHLEIT K A, DAVIS L M. Atmospheric qualities of online retailing: a conceptual model and implications[J]. Journal of Business Research, 2001, 54(2):177-184.
③ BAGOZZI R P. Attitude formation under the theory of reasoned action and a purposeful behavior reformulation[J]. British Journal of Social Psychology, 1986, 25(2):95-107.
④ PARBOTEEAH D V, VALACICH J S, WELLS J D. The influence of website characteristics on a consumer's urge to buy impulsively[J]. Information Systems Research, 2009, 20(1):60-78.
⑤ WANG Y J, MINOR M S, WEI J. Aesthetics and the online shopping environment: understanding consumer responses[J]. Journal of Retailing, 2011, 87(1):46-58.
⑥ KOO D M, JU S H. The interactional effects of atmospherics and perceptual curiosity on emotions and online shopping intention[J]. Computers in Human Behavior, 2010, 26(3):377-388.
⑦ JACOBY J. Stimulus-organism-response reconsidered: an evolutionary step in modeling (consumer) behavior[J]. Journal of Consumer Psychology, 2002, 12(1): 51-57.

4.1.2 用户知觉的机能

SOR 范式表明环境因素对用户行为的作用受到用户真实体验的中介影响[①②],这种中介影响作用是通过感受到的环境因素的刺激而引发的机能变化。本章研究中包括两个关键的用户知觉,一个是信息质量期望,另一个是信息质量体验。

信息质量期望是用户在与平台的交互过程中希望获得的信息价值[③]。当前感知信息质量的研究提出应从用户视角展开信息质量的主观评价,因此取决于用户对信息质量的感知、期望和目标[④]。用户的信息质量期望层次越高,则感知到的信息质量差距越大,期望结果越逊色[⑤]。信息质量期望是用户心理预期的某种机能表现。

体验综合考虑了服务提供者、用户和其他价值创造伙伴之间的互动结果和难忘的过程,可以发生在任何有意识的时刻[⑥]。信息质量体验是用户在与平台的交互过程中实际感受到的信息服务质量,本书将信息质量体验定义为用户所能感知到的在信息服务提供方和用户之间的共同合作行为中有价值的行动。正是因为受到外部社区环境线索的刺激,并结合用户的信息质量期望,才会产生信息质量体验的机能表现,虽然信息质量体验是一种主观感受,但真实反映了用户在使用学术社交网络平台时的客观心理。

4.1.3 用户感知信息质量的反应

信息质量是提供的信息对信息接收者的适用或满足程度[⑦],从用户视角阐释了感知信息质量是用户通过平台交互,体验或感知到的信息内容固有属性、系统性能和效用性能的主观判断反应,是外在环境特征和用户内在状态(期望、体验)相互作用的产物。因此,本章研究的概念模型中将用户感知到的信息质量作为整个感知过程的反应结果。

本章基于学术社交网络情景,聚焦用户感知信息质量的线索影响,结合服务质量评价模型和 SOR 模型,提出了研究的概念框架,即社区环境线索和期望质量共同影响用户对学术社交网络的质量体验,最终影响用户感知到的信息质量。由于学术社交网络的社会交互属性,不同的社区成员活跃度不同,对信息质量的感知程度也不同,因此本章的研究模型既考虑了成员社会资本的调节作用,又控制了年龄、性别、学历层次、访问学术社交网络的频率及过往经历的影响。研究模型具体如图 4-1 所示。

---

① ANIMESH A, PINSONNEAULT A, YANG S, et al. An odyssey into virtual worlds: exploring the impacts of technological and spatial environments on intention to purchase virtual products[J]. Management Information Systems Quarterly, 2011, 35(3): 789-810.
② ZHANG H, LU Y, GUPTA S, et al. What motivates customers to participate in social commerce? The impact of technological environments and virtual customer experiences[J]. Information & Management, 2014, 51(8): 1017-1030.
③ THALER, RICHARD H. Mental accounting and consumer choice[J]. Marketing Science, 1985, 4(3):199-214.
④ NORTHEN J R. Quality attributes and quality cues effective communication in the UK meat supply chain[J]. British Food Journal, 2000, 102(102):230-245.
⑤ PEE L G, JIANG J J, KLEIN G, et al. Signaling effect of website usability on repurchase intention[J]. International Journal of Information Management, 2018, 39: 228-241.
⑥ PINE B J, GILMORE J H. The Experience Economy: Work is Theatre & Every Business a Stage[M]. Boston: Harvard Business School Press, 1999:129-130.
⑦ ENGLISH L. Information quality: meeting customer needs[J]. Information Impact Newsletter, 1996: 23-36.

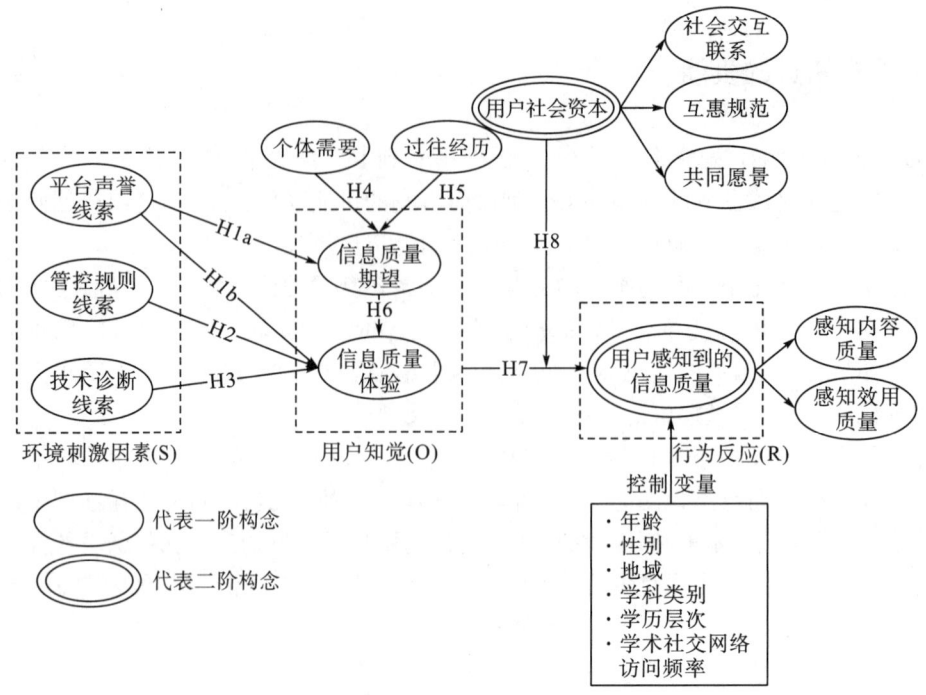

图 4-1 研究模型

4.2 假设的提出

4.2.1 环境刺激因素和用户知觉

区别于传统信息系统文献中对独立系统的研究,当前的竞争已经逐渐转变为以平台为中心的整个社区生态系统的竞争[1]。因此为了更好地实现对学术社交网络平台的质量治理,许多平台都出台了质量相关的管控机制和措施,这些规则可能通过标准形式的文档或许可写进合同[2],也可能是一些显而易见的能被用户感知的结果。Ye 和 Kankanhalli 认为这些规则及其执行可能会对个体对于决策自主性的感知产生影响[3]。

学术社交网络平台可视作经过治理后的平衡生态系统[4],生态系统意味着平台的运行依赖环境的各个因素,包括组织层面和技术层面的多个方面[5]。从这个角度出发,将第 3 章线索框架中析出的 8 个社区环境线索分为三个类别,即平台声誉线索、管控规则线索和

---

[1] KATZ M L, SHAPIRO C. Systems competition and network effects[J]. Journal of Economic Perspectives, 1994, 8(2):93-115.
[2] MANNER J, NIENABER D, SCHERMANN M, et al. Six principles for governing mobile platforms[J]. Wirtschaftsinformatik Proceedings, 2013: 86.
[3] YE H, KANKANHALLI A. User service innovation on mobile phone platforms: investigating impacts of lead userness, toolkit support, and design autonomy[J]. Management Information Systems Quarterly, 2018, 42(1): 165-187.
[4] TIWANA A, BUSH A A. Platform evolution: coevolution of platform architecture, governance, and environmental dynamics[J]. Information Systems Research, 2010, 21(4):675-687.
[5] BOUWMAN H, HAAKER T, FABER E. Developing mobile services: balancing customer and network value[C]// IEEE International Workshop on Mobile Commerce and Services. IEEE Computer Society, 2005:21-31.

技术诊断线索。社区环境线索作为外部线索的原因是其本身不会对信息质量产生直接作用，但对用户感知信息质量的优劣具有重要影响，也是平台方区别其他竞争对手平台的关键体现[1]。所有的社区环境线索都是以用户为中心而设计的，因此让用户去感知或评价是最合适的方式。Zeithaml 认为由于信息不对称的存在，当用户对产品质量不确定时，往往会依靠可获得的外部线索进行较简单的评价[2]。类似于学术社交网络情景，当用户在选择平台时，也会根据平台的品牌声誉、管控规则和技术诊断机制的外部线索，做出平台选择的启发式判断，并能以此作为某种信号，影响其信息质量期望和信息质量体验。

1. 平台声誉线索、信息质量期望和信息质量体验

声誉是利益相关者对服务提供方所持的态度和做出的评价，包括有关认同程度的理性认知和情感倾向[3]。在线环境中，与网站质量有关的平台品牌声誉是非常值得参考的外部线索之一，因为在计算机媒介的通信环境中充斥着信息的不对称[4]，品牌和声誉有助于用户辨别哪些网站平台更值得信任，从而为网站平台的质量建设提供了动力[5]。品牌声誉实际上可视作一种具有更强信号功能的公共舆论，如果该声誉机制发挥了准确的线索功能，用户则更倾向于利用其作为解决信息不完备或信息不对称的工具。在电子商务情景的研究中，声誉被看作是影响在线客户信任和感知风险的重要因素[6][7]。因此，基于学术社交网络平台已有的声誉，如果品牌声誉较好，用户的信息质量期望和信息质量体验也较高，据此提出以下研究假设。

H1a：平台声誉线索正向影响用户的信息质量期望。

H1b：平台声誉线索正向影响用户的信息质量体验。

2. 管控规则线索、技术诊断线索和信息质量体验

Wells 等在信号理论应用的研究中，认为网站质量是易于被感知的，而且影响用户的质量判断[8]。因此，学术社交网络服务方出台的管控规则和技术诊断措施是能够通过在线交互使用而被感知的，从而能够影响用户的质量体验。前人文献中多次指出，用户偏向于访问具有较好质量的网站[9][10]，因此学术社交网络的平台服务方为了增强用户的质量体验，通过精华帖置顶机制、奖励和激励机制、发布诚实担保机制、成员规范控制机制、发帖监

---

[1] PEE L G, JIANG J J, KLEIN G, et al. Signaling effect of website usability on repurchase intention[J]. International Journal of Information Management, 2018, 39: 228-241.

[2] ZEITHAML V A. Consumer perceptions of price, quality, and value: a means-end model and synthesis of evidence[J]. Journal of Marketing, 1988, 52(3):2-22.

[3] ROSENGERG M J. Cognitive, Affective, and Behavioral Components of Attitudes[M]. Attitude Organization & Change. New Haven: Yale University Press,1960:1-14.

[4] PITT L, BERTHON P, WATSON R T. Cyberservice: taming service marketing problems with the World Wide Web[J]. Business Horizons, 1999, 42(1):11-18.

[5] RESNICK P, ZECKHAUSER R, FRIEDMAN E, et al. Reputation systems[J]. Communications of the ACM, 2000, 43(12):45-48.

[6] AIKEN K D, BOUSH D M. Trustmarks, objective-source ratings, and implied investments in advertising: investigating online trust and the context-specific nature of internet signals[J]. Journal of the Academy of Marketing Science, 2006, 34(3):308.

[7] YEN H J R. Risk-reducing signals for new online retailers: a study of single and multiple signalling effects[J]. International Journal of Internet Marketing & Advertising, 2011, 3(4):299-317.

[8] WELLS J D, VALACICH J S, HESS T J. What signal are you sending? How website quality influences perceptions of product quality and purchase intentions[J]. MIS Quarterly, 2011, 35(2):373-396.

[9] ELEANOR T. LOIACONO, RICHARD T W, et al. WebQual: an instrument for consumer evaluation of web sites[J]. International Journal of Electronic Commerce, 2007, 11(3):51-87.

[10] YOO B, DONTHU N. Developing a scale to measure the perceived quality of an internet shopping site[J]. Quarterly Journal of Electronic Commerce, 2001:31-46.

督机制、重复内容检测机制和垃圾信息发布监控机制等众多措施，加强对平台上信息质量的管控，向用户传递可靠的信号，以此帮助用户判断社区环境的信息质量水平，从而提升用户的信息质量体验。例如，全球最大的学术社交网络平台 ResearchGate，在声明中明确指出"为了让我们所有的成员都尽自己最大的努力保证信息资源的有用性、相关性和高质量，我们制定了一些重要的指导方针。"[1]据此提出以下研究假设。

H2：管控规则线索正向影响用户的信息质量体验。

H3：技术诊断线索正向影响用户的信息质量体验。

3. 信息质量期望和信息质量体验

Halilovic 和 Cicic 认为质量期望是消费者在购买产品或服务前对其质量的初始期望[2]，因此信息质量期望是用户在使用信息服务前，对信息产品或服务持有的初始期望。信息质量期望容易受到个人需要的影响。

不同的主体具有不同的效用函数，用户行为因其参与的层次不同而有所不同[3]，根据使用满足理论，理解各层次的个体需要有助于解释用户生成内容站点的用户行为[4]。学术社交网络中研究人员因个人需要不同，其参与行为也呈现多样化，如有些用户使用学术社交网络仅仅是查询信息或阅读相关研究成果，有些用户则积极参与话题讨论和问题解答，通过小组活动或讨论，有些用户甚至成了社区的意见领袖[5]。与查询信息或简单发帖相比，意见领袖的参与层次更高[6]，也具有更高的个人需要。线索作为一种传递信息的信号[7]，研究该种信号效应时，应该考虑到用户的个人需要，具有更高需求的用户更容易产生更高的信息质量期望，也更容易受到线索的影响。据此提出以下研究假设。

H4：个体需要正向影响信息质量期望。

用户信息搜寻行为的研究显示，用户的感知购物风险和先前购物体验均会影响在线购物体验[8][9][10]，较强的先前体验让用户已经具有了相关的知识及判断的能力，与拥有较少先前体验的用户相比，降低了获取额外线索信息的需求[11]。类似地，在学术社交网络感知信息质量的研究情景下，对信息不确定性的感知、对各种风险的感知而形成的信息质量期望

---

[1] HELP CENTER-Community[EB/OL]. (2014-11-13)[2018-07-12]. https://explore.researchgate.net/display/support/Community.
[2] HALILOVIC S, CICIC M. Antecedents of information systems user behavior–extended expectation confirmation model[J]. Behavior & Information Technology, 2013, 32(4): 359-370.
[3] GARNEFELD I, ISEKE A, KREBS A. Explicit incentives in online communities: boon or bane?[J]. Inter-national Journal of Electronic Commerce, 2012, 17(1):11-38.
[4] PIETERSE E, MEISHAR T H. Academics' use of academic social networking sites: the case of ResearchGate and Academia.edu[C]// European Distance & E-learning Network Conference, 2016: 19-24.
[5] OUWERSLOOT H, ODEKERKEN S G. Who's who in brand communities-and why?[J]. European Journal of Marketing, 2008, 42(5/6):571-585.
[6] OESTREICHERSINGER G, ZALMANSON L. Content or community? A digital business strategy for content providers in the social age[J]. Management Information Systems Quarterly, 2013, 37(2): 591-616.
[7] WELLS J D, VALACICH J S, HESS T J. What signal are you sending? How website quality influences perceptions of product quality and purchase intentions[J]. MIS Quarterly, 2011, 35(2):373-396.
[8] ALJUKHADAR M, SENECAL S. The user multifaceted expertise: divergent effects of the website versus e-commerce expertise[J]. International Journal of Information Management, 2016, 36(3):322-332.
[9] GRANT R, CLARKE R J, KVRIAZIS E. A review of factors affecting online consumer search behavior from an information value perspective[J]. Journal of Marketing Management, 2007, 23(5-6):519-533.
[10] SHIN J I, CHUNG K H, OH J S, et al. The effect of site quality on repurchase intention in Internet shopping through mediating variables: the case of university students in South Korea[J]. International Journal of Information Management, 2013, 33(3):453-463.
[11] SCHMIDT J B, SPRENG R A. A proposed model of external consumer information search[J]. Journal of the Academy of Marketing Science, 1996, 24(3):246-256.

因用户过往经历不同而有所差别，因此在研究模型中，将过往经历考虑在信息质量期望的影响因素中。据此提出以下研究假设。

H5：过往经历正向影响信息质量期望。

Garvin 认为服务质量本身是基于用户的主观感知而非客观证据[1]，因此在线信息质量体验也理应是用户的主观感知。为了在平台服务提供方和用户之间创建一个成功的对话，通过双方的实践投入而感知到良好信息质量体验是十分关键的[2]，良好的信息质量体验能够让用户感到满足，因为良好的信息质量体验也增加了用户的参与感[3]。根据服务质量评价理论，用户的信息质量期望与信息质量体验具有相关关系，并且Oliver认为用户的良好评价来自他们对服务的高度认同和承诺[4]，而 Swan 在其信息用户满意度模型的研究中，曾基于比较范式将信息期望与信息质量作为研究模型的重要组成要素[5]，因而本书认为信息质量期望能够影响信息质量体验，据此提出以下研究假设。

H6：用户的信息质量期望正向影响信息质量体验。

4.2.2 用户知觉和行为反应

用户感知到的信息质量是根据用户的信息质量期望和实际的信息质量体验后，确实感知到的信息质量优劣的程度，文献中常使用"确认"（confirmation）来表达类似的含义。例如，在信息系统使用中，Bhattacherjee 将"确认"定义为信息系统使用中期望利益的实现程度，将"确认"的另一面"失验"定义为未能实现预期的表现[6]。之后，Bhattacherjee 和 Premkumar 认为该结果就是初始期望和实际观察表现之间的差值[7]。因此本书的研究模型借鉴了前人研究模型，研究显示，用户初始的信息质量期望和实际的信息质量体验决定了最终感知到的信息质量结果，并且将感知到的信息质量结果具体到两个方面，一个是感知信息内容质量，另一个是感知信息效用质量。据此提出以下研究假设。

H7：信息质量体验正向影响用户感知到的信息质量。

4.2.2.1 用户社会资本的调节作用

社会资本理论认为，社会资本、个人或社会网络所拥有的关系网络和嵌入其中的资源集强烈地影响了资源交换与组合行为[8]。社会资本理论起初是用于描述在社交网络中有助

---

[1] GARVIN D A. What does "product quality" really mean?[J]. Harvard University Fall, 1984, 26(1):25-43.
[2] PRAHALAD C L. Co-creation experience: the next practice in value creation[J]. Journal of Interactive Marketing, 2004, 18(3):5-14.
[3] POULSSON S, KALE S. The experience economy and commercial experiences[J]. The Marketing Review, 2004, 4(3): 267-277.
[4] OLIVER R L. Whence consumer loyalty[J]. Journal of Marketing, 1999, 63(4): 33-44.
[5] SWAN R M. Perceived performance and disconfirmation of expectations as measures of customer satisfaction with information services in the academic library[D]. Florida: Florida State University, 1998: 15-19.
[6] BHATTACHERJEE A. Understanding information systems continuance: an expectation-confirmation model[J]. MIS Quarterly, 2001, 25(3):351-370.
[7] BHATTACHERJEE A, PREMKUMAR G. Understanding changes in belief and attitude toward information technology usage: a theoretical model and longitudinal test[J]. MIS Quarterly, 2004, 28(2):229-254.
[8] NAHAPIET J, GHOSHAL S. Social capital, intellectual capital, and the organizational advantage[J]. Academy of Management Review, 1998, 23(2): 242-266.

于个体发展的关系资源[1],其他学者对社会资本更广泛的定义中还涵盖与之相关的价值和规范等[2][3]。例如,Kuan 等认为通过密切的社会交往、值得信赖的人际关系和共同的价值观念,个人能够增加资源共享的深度、广度和效率,并互惠互利[4]。

学术社交网络是某种具有共同兴趣和价值感知的用户的在线社区形式,用户能够实现社交互动并相互建立互惠规范,因此社会资本理论十分适合于研究本情景。在本章研究中,将用户社会资本定义为在学术社交网络中,用户所拥有的关系网络中实际或潜在的关系资源集合,将其概念化为3个不同的维度,即结构资本、关系资本和认知资本,分别对应3个一阶构念,即社会交互联系、互惠规范和共同愿景。社会交互联系是学术社交网络上个人花费的交互时间和沟通频率;互惠规范是在交互过程中,个人对未来的收益预期;共同愿景是用户对共同目标的理解和目标实现达成共识的程度[5]。

Chen 和 Hung 认为,学术社交网络的知识分享行为是基于特定情境的社会化活动,会受到社会资本的显著影响[6]。因此,本章将社会交互联系、互惠规范和共同愿景作为用户社会资本的二阶构念,研究社会资本对用户信息质量体验和感知信息质量之间的调节作用,并提出以下研究假设。

H8:社会资本调节用户信息质量体验与感知信息质量之间的关系。相较于低水平的社会资本,具有高水平社会资本的用户信息质量体验对感知信息质量的正向影响更弱。

4.2.2.2 信息质量体验的中介作用

在市场营销学领域,用户体验的对象多数是指用户购买的产品或服务。Norris 指出用户不仅是为了获取产品或服务的功能性价值,还倾向于在此过程中的消费体验[7]。在本章研究中,学术社交网络用户在使用平台的过程中,通过社区环境的诸多线索,体验平台上可感知的信息质量,并且源于多种用户心理和情感感受[8],信息质量体验是一个较为复杂的过程,包含了使用前的期待、使用中的满足和使用后的深刻印象。因此,学术社交网络平台上提供的各种管控措施和技术优化服务,都是通过用户在使用过程中对其信息质量的深入体验而获得的综合感受,从而得到感知信息质量的结果评价。而现有文献中则未见关于信息质量体验对环境特征线索与感知信息质量的中介作用研究,因此根据上述理论推断及进一步研究的需要提出以下假设。

H9:信息质量体验在社区环境线索与感知信息质量之间具有中介作用。
H9a:信息质量体验在平台声誉线索与感知信息质量之间具有中介作用。
H9b:信息质量体验在管控规则线索与感知信息质量之间具有中介作用。

---

[1] CHEN Y C, WU J H, YEH R C, et al. Consumer benefit creation in online group buying[J]. Electronic Commerce Research & Applications, 2015, 14(6):499-513.
[2] COLEMAN J S. Foundations of Social Theory[M]. Boston: Belknap Press of Harvard University Press, 1990: 19-25.
[3] ADLER P S. Social capital: prospects for a new concept[J]. Academy of Management Review, 2002, 27(1):17-40.
[4] KUAN K K, ZHONG Y, CHAU P Y. Informational and normative social influence in group-buying: evidence from self-reported and EEG data[J]. Journal of Management Information Systems, 2014, 30(4):151-178.
[5] TSAI W, GHOSHAL S. Social capital and value creation: the role of intrafirm networks[J]. Academy of Management Journal, 1998, 41(4): 464-476.
[6] CHEN C J, HUNG S W. To give or to receive? Factors influencing members' knowledge sharing and community promotion in professional virtual communities[J]. Information & Management, 2010, 47(4):226-236.
[7] 晏国祥.消费体验研究史探[J].北京工商大学学报(社会科学版),2007(4):83-86.
[8] PINE B J, GILMORE J H. The Experience Economy[M]. Boston: Harvard Business School Press, 1999: 48.

H9c：信息质量体验在技术诊断线索与感知信息质量之间具有中介作用。

4.2.3 控制变量

年龄、性别、地域、学科类别、学历层次、学术社交网络访问频率作为控制变量在本章研究中得以控制。控制年龄、性别因素的原因在于不同的年龄和性别可能会影响用户的态度和感知行为[①]；控制学历层次的原因在于前人研究中认为，学历层次不仅会影响用户的在线决策行为，而且可能会影响互联网用户的某些在线行为[②]；控制学术社交网络访问频率的原因在于，不同的访问频率可能意味着用户不同的态度感知和行为倾向[③]。此外，还控制了有可能影响感知行为的用户所在地域和所属学科类别。

4.3 研究方法

4.3.1 研究设计

4.3.1.1 问卷结构与题项内容

本章拟揭示社区环境线索对用户感知信息质量的影响作用，由于测量的是用户的感知和态度，样本总体较大也不易观察，并且是以用户个体为调查对象，基于这三方面前提条件，采用了问卷调查的方法[④]，以获取研究模型需要的相关数据。

1. 问卷设计

在问卷设计上，量表来源选择与本章研究情景近似的国外权威期刊，部分量表题项来自本书第 3 章的定性研究结果。对于外文量表，首先翻译为中文，然后邀请两名博士生进行英汉互译，以保证量表中文表述的准确性和一致性。首先开展了问卷的前测，15 名研究生被邀请参与问卷填写，这 15 名研究生均是学术社交网络的用户，他们的问卷答案及其他反馈作为量表修改完善的依据。由于涉及在 ResearchGate 平台上向国外研究人员进行问卷调查，因此邀请英语专业的一位博士生将中文问卷翻译为英文问卷，同时请本专业英语为母语国家的 3 名留学生初步填写了问卷，并根据学生的填写体验进一步完善和修改问卷的措辞。

2. 题项内容

本章通过参阅大量的相关研究，确定了各个构念的操作化定义，参考历史测量量表与题项，并结合学术社交网络平台的外部环境特征，设计了各个构念的初步测量题项。此外，采取了若干措施以保证问卷对学术社交网络情景的适用性：首先，外在社区环境线索的构

[①] OU C X, PAVLOU P A, DAVISON R M, et al. Swift guanxi in online marketplaces: the role of computer mediated communication technologies[J]. Management Information Systems Quarterly, 2014, 38(1): 209-230.
[②] TEO T S. Demographic and motivation variables associated with internet usage activities[J]. Internet Research, 2001, 11(2): 125-137.
[③] RISHIKA R, KUMAR A, JANAKIRAMAN R, et al. The effect of customers' social media participation on customer visit frequency and profitability: an empirical investigation[J]. Information Systems Research, 2013, 24(1): 108-127.
[④] BABBIE E R. The practice of social research[J]. Contemporary Sociology, 2014, 17(4): 163.

成均来自第 3 章的质性研究结果，第 3 章是通过一对一软式攀梯访谈和网络爬取质性材料的扎根分析获得的研究结果，因而具有较强的可信度；其次，对构念的内涵解释均参考了前人文献，适当修改了部分内涵的措辞，以使其更适合本章研究情景；最后，通过对四位专家的咨询，进一步确定了问卷的效度及提问顺序。构念的定义和测量如下。

1）社区环境线索的定义和测量

社区环境线索是指学术社交网络平台的管理方为了保证和提升社区的信息质量，实施的不同的管控机制和技术保障措施，这些机制和措施对用户而言，可以作为质量判断的外部线索，因为其有助于降低用户对信息质量判断的不确定性[1]。根据第 3 章的攀梯访谈和资料扎根分析结果，将社区环境线索分为平台声誉线索（reputation cues，RC）、管控规则线索（management cues，MC）和技术诊断线索（technical cues，TC），分别使用测量项进行测量。平台声誉线索的测量项为 RC1、RC2 和 RC3，管控规则线索的测量项为 MC1、MC2、MC3 和 MC4，技术诊断线索的测量项为 TC1、TC2 和 TC3（表 4-1）。

2）信息质量期望的定义和测量

信息质量期望（quality expectation，QE）是用户在使用学术社交网络前，对该平台信息质量的初始期望。服务质量的研究表明，质量期望容易受到个体需要和过去经历的影响[2]。用户的个体因素，如动机、需要和态度等均会影响感知信息质量[3]，于是根据第 3 章攀梯访谈的结果及 Man 等研究中关于动机的测量，从三个方面对个体需要（individual needs，IN）进行测量，即使用学术社交网络的动机是出自挑战困难任务，或是与同行交流，或是扩大学术影响力，得分高的表示具有较高的个体需要，反之亦然；过往经历（past experience，PE）的测量围绕学术社交网络的使用种类、熟悉程度和使用时间三个方面展开；信息质量期望根据 Bauer 等[4]及 Ladhari[5]的量表进行适当改编，从四个方面进行测量，所有的题项内容具体见表 4-1。

3）信息质量体验的定义和测量

信息质量体验（quality experience，QEP）是在线用户对学术社交网络信息质量的主观感知过程。Oliver 认为用户的良好评价来自他们对服务的高度认同和承诺[6]，这里的服务也涵盖平台管理方为了保障和提升信息质量而提供的各种信息服务。本章参考 Ahn 等[7]设计的量表并进行适度改编，具体见表 4-1。

4）用户社会资本的定义和测量

社会资本（social capital，SC）是植根于个人或群体社会关系网络中的资源或资产[8]。本

---

[1] ZEITHAML V A. Consumer perceptions of price, quality, and value: a means-end model and synthesis of evidence[J]. Journal of Marketing, 1988, 52(3):2-22.
[2] PARASURAMAN A, ZEITHAML V A, BERRY L L, et al. A conceptual model of service quality and its implications for future research[J]. Journal of Marketing, 1985, 49(4):41-50.
[3] 费显政，刘熠. 个体心理因素与顾客感知服务质量[J]. 经济管理, 2003(18):55-58.
[4] BAUER H H, FALK T, HAMMERSCHMIDT M. eTransQual: a transaction process-based approach for capturing service quality in online shopping[J]. Journal of Business Research, 2006, 59(7):866-875.
[5] LADHARI R. Developing e-service quality scales: a literature review[J]. Journal of Retailing & Consumer Services, 2010, 17(6):464-477.
[6] OLIVER R L. Whence consumer loyalty[J]. Journal of Marketing, 1999, 63(4):33-44.
[7] AHN T, RYU S, HAN I. The impact of web quality and playfulness on user acceptance of online retailing[J]. Information & Management, 2007, 44(3):263-275.
[8] ADLER P S, KWON S. Social capital: prospects for a new concept[J]. Academy of Management Review, 2002, 27(1):17-40.

章采用由 Nahapiet 和 Ghoshal 开发的关于社会资本三个维度的概念框架,即结构维度、关系维度和认知维度[①]。结构维度是指个体的社会关系或网络关系,本章使用改编自 Yli 等的社会交互联系(social interaction ties,SIT)[②]量表测度用户在学术社交网络中的结构维度;关系维度是社区遵循的普遍接受的集体价值观、规范和原则,其中互惠规范是维持社会系统稳定性和承诺性的重要因素,因为其能够建立维系双方责任和权力的信任[③],因而本章采用改编自 Chen 等的互惠规范(reciprocal norm,RN)[④]量表测度用户在学术社交网络中的关系维度;认知维度反映了由共同语言或共同阐释所组成的共同理解,是合作伙伴对行为、目标及政策重要性和恰当性持有的共同信仰的程度[⑤],本章采用改编自 Liao 和 Chou 的共同愿景(shared vision,SV)量表测度学术社交网络中用户的认知维度[⑥]。因此本章将用户社会资本作为二阶构念,使用社会交互联系(SIT)、互惠规范(RN)和共同愿景(SV)三个一阶构念进行测度,具体见表 4-1。

5) 用户感知到的信息质量的定义和测量

用户感知到的信息质量是指用户经过实际使用学术社交网络之后,根据信息质量体验而产生的对其信息质量的最终评价,是用户对信息质量预期与实际感知到的质量间的比较结果,是一种价值感知[⑦]。按照 Kim 和 Oh 的建议[⑧],本章将用户感知到的信息质量(perceived information quality,PIQ)分为内容质量和效用质量,将其设定为二阶构念,通过感知内容质量(perceived content quality,PCQ)和感知效用质量(perceived utility quality,PUQ)两个一阶构念进行度量,题项内容均改编自 Chiu 等研究中使用的量表[⑨],具体见表 4-1。

综上,模型中共涉及 7 个一阶构念、2 个二阶构念。7 个一阶构念包括平台声誉线索(RC)、管控规则线索(MC)、技术诊断线索(TC)、个体需要(IN)、过往经历(PE)、信息质量期望(QE)、信息质量体验(QEP);2 个二阶构念是用户社会资本和用户感知到的信息质量,其中用户社会资本是由社会交互联系(SIT)、互惠规范(NR)和共同愿景(SV)3 个反映型构念构成,用户感知到的信息质量是由感知内容质量(PCQ)和感知效用质量(PUQ)2 个反映型构念构成。采用反映型构念的原因是所有的这些测量项都是构念的表现,并且测量项之间具有共变关系[⑩]。所有问项均采用李克特 7 级量表进行测量。

---

① NAHAPIET J, GHOSHAL S. Social capital, intellectual capital, and the organizational advantage[J]. Academy of Management Review, 1998, 23(2): 242-266.
② YlI-RENKO H, AUTIO E, SAPIENZA H J. Social capital, knowledge acquisition, and knowledge exploitation in young technology-based firms[J]. Strategic Management Journal, 2010, 22(6-7):587-613.
③ GOULDNER A W. The norm of reciprocity: a preliminary statement[J]. American Sociological Review, 1960, 25(2):161-178.
④ CHEN Y C, WU J H, PENG L, et al. Consumer benefit creation in online group buying[J]. Electronic Commerce Research & Applications, 2015, 14(6):499-513.
⑤ YANG S C, FARN C K. Social capital, behavioral control, and tacit knowledge sharing: a multi-informant design[J]. International Journal of Information Management, 2009, 29(3):210-218.
⑥ LIAO S, CHOU E. Intention to adopt knowledge through virtual communities: posters vs lurkers[J]. Online Information Review, 2012, 36(3): 442-461.
⑦ 刘冰. 基于用户体验视角的信息质量反思与阐释[J]. 图书情报工作, 2012, 56(6):74-78.
⑧ KIM S, OH S. Users' relevance criteria for evaluating answers in a social Q&A site[J]. Journal of the American Society for Information Science & Technology, 2009, 60(4):716-727.
⑨ CHIU C M, HSU M H, WANG E T G. Understanding knowledge sharing in virtual communities: an integration of social capital and social cognitive theories[J]. Decision Support Systems, 2006, 42(3):1872-1888.
⑩ CHIN W W, MARCOLIN B L, NEWSTED P R, et al. A partial least squares latent variable modeling approach for measuring interaction effects: results from a Monte Carlo simulation study and an electronic-mail emotion/adoption study[J]. Information Systems Research, 2003, 14(2): 189-217.

最终，共有 39 个题项用于测量构念，6 个题项用于测量人口统计学信息及其他控制变量，从而形成正式问卷。主要构念的测量项目、题项描述和来源见表 4-1。所有问卷中的题项顺序均是随机的，以防止自我报告问卷中共同方法偏差的问题[①]。

表 4-1　构念测度及来源

变量		测项	指标内容	来源
一阶	个体需要	IN1	我使用学术社交网络不仅是为了查询信息，还会被有困难的任务所吸引	第 3 章访谈结果，Man 等，1994[②]
		IN2	我使用学术社交网络主要是与同行交流，对我是有吸引力的	
		IN3	我使用学术社交网络主要是扩大学术影响力，我感到是一种鞭策	
一阶	过往经历	PE1	我曾经使用过几种学术社交网络平台	自行开发
		PE2	我对学术社交网络的熟悉程度	
		PE3	我最近一次使用学术社交网络的时间	
一阶	信息质量期望	QE1	我期望该学术社交网络能够提供较值得信赖的学术信息	Bauer 等，2006[③]；Ladhari，2010[④]
		QE2	我期望该学术社交网络的信息质量管控机制具有一定的作用	
		QE3	我期望该学术社交网络能够有效处理已产生的信息质量问题	
		QE4	总之，我期望学术社交网络能够提供较高质量的学术信息	
一阶	平台声誉线索	RC1	我认为我使用的学术社交网络是一个值得信任的平台	第 3 章访谈结果
		RC2	我认为我使用的学术社交网络具有较好的口碑	
		RC3	我认为我使用的学术社交网络非常了解市场或用户	
一阶	管控规则线索	MC1	我使用的学术社交网络对精华帖有置顶或其他宣传功能	第 3 章访谈结果
		MC2	我使用的学术社交网络具有一定的奖励或激励机制	
		MC3	我使用的学术社交网络能够对信息发布的可靠性实施一定的担保机制	
		MC4	我使用的学术社交网络对成员注册的身份有一定要求	
一阶	技术诊断线索	TC1	我使用的学术社交网络能够监督信息发布	第 3 章访谈结果
		TC2	我使用的学术社交网络能够检测重复内容的帖子信息	
		TC3	我使用的学术社交网络能够监控垃圾信息的发布或转发	
社会资本（SC）二阶	社会交互联系	SIT1	我在学术社交网络上与其他成员保持较为密切的联系	Yli-Renko 等，2010[⑤]
		SIT2	我会在学术社交网络上花费一定的时间浏览查询或参与讨论	
		SIT3	我常与学术社交网络上的成员交流	
		SIT4	我在线下也认识部分学术社交网络上的成员	

[①] PODSAKOFF P M, MACKENZIE S B, LEE J Y, et al. Common method biases in behavioral research: a critical review of the literature and recommended remedies[J]. Journal of Applied Psychology, 2003, 88(5):879-903.
[②] MAN F, NYGARD R, GIESME T, et al. The achievement motives scale (AMS): Theoretical basis and results from a first try-out of a Czech form[J]. Scandinavian Journal of Educational Research, 1994: 209-218.
[③] BAUER H H, FALK T, HAMMERSCHMIDT M. eTransQual: a transaction process-based approach for capturing service quality in online shopping[J]. Journal of Business Research, 2006, 59(7):866-875.
[④] LADHARI R. Developing e-service quality scales: a literature review[J]. Journal of Retailing & Consumer Services, 2010, 17(6):464-477.
[⑤] YLI-RENKO H, AUTIO E, SAPIENZA H J. Social capital, knowledge acquisition, and knowledge exploitation in young technology-based firms[J]. Strategic Management Journal, 2010, 22(6-7):587-613.

续表

变量	测项		指标内容	来源
社会资本(SC)二阶	互惠规范	NR1	我认为向他人提供帮助是公平的	Chen 等,2015[①]
		NR2	我认为如果我需要帮助时,学术社交网络的其他成员也会帮助我	
		NR3	我认为向他人提供帮助是理所当然的	
	共同愿景	SV1	我感觉大家都有帮助他人解决专业问题的共同愿景	Liao 和 Chou,2012[②]
		SV2	我感觉大家都有互相学习的共同目标	
		SV3	我感觉大家都有助人为乐的价值观	
			我不愿意成为学术社交网络的成员(反向题)	
一阶	信息质量体验	QEP1	如社区管控规则所承诺的,我使用的学术社交网络的信息质量能够得到保证	Ahn 等,2007[③]
		QEP2	平台声誉和社区管控规则增强了用户信心,降低了不确定性	
		QEP3	社区管控规则展现了学术社交网络信息质量控制的专业性和优势性	
感知信息质量(PIQ)二阶	感知内容质量	PCQ1	我认为我使用的学术社交网络所提供的信息内容是准确的	Chiu 等,2006[④]
		PCQ2	我认为我使用的学术社交网络所提供的信息内容是可靠的	
		PCQ3	我认为我使用的学术社交网络所提供的信息内容是相关的	
	感知效用质量	PUQ1	我认为使用学术社交网络是有用的	Chiu 等,2006
		PUQ2	我认为使用该学术社交网络是有帮助的	
		PUQ3	我认为使用学术社交网络开展学术研究是有效的	

4.3.1.2 样本来源和抽样方法

前人关于虚拟社区成员参与关系的元分析的研究结论表明,不同的国家背景,个体认知专注与虚拟社区参与关系表现并不一致,表明不同文化背景的个体内在动机存在差异,被试对象的国家背景特征调节效应显著[⑤]。因此,一个具有代表性的虚拟社区研究应该考虑全球化的被试对象样本,所以作为一个对全球研究人员的感知信息质量的调查,本章对样本来源和抽样方案进行了详细设计。

考虑到研究对象为学术社交网络中的用户,因此问卷发放均是在学术社交网络平台上完成,在国内样本选择上,笔者在国内用户较为活跃的学术社交网络平台上通过虚拟币奖励的方式发放问卷,涉及人大经济论坛、小木虫、丁香园、科学网和零点花园五个国内学术社交网络平台,要求学历层次为研究生及以上人员才能填写。

[①] CHEN Y C, WU J H, PENG L, et al. Consumer benefit creation in online group buying[J]. Electronic Commerce Research & Applications, 2015, 14(6):499-513.
[②] LIAO S, CHOU E. Intention to adopt knowledge through virtual communities: posters vs lurkers[J]. Online Information Review, 2012, 36(3): 442-461.
[③] AHN T, RYU S, HAN I. The impact of web quality and playfulness on user acceptance of online retailing[J]. Information & Management, 2007, 44(3):263-275.
[④] CHIU C M, HSU M H, WANG E T G. Understanding knowledge sharing in virtual communities: an integration of social capital and social cognitive theories[J]. Decision Support Systems, 2006, 42(3):1872-1888.
[⑤] 张宁,袁勤俭,朱庆华.个体认知专注与虚拟社区参与关系的元分析[J].情报学报,2018,37(2):161-171.

在国外样本选择上，笔者选择全球最有影响力的学术社交网络平台 ResearchGate 上的研究人员作为受访对象，通过一对一的方式向受访对象发放问卷。ResearchGate 于 2008 年由内科医生 Ijad Madisch、Sören Hofmayer 博士和计算机科学家 Horst Fickenscher 创建，目前已拥有超过来自全球的 1500 万注册的学术成员[①]，当前已经成为使用最多的在线学术社交平台之一[②]。同时 ResearchGate 也是一个社交网络服务平台，因为它允许成员通过跟踪实现彼此连接。此外，它鼓励研究人员进行讨论和提问以支持成员之间的交互[③]。为了更好地实现受访研究人员的学科多样化，本书对 ResearchGate 上的所有 23 个学科进行了抽样调查(详见附录 C 中的 C-1)。

中英文问卷均经过超过 100 人的预测试。在预测试阶段，通过对具有学术社交网络使用经历的用户采取焦点小组访谈方式，讨论了问卷的长度、量表及语义等问题，证明问卷不存在语义模糊的情况，确定问卷可以进行正式发放。样本量采取"至少 10 倍于问项的法则"[④]。问卷收集时间为 2018 年 7 月 13 日至 2018 年 9 月 4 日。中文问卷共收集 215 份，去除无效问卷(回答时间过短、答题选项完全重复和反向题测试失败)之后，有效问卷为 181 份。需要特别指出的是，在 ResearchGate 上发放问卷共计 1298 份，回收问卷 346 份，去除答题选项完全重复和反向题测试失败的无效问卷之后，共得到有效问卷 331 份，虽然回复率仅在 25%左右，但对于采用邮件方式的问卷调查，也基本属于一个合理的回复水平[⑤][⑥]。综合中英文有效问卷，本章研究的最终调查样本为 512 份。

4.3.2　数据分析

4.3.2.1　描述性统计分析

1. 回收样本基本数据分析

国外样本的问卷发放中，本书对 ResearchGate 上的 23 个学科进行了抽样调查，回收样本数据涉及全球 71 个国家，广泛分布在亚洲、欧洲、北美洲、南美洲、非洲和大洋洲。按照频次统计，人员分布排名前十的国家依次为美国、印度、德国、伊朗、英国、巴基斯坦、澳大利亚、尼日利亚、加拿大和伊拉克，如图 4-2 所示。

[①] About us[EB/OL]. (2017-12-23)[2018-7-12]. https://www.researchgate.net/about.
[②] VAN NOORDEN R. Online collaboration: scientists and the social network[J]. Nature, 2014, 512(7513):126-129.
[③] ORDUNA M E, MARTIN M A, THELWALL M et al. Do ResearchGate scores create ghost academic reputations?[J]. Scientometrics, 2017, 112(1): 443–460.
[④] BARCLAY D, HIGGIN C S, THOMPSON R. The partial least squares (PLS) approach to causal modelling: personal computer adoption and use as an illustration[J]. Technology Studies, Research Methodology, 1995, 2(2): 285-309.
[⑤] FROHLICH M T. Techniques for improving response rates in OM survey research[J]. Journal of Operations Management, 2002, 20(1):53-62.
[⑥] CHILDERS T L, PRIDE W M, FERRELL O C. A reassessment of the effects of appeals on response to mail surveys[J]. Journal of Marketing Research, 1980, 17(3):365-370.

第4章 学术社交网络中用户感知信息质量的社区环境线索研究

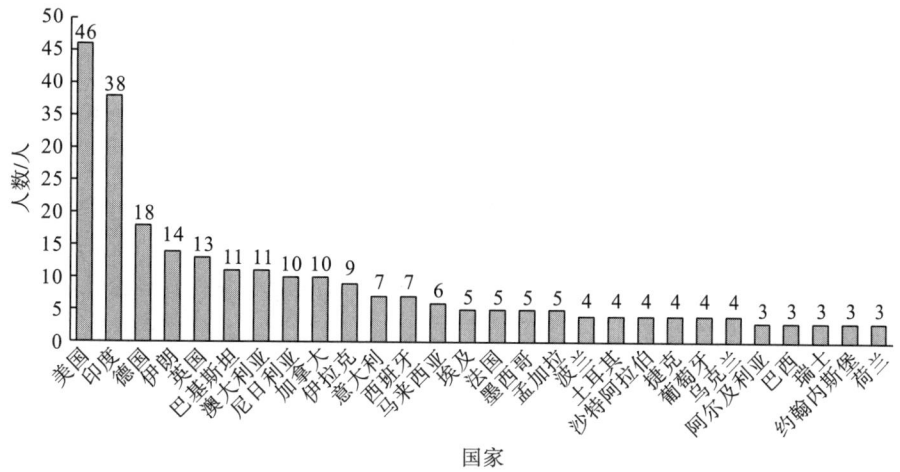

图 4-2 ResearchGate 平台上受调查人员的国家分布

注：图中仅显示人员分布超过 3 人的国家，此外还有个别成员分布在保加利亚、菲律宾、哥伦比亚、韩国、挪威、日本、斯里兰卡、也门、印度尼西亚、约旦、越南、新西兰、黎巴嫩、委内瑞拉、乌拉圭、突尼斯、新加坡、阿联酋、巴塞罗那、贝宁、布达佩斯、丹麦、厄瓜多尔、芬兰、格鲁吉亚、基多、加纳、喀麦隆、克罗地亚、立陶宛、南非、塞尔维亚、斯洛伐克、斯洛文尼亚、文莱、希腊、匈牙利、牙买加、埃塞俄比亚、比利时、摩洛哥和叙利亚共计 43 个国家。

由于涉及国外和国内两个数据样本集，对两个数据集进行了基于人口统计学(性别、年龄、学历层次、过去使用经历)的 t 检验比较，结果显示国外和国内样本在人口统计学报告上并无差异，因此将国外样本数据和国内样本数据进行合并整体分析，有效问卷共计 512 份。表 4-2 总结了最终样本的受访者人口统计特征。

表 4-2 调查样本的人口统计特征

人口变量		频次 (N=512)	百分比/%	人口变量		频次 (N=512)	百分比/%
性别	男	369	72.1	地域	亚洲	303	59.2
	女	143	27.9		欧洲	95	18.6
年龄	≤30 岁	150	29.3		北美洲	55	10.7
	31~35 岁	86	16.8		南美洲	16	3.1
	36~40 岁	73	14.2		非洲	30	5.9
	41~45 岁	50	9.8		大洋洲	13	2.5
	≥46 岁	153	29.9	学科	自然科学	114	22.3
学历	硕士研究生	95	18.6		农业科学	21	4.1
	硕士	90	17.6		医药科学	41	8.0
	博士研究生	56	10.9		工程和信息技术科学	113	22.1
	博士	271	52.9		人文和社会科学	223	43.5

由表 4-2 所知，学术社交网络的用户中，男性比例为 72.1%，女性比例为 27.9%，男性比例远远高于女性，这与多位学者的研究结论一致。Gemma 和 Ángel 发现基本上 3/5 的学术

社交网络用户是男性[1]。类似地，2014 年 You 发表在 *Science* 上的研究也证明了男性科学家在 Twitter 中的显著表现，50 个跟随关系中仅有 4 位女性科学家[2]，表明从事科研的女性数量较少。由于学术社交网络的特质性，受访对象基本上为受教育层次较高的研究人员，其中 52.9%的人员具有博士学位，多数为独立研究人员。由于便利抽样，学科人数分布从多到少依次为人文和社会科学、自然科学、工程和信息技术科学、医药科学和农业科学。

2. 人口统计特征与感知信息质量的关系分析

学术社交网络的感知信息质量是用户根据平台提供的信息内容和自身体验对信息质量高低的感知，为验证被调查者人口统计特征是否与信息质量的感知存在联系，本章对人口统计变量和感知信息质量进行多元线性回归。多元线性回归中，所有纳入回归分析的变量必须是连续变量，而在本章研究中存在几种人口统计特征变量为分类变量，因此需要把人口统计特征变量处理成连续变量[3]。具体处理方法为将分类变量转化为虚拟变量(若题项有 K 个水平，则需要 K-1 个虚拟变量)，由此将性别变量中的男性设置为 1，女性设置为 0。类似地，将地区转化为 5 个虚拟变量，年龄和学科各自转化为 4 个虚拟变量，学历层次转化为 3 个虚拟变量，并将转化后的虚拟变量与感知信息质量(PIQ)进行多元线性回归分析，结果见表 4-3。

表 4-3 感知信息质量与人口统计特征变量的回归分析结果

模型		非标准化系数 B	标准误差	标准系数 β	t	Sig.
	常量	5.78	0.14		41.70	0.00
性别	男性&女性	-0.08	0.09	-0.04	-0.86	0.39
年龄	31~35 岁&30 岁及以下	0.21	0.13	0.08	1.57	0.12
	36~40 岁&30 岁及以下	0.10	0.14	0.04	0.69	0.49
	41~45 岁&30 岁及以下	0.09	0.16	0.03	0.56	0.57
	46 岁及以上&30 岁及以下	-0.07	0.13	-0.03	-0.49	0.62
学历	硕士&硕士研究生	-0.23	0.14	-0.09	-1.61	0.11
	博士研究生&硕士研究生	-0.12	0.16	-0.04	-0.72	0.47
	博士&硕士研究生	-0.29	0.14	-0.16	-2.13	**0.03**
地域	欧洲&亚洲	-0.28	0.12	-0.12	-2.32	**0.02**
	北美洲&亚洲	-0.20	0.15	-0.07	-1.32	0.19
	南美洲&亚洲	0.29	0.24	0.05	1.19	0.23
	非洲&亚洲	-0.04	0.18	-0.01	-0.22	0.82
	大洋洲&亚洲	-0.59	0.27	-0.10	-2.23	**0.03**
学科	农业科学&自然科学	-0.15	0.22	-0.03	-0.67	0.50
	医药科学&自然科学	0.22	0.17	0.06	1.29	0.20
	工程和信息技术科学&自然科学	-0.10	0.12	-0.04	-0.80	0.43
	人文和社会科学&自然科学	-0.04	0.11	-0.02	-0.33	0.74

注：因变量为感知信息质量(PIQ)，模型 R^2=0.049，模型显著性 P=0.001。

---

[1] GEMMA N, ÁNGEL B. Use of social networks for academic purposes: a case study[J]. Electronic Library, 2013, 31(6): 781-791.
[2] YOU J. Who are the science stars of Twitter[J]. Science, 2014, 345(6203):1440-1441.
[3] 邱皓政. 统计原理与分析技术[M]. 台北: 双叶书廊出版社, 2017: 25.

根据表 4-3 中的数据可知,感知信息质量(PIQ)与学术社交网络用户人口统计特征变量的回归分析模型显著性检验 P 值为 0.001,小于 0.05,表示人口统计特征变量对用户感知信息质量的整体变异解释达到显著水平,即用户的人口统计特征变量对感知信息质量具有一定的影响关系。具体从人口统计特征变量与感知信息质量的回归系数显著性来看,部分学历层次和地域分布的指标达到显著,如博士&硕士研究生、欧洲&亚洲、大洋洲&亚洲对用户感知信息质量的回归系数呈现统计显著,分别为 $-0.29(P=0.03<0.05)$、$-0.28(P=0.02<0.05)$ 和 $-0.59(P=0.03<0.05)$,表示相对于博士,硕士研究生的感知信息质量更高,相对于欧洲和大洋洲的用户,亚洲用户的感知信息质量更高。

3. 研究变量的初步分析

计算样本数据的描述统计量见表 4-4,从表中数据可知,测量题项的标准差为 [0.83, 1.82],表示没有极端情况,数据得分差异较小,样本数据分布较为合理。其中最小的测量题项均值对应过往经历,体现被调查者对学术社交网络的使用并不如其他社交网络深入和频繁。正态分布检验使用科尔莫戈罗夫-斯米尔诺夫(Kolmogorov-Smirnov,KS)检验的方法,结果显示每个测量题项的样本数据均不符合正态分布。

表 4-4 样本数据的描述统计量

测量题项	N	均值	标准差	偏度	峰度
PE1	512	2.97	1.03	−1.06	−0.49
PE2	512	2.92	0.99	−0.93	−0.36
PE3	512	2.82	1.65	−0.74	−0.46
IN1	512	4.70	1.49	−0.43	−0.43
IN2	512	4.78	1.53	−0.48	−0.46
IN3	512	6.05	1.12	3.61	−1.64
QE1	512	5.71	1.22	1.24	−1.04
QE2	512	5.67	1.26	1.03	−1.07
QE3	512	6.13	1.13	4.14	−1.79
QE4	512	5.76	1.05	1.99	−1.15
RC1	512	5.84	1.02	2.29	−1.17
RC2	512	5.05	1.20	0.19	−0.40
RC3	512	4.99	1.39	−0.12	−0.52
MC1	512	4.91	1.46	−0.14	−0.56
MC2	512	4.67	1.45	−0.16	−0.46
MC3	512	4.92	1.50	−0.24	−0.62
MC4	512	4.77	1.47	−0.14	−0.57
TC1	512	4.76	1.48	−0.56	−0.14
TC2	512	4.31	1.57	−0.20	−0.27
TC3	512	4.26	1.67	−0.89	−0.24
SIT1	512	4.90	1.48	−0.23	−0.68
SIT2	512	4.22	1.63	−0.81	−0.23
SIT3	512	4.26	1.82	−1.05	−0.21

续表

测量题项	N	均值	标准差	偏度	峰度
SIT4	512	6.01	1.04	2.20	-1.29
NR1	512	5.64	1.13	1.16	-0.99
NR2	512	5.93	1.24	2.60	-1.51
NR3	512	5.63	1.23	1.24	-1.08
SV1	512	5.59	1.24	1.24	-1.06
SV2	512	5.37	1.30	0.41	-0.85
SV3	512	1.62	0.83	1.34	1.37
SV4	512	5.22	1.15	0.51	-0.68
QEP1	512	5.42	1.12	0.56	-0.73
QEP2	512	5.18	1.23	-0.04	-0.51
QEP3	512	5.38	1.12	1.52	-1.13
PCQ1	512	5.45	1.08	1.28	-0.98
PCQ2	512	5.36	1.14	1.25	-1.03
PCQ3	512	5.55	1.17	0.81	-0.97
PUQ1	512	5.59	1.18	1.57	-1.11
PUQ2	512	5.35	1.26	1.26	-1.07
PUQ3	512	2.97	1.03	-1.06	-0.49

4. 样本无回应偏差

由于基于网络的问卷调查易产生无回应偏差[①]，按照 Armstrong 和 Overton 推荐的无回应偏差检查方法[②]，通过对最先回复的 10%的问卷和最后回复的 10%问卷进行比较，t 检验结果表明两组均无显著差别，因此认为此样本未受到无回应偏差的影响。

4.3.2.2 探索性因子分析

因本书研究参考了先前学者的量表，且关于社区环境线索的量表是自己开发的，并且经过预调查修正了题项后，已与原本量表的构念有所出入，故进行探索性因素分析（exploratory factor analysis, EFA），以使因素结构得以简化且更易解释，利于后期的数据分析和理解。

关于探索性因子分析所需要的样本数量，当样本量是测量题项的 5～10 倍时，探索性因子分析的因子结构则会较为稳定，因子分析过程提取的共同因子才会比较接近研究者的理论预设[③]。本章研究中的测量题项数量为 39 个，样本数量已经超过其测量题项数量的 10 倍，因而在样本数量上能保证探索性因子分析的稳定性。

在 SPSS 软件中，进行探索性因子分析（结果见表 4-5、表 4-6），旋转 12 次迭代后达到收敛。KMO 值为 0.906（KMO>0.7），KMO 的值越接近 1，证明变量间的相关性越强，

[①] ROZTOCKI N. Using internet-based surveys for academic research: opportunities and problems[C]// Proceedings of the American Society of Engineering Management National Conference, Huntsville. 2001: 290-295.
[②] ARMSTRONG J S, OVERTON T S. Estimating nonresponse bias in mail surveys[J]. Journal of Marketing Research, 1977, 14(3): 396-402.
[③] 吴明隆. 问卷统计分析实务——SPSS 操作与应用[M]. 重庆：重庆大学出版社, 2010: 207-208.

由此说明该样本使用探索性因子分析是适合的。此外，Bartlett 球形检验结果中显示显著性 P 值小于 0.0005，表明该样本数据中存在共同因子，总体效度达到满意水平，可以进行因子分析[①]。

随后，采取主成分分析方法进行探索性因子分析，抽取出来的 8 个公共因子共解释了 39 个变量的 67.57%，达到了探索性因子分析对总体方差贡献率的最低要求（＞60%），选取最大方差法进行正交旋转，在旋转成分矩阵中发现 39 个变量中，RC3（非常了解用户）在 8 个公共因子上的载荷分别为 0.382、0397、0141、0.277、0.029、0.202、-0.021、0.045，其载荷值均不达到 0.4，效度不好，因此予以删除。

删除 RC3 变量后，将剩余 38 个变量进行第 2 次 EFA，在 14 次迭代中达到收敛。KMO 为 0.9，Bartlett 的显著性 P 值小于 0.0005。此时，抽取出来的 8 个共同因子共解释了 38 个变量的 68.30%，解释总方差见表 4-5，大于第 1 次 EFA 时的累积贡献率（67.57%）。

表 4-5 探索性因子分析的解释总方差

成分	初始特征值 合计	方差/%	累积/%	提取平方和载入 合计	方差/%	累积/%	旋转平方和载入 合计	方差/%	累积/%
1	11.08	29.94	29.94	11.08	29.94	29.94	4.96	13.42	13.42
2	3.98	10.77	40.70	3.98	10.77	40.70	4.60	12.42	25.84
3	2.41	6.52	47.22	2.41	6.52	47.22	3.47	9.39	35.23
4	2.02	5.45	52.68	2.02	5.45	52.68	3.34	9.03	44.26
5	1.95	5.26	57.94	1.95	5.26	57.94	3.18	8.60	52.85
6	1.53	4.14	62.08	1.53	4.14	62.08	2.02	5.47	58.32
7	1.23	3.33	65.41	1.23	3.33	65.41	1.88	5.08	63.40
8	1.07	2.89	68.30	1.07	2.89	68.30	1.81	4.90	68.30
…	…	…	…	…	…	…	…	…	…

旋转成分矩阵见表 4-6，可以清晰地看见，在抽取的 8 个公共因子上，各项指标变量均有较一致的维度分类。

经过第 2 次探索性因子分析后，从表 4-6 中的因子载荷可知，虽然 QEP1（信息质量承诺）、QEP2（增强用户信心）、QEP3（信息质量控制的专业性）、RC1（平台值得信任）和 RC2（具有较好的口碑）的因素负荷在 0.45 左右，但学者指出，若该测量题项归属的共同因子能符合研究者前期设立的理论结构，可自行判别该题项变量是否删除，允许对该测量题项予以保留[②]。因此我们保留了这 5 个测量题项，并将其划分为第一个因子。从 8 个公因子包含的测量题项来看，分析结果基本与理论预设一致，8 个公因子分别涵盖了声誉和信息质量、管控规则和技术诊断线索、信息质量期望、互惠规范、社会交互联系、个体需要、共同愿景和过往经历 8 个维度的测量题项。

[①] 宋明秋，陈冬浩，李文立. 安全系统开发同化影响因素研究[J]. 信息系统学报，2014(1):59-68.
[②] 吴明隆. 问卷统计分析实务——SPSS 操作与应用[M]. 重庆：重庆大学出版社，2010:485.

表 4-6　探索性因子分析-旋转成分矩阵

测量项	成分 1	2	3	4	5	6	7	8
PCQ1	**0.68**	0.05	0.21	0.27	0.21	-0.06	0.02	0.00
PCQ2	**0.77**	0.09	0.16	0.26	0.16	-0.03	-0.04	0.00
PCQ3	**0.80**	0.14	0.10	0.10	0.01	0.02	0.16	0.01
PUQ1	**0.79**	0.23	0.17	-0.02	-0.06	0.15	0.21	0.02
PUQ2	**0.78**	0.24	0.17	0.00	-0.06	0.14	0.24	-0.01
PUQ3	**0.68**	0.15	0.00	-0.21	0.00	0.27	0.24	0.00
QEP1	**0.46**	0.39	0.18	0.45	0.08	0.01	-0.07	0.01
QEP2	**0.42**	0.43	0.22	0.41	0.11	-0.05	-0.03	-0.01
QEP3	**0.44**	0.50	0.22	0.35	0.03	0.02	-0.01	-0.06
RC1	**0.42**	0.27	0.44	0.39	0.15	0.20	-0.02	0.01
RC2	**0.44**	0.23	0.35	0.41	0.15	0.21	-0.09	0.04
MC1	0.26	**0.65**	0.26	-0.07	-0.05	0.07	0.12	0.08
MC2	0.14	**0.61**	0.20	-0.05	0.00	0.09	0.15	0.16
MC3	0.23	**0.69**	0.23	0.04	0.10	0.16	0.03	0.00
MC4	0.10	**0.62**	0.11	0.03	0.12	0.19	0.05	-0.13
TC1	0.22	**0.76**	0.15	0.05	0.01	0.05	0.08	-0.09
TC2	0.03	**0.75**	0.01	-0.03	0.05	0.01	0.06	-0.03
TC3	0.01	**0.77**	-0.01	0.11	-0.01	-0.07	0.03	0.00
QE1	0.19	0.17	**0.77**	0.16	0.03	0.18	0.06	0.00
QE2	0.15	0.18	**0.78**	0.07	0.01	0.05	0.10	0.03
QE3	0.15	0.20	**0.83**	0.05	0.01	0.02	0.12	-0.01
QE4	0.18	0.14	**0.81**	0.14	-0.06	0.13	0.06	-0.02
NR1	0.08	-0.05	0.11	**0.77**	0.15	0.13	0.23	0.04
NR2	0.14	0.09	0.11	**0.74**	0.21	0.13	0.21	0.00
NR3	-0.01	-0.12	0.08	**0.76**	0.27	0.13	0.26	0.03
SIT1	0.04	0.12	0.00	0.11	**0.85**	0.09	0.06	0.04
SIT2	0.14	0.09	0.06	0.16	**0.79**	0.14	0.01	0.01
SIT3	0.00	0.06	0.00	0.15	**0.84**	0.18	0.13	0.05
SIT4	0.04	-0.09	-0.06	0.18	**0.76**	0.19	0.09	0.13
IN1	0.17	0.12	0.10	0.14	0.12	**0.76**	-0.06	0.03
IN2	0.10	0.09	0.15	0.06	0.29	**0.64**	0.11	0.03
IN3	0.00	0.08	0.11	0.15	0.21	**0.71**	0.07	0.07
SV1	0.25	0.14	0.09	0.45	0.17	0.13	**0.63**	-0.03
SV2	0.27	0.25	0.20	0.30	0.11	0.06	**0.72**	0.01
SV3	0.26	0.16	0.16	0.31	0.20	-0.01	**0.69**	-0.08
PE1	0.02	-0.04	0.01	0.06	0.11	0.05	-0.02	**0.92**
PE2	-0.01	-0.01	0.00	-0.01	0.07	0.06	-0.04	**0.93**

4.3.2.3 样本的正态性检验

在进行结构方程建模前需要对样本数据进行正态分布检验。表 4-4 中的描述性统计分析显示了题项的偏度系数和峰度系数,根据偏度系数、峰度系数及其标准误,计算各系数与标准误之间的比值,发现多数比值的绝对值大于 1.96,只有少数几个测量项小于 1.96,不能完全确定样本是否符合正态分布。由此继续采用非参数检验方法中的 Kolmogorov-Smirnov 方法来检验并明确样本数据是否符合正态分布,结果显示显著性水平 $P<0.0005$,拒绝零假设,说明样本不符合正态分布。

由于测量题项的样本数据不符合正态样本分布,为了检验本章的测量模型和结构模型,本章研究采用了 SmartPLS 软件的偏最小二乘法的结构方程模型。该模型的分析技术主要是探测或预测性的,在因果模型的潜变量关系处理上要优于一般的线性结构关系模型。Urbach 和 Ahlemann 通过统计管理类顶级期刊 *MIS Quarterly* 和 ISR(*Information Systems Research*)发表的论文,发现使用 PLS 计算方法的论文越来越多[1],呈现增长趋势。PLS 具有的优点如下:①适合分析多个因变量与多个自变量;②可以解决多变量共线性的问题;③稳健地处理干扰变量与遗失值;④反应变量对潜在变量有很强的预测能力;⑤可以同时处理反应性指标(reflective indicator)和形成性指标(formative indicator);⑥适用于小样本,小样本时也可以获得不错的估计求解;⑦不受数据资料分布的限制[2],是在无分布情形下以回归分析技术进行估计求解。因此,基于 PLS 良好的预测与解释能力,本章采用 SmartPLS 软件作为数据分析的主要方法,以 Bootstrap 反复抽样法抽取 1000 个样本作为参数估计与推断。

PLS 模型分析与诠释有两个步骤,一是检验测量模型的信效度,二是检测结构模型的路径系数的显著性与预测能力。

4.3.2.4 测量模型分析

测量模型(measurement models)检验了潜在变量与观察变量之间的关系。本章针对各测量模型的参数进行估计,检验各个变量与构念的信度与效度。

1. 信度分析

信度(reliability)的计算是量表真实得分与观察得分的方差比。值得说明的是,信度表现为量表得分的特征或结果,并非量表的内容本身,因此较高信度结果的问卷只能表明该量表的测量得分是可信的[3]。信度的可靠性是指反映回答者对同一变量响应的一致性程度。一般地,问卷效度的衡量方法主要有以下 4 种:内部一致性信度(internal consistency)、复本信度(composite reliability)、重测信度(test-retest reliability)及复本再测信度(alternate-form retest reliability)。目前多数信息管理领域的学者都采用内部一致性的信度系数计算方法,即 Cronbach's α 系数。使用该方法计算,操作较为简易有效,其衡量标准

---

[1] URBACH N, AHLEMANN F. Structural equation modeling in information systems research using partial least squares[J]. The Journal of Information Technology Theory and Application, 2010, 11(2): 26-41.
[2] PIROUZ D M. An Overview of Partial Least Squares[M]. Social Science Electronic Publishing, 2006: 34-59.
[3] 吴明隆. SPSS 统计应用实务[M]. 北京: 科学出版社. 2003: 91.

应根据使用情景和研究目的而定,若是测试性的不成熟量表,此时 Cronbach's α 系数达到 0.5~0.6 即可;若是用于基础性研究的量表,要求较为宽松,系数需要大于 0.8;若是用于量表工具开发,则系数一般需要大于 0.9。

将问卷数据导入 SPSS,测度 39 个问卷测量项的信度,其问卷整体的 Cronbach's α 系数为 0.922。同时通过结构方程模型的验证性因子分析对各个题项的信度进行计算,发现各个构念的 Cronbach's α 系数均大于 0.7 且达到显著性水平($P<0.05$),表明各个测量题项及问卷整体具有较好的可靠性,本章所测量的各个项目之间具有较好的内部一致性。

2. 效度分析

效度(validity)反映问卷结果的有效性,即量表测度内容的测量能力。效度条件的满足需要真实测量出研究目的所需的构念,并且能正确无误地测量出该构念。一般地,效度可分为内容效度、收敛效度和区别效度。

1) 内容效度

内容效度(content validity)是指测量工具内容的适切性,若测量内容涵盖所要探讨的研究架构及内容,则具有较好的内容效度。本章的问卷内容题项以理论为基础,基于前面章节扎实的攀梯访谈和资料扎根分析,并参考其他学者类似研究所使用的题项并加以修订,同时经过了学术专家和同行的讨论,因此依据前述准则,认定本问卷的测量工具符合内容效度的要求,具有一定的内容效度。

2) 收敛效度

收敛效度(convergent validity)是衡量测量构念组合能够正确反映该构念的程度,构念内部测量项目检验结果的相关性越强,则收敛效度越高。Hair 等提出必须考虑单个题项的信度、潜变量组合信度(composite reliability CR)与潜变量的平均方差萃取量(average variance extracted,AVE)三项指标[1],若此三项指标均符合,则表示该研究具有收敛效度。具体地,测量构念的内部一致性信度,使用 Cronbach's α 系数,一般而言 Cronbach's α 系数至少大于 0.5,实证研究中最好大于 0.7[2],各个测量题项的因素负荷大于 0.5,组合信度(CR)大于 0.7,平均方差萃取量(AVE)大于 0.5[3],表示可以接受的水平。组合信度和 Cronbach's α 系数的阈值定为 0.7,在已往的多数信息系统文献中得以广泛使用[4][5]。

为了获取标准化因子载荷,对本章研究的样本数据开展了验证性因子分析,从表 4-7 可知,过往经历测量指标 PE3 的因素负荷小于 0.5,不符合要求,予以删除,重新计算标准化因素载荷值、组合信度(CR)值、平均方差萃取量(AVE)和 Cronbach's α 系数,各类信度系数都在可接受的范围之内,表示删除 PE3 是符合统计需要的。从 PE3 的题项内容上看,由于研究人员的研究具有较大的自由度和不同的生命周期规律,"我最近一次使用

---

[1] HAIR J F, RINGLE C M, SARSTEDT M. PLS-SEM: indeed a silver bullet[J]. Journal of Marketing Theory & Practice, 2011, 19(2):139-152.
[2] NUNNALLY J C. Psychometric Theory[M]. 2nd Edition. New York: McGraw-Hill, 1978:196-201.
[3] FORNELL C, LARCKER D F. Evaluating structural equation models with unobservable variables and measurement error[J]. Journal of Marketing Research, 1981, 18(1): 39-50.
[4] MA M, AGARWAL R. Through a glass darkly: information technology design, identity verification, and knowledge contribution in online communities[J]. Information Systems Research, 2007, 18(1): 42-67.
[5] WASKO M M, FAFAJ S. Why should I share? Examining social capital and knowledge contribution in electronic networks of practice[J]. Management Information Systems Quarterly, 2005, 29(1): 35-57.

学术社交网络的时间"并不能真实体现过往经历差异。

表 4-7　收敛效度统计结果

潜变量	测量题项	因素负荷量	CR	AVE	Cronbach's α
PE	PE1	0.99	0.86	0.76	0.87
	PE2	0.73			
	PE3	0.46			
IN	IN1	0.81	0.84	0.63	0.71
	IN2	0.81			
	IN3	0.76			
MC	MC1	0.84	0.87	0.64	0.81
	MC2	0.77			
	MC3	0.85			
	MC4	0.74			
RC	RC1	0.95	0.94	0.89	0.87
	RC2	0.94			
TC	TC1	0.87	0.89	0.72	0.81
	TC2	0.83			
	TC3	0.84			
QE	QE1	0.86	0.92	0.77	0.85
	QE2	0.82			
	QE3	0.87			
	QE4	0.87			
QEP	QEP1	0.86	0.92	0.66	0.90
	QEP2	0.89			
	QEP3	0.88			
SC	SIT1	0.51	0.89	0.52	0.88
	SIT2	0.55			
	SIT3	0.55			
	SIT4	0.50			
	NR1	0.70			
	NR2	0.75			
	NR3	0.70			
	SV1	0.82			
	SV2	0.79			
	SV3	0.78			
PIQ	PCQ1	0.77	0.92	0.66	0.90
	PCQ2	0.83			
	PCQ3	0.85			
	PUQ1	0.87			
	PUQ2	0.86			
	PUQ3	0.69			

3) 区别效度

区别效度(discriminate validity)又称建构效度，表示不同构念之间的差异性，差异越大，则区别效度越高。通常使用平均方差萃取量(AVE)的值和相关系数来检验区别效度，AVE 的值应大于构念之间相关系数的平方值。此外，还可以通过构念之间的相关系数大小来判断区别效度，两个构念的相关系数不能大于 0.85，否则表明两个构念的区别效度欠佳。利用 Smart PLS 的统计分析过程获取区别效度的统计结果见表 4-8。

表 4-8 区别效度检验结果

	IN	QEP	QE	RC	PIQ	TC	SC	MC	PE
IN	0.79								
QEP	0.27	0.88							
QE	0.32	0.47	0.86						
RC	0.40	0.59	0.56	0.94					
PIQ	0.28	0.59	0.43	0.57	0.81				
TC	0.13	0.36	0.22	0.24	0.23	0.92			
SC	0.42	0.51	0.36	0.53	0.46	0.18	0.67		
MC	0.29	0.53	0.44	0.46	0.45	0.51	0.31	0.80	
PE	0.13	0.03	0.01	0.09	0.02	-0.04	0.09	0.00	0.87

表 4-8 中对角线是 AVE 的平方根，非对角线是各个构念之间的相关系数。各构念的 AVE 值均大于构念间的共享变异值，表示各构念潜变量的平均方差萃取量的平方根大于相关系数，故表示各构念之间存在较大差异，应为不同的构念，并且各构念之间的相关系数均小于 0.85，说明本章调查所用量表具有较好的区别效度。

4) 多重共线性检验

多重共线性(multicollinearity)（简称"共线性"）是指解释变量在回归模型中高度相关，回归系数的估计可能出现严重的误差，从而影响回归模型估计的准确度。虽然多重共线性影响了模型估计，但是回归分析中的自变量又不可能完全不相关，因此对于每个回归分析的解释变量，需要计算一个"变异膨胀系数"，也称方差膨胀因子(variance inflation factor，VIF)，VIF 越高，多重共线性越严重[①]。为了估计本章各构念之间是否存在多重共线性的可能，使用 VIF 对模型进行检验，结果显示构念的 VIF 值为 1.36~4.73，低于 Hair 等建议的阈值 10[②]，因此表明本章研究中不存在多重共线性的问题。

5) 共同方法偏差检验

共同方法偏差(common method biases)是由于同源的数据来源或数据评分者，以及同样的测量语境造成解释变量与被解释变量之间人为的共变。鉴于本章问卷中的所有问题均是由同一个用户所回答，因此为了防止共同方法偏差带来的系统误差，采用 Harman 的单因子方法检验[③]。Harman 认为单个因子对所有方差变异的解释不能超过 50%，否则就有极

[①] 罗胜强. 管理学问卷调查研究方法[M]. 重庆：重庆大学出版社, 2014: 115.
[②] HAIR J F, BLACK W C, BABIN B J, et al. Multivariate Data Analysis[M]. NY: Pearson, 2010: 251.
[③] PODSAKOFF P M, MACKENZIE S B, LEE J, et al. Common method biases in behavioral research: a critical review of the literature and recommended remedies[J]. Journal of Applied Psychology, 2003, 88(5): 879-903.

高的共同方法偏差的风险[1]。本章研究的因子分析结果显示,并没有任何因子显著地主要解释所有的方差变异,其中最有影响的第一个因子也仅解释了全部方差变异的 29.7%。另外一个排除共同方法偏差风险的是变量之间并没有极高的相关关系(表 4-8)[2]。因此,本章研究中并不存在严重的共同方法偏差的问题。

4.3.2.5 结构模型分析

结构模型(structural model)检验了潜在变量之间的直接影响,即因果关系。

1. 模型的拟合

前述步骤已经对测量模型进行了拟合评估,结构模型效度则用决定系数 R^2、效应值 f^2 等指标进行检验,内生潜变量的决定系数 R^2 大于 0.67,表示模型具有高度解释能力。R^2 为 0.33~0.67 时,表示模型具有中度解释能力。为了检验预测变量的预测能力,根据 Chin 的建议[3],执行了一系列的效应值检验。Chin 认为效应值 f^2 在 0.02 附近时,表示路径存在较小效应;在 0.15 附近时,具有中等效应;在 0.35 附近时,具有大效应。

采用 SmartPLS 的模型拟合计算功能得出的模型拟合指标值见表 4-9,模型中内生变量信息质量期望、信息质量体验和感知信息质量的决定系数 R^2 分别为 0.33、0.46 和 0.39,表示社区平台线索对学术社交网络感知信息质量的影响模型具有中度以上的解释能力;除了过往经历在信息质量期望上的效应值 f^2 小于 0.02 外,其余路径上的效应值 f^2 均大于或等于 0.02,表示其他各个平台线索对信息质量期望、信息质量体验和用户感知到的信息质量均存在一定程度的影响效应。

表 4-9 学术社交网络用户感知信息质量的线索影响模型拟合指标

路径	f^2	内生变量	R^2
平台声誉线索→信息质量期望	0.33	信息质量期望	0.33
平台声誉线索→信息质量体验	0.17	信息质量体验	0.46
管控规则线索→信息质量体验	0.06	感知信息质量	0.39
技术诊断线索→信息质量体验	0.02		
个体需要→信息质量期望	0.02		
过往经历→信息质量期望	0.003		
信息质量期望→信息质量体验	0.02		
社会资本→感知到的信息质量	0.04		
信息质量体验→感知到的信息质量	0.26		

2. 路径系数分析

结构模型通过执行 Bootstrap 的 1000 次 t 检验,检验研究模型的标准化路径系数(path

---

[1] HARMAN H H. Modern Factor Analysis[M]. Chicago: University of Chicago Press, 1976:350-354.
[2] PAVLOU P A, SAWY O A. From IT leveraging competence to competitive advantage in turbulent environments: the case of new product development[J]. Information Systems Research, 2006, 17(3): 198-227.
[3] CHIN W W. The partial least squares approach for structural equation modeling[J]. Modern Methods for Business Research, 1998, 295:295-336.

coefficient)是否达到统计上的显著性,以 R^2 判断模型的解释能力[①],由此检验假设。

1)直接效应检验

结构模型的路径系数和可解释方差如图4-3所示,人口统计变量(年龄、性别、地域、学科类别、学历层次)及学术社交网络访问频率作为控制变量,使用结构方程模型对前述提出的7个直接效应假设(H1~H7)进行检验,运用 SmartPLS 软件来计算研究模型中的各条路径系数和回归方差。验证结果表明,模型中的7个直接效应假设除了 H5(过往经历正向影响信息质量期望)未呈现统计显著,其余6个直接效应的假设都获得了验证支持,所有的控制变量对用户感知到的信息质量的影响均不显著。

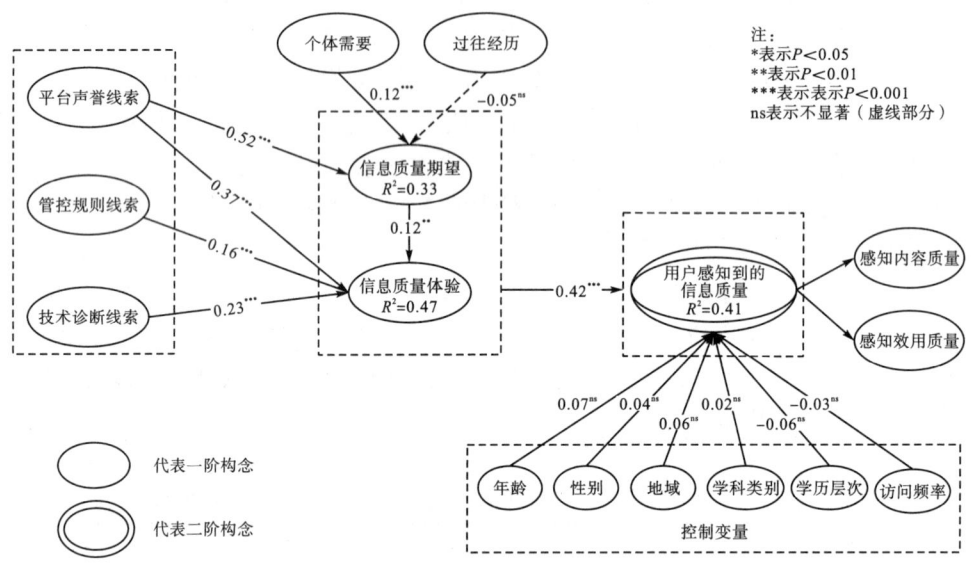

图4-3 学术社交网络中用户感知信息质量实证模型的直接效应路径系数分析

2)调节效应检验

图4-4为学术社交网络感知信息质量的直接效应路径系数检验结果。现在将研究"用户社会资本"对"信息质量体验"与"用户感知到的信息质量"之间的调节效应(moderating effect)。具体地,将"用户社会资本"(moderator variable, M)的各因素与"信息质量体验"(predictor variable, X)的各因素相乘而形成交互效果(interaction effect, X·M)的变量,而这些变量在 PLS 模型中都视为独立变量,进而估计对"用户感知到的信息质量"(dependent variable, Y)产生的影响。此方法主要是观察交互效果的路径系数是否显著,以此判断调节效应是否存在[②]。

首先,需要判断调节效应模型的优劣,如图4-4所示,在此测量模型中,模型的解释力 $R^2=0.36$,所有因素负荷都大于0.7,且达到统计上的显著水平($P<0.0005$),四个构念

[①] MELCHOR M Q, JULIAN C P. The impact of the human element in the information systems quality for decision making and user satisfaction[J]. Journal of Computer Information Systems, 2007, 48(2):44-52.

[②] KAPLAN A M, SCHODER D, HAENLEIN M. Factors influencing the adoption of mass customization: the impact of base category consumption frequency and need satisfaction[J]. Journal of Product Innovation Management, 2007, 24(2):101-116.

(X,M,X·M,Y)的组合信度分别为 0.91、0.89、0.98 和 0.87，Cronbach's α 分别为 0.85、0.88、0.98 和 0.86，平均方差萃取量分别为 0.77、0.49、0.64 和 0.79。虽然用户社会资本调节变量的 AVE 略低于阈值 0.5，但除此以外，总体上该调节效应模型的信效度较好。由图 4-4 可知，信息质量体验与用户社会资本之间的交互项系数达到显著(β=-0.65, P<0.0005)，表明交互效果显著，用户社会资本的调节效应显著，并且主效应的回归系数为正数(β=0.81, P<0.0005)，交互项的回归系数为负数(β=-0.65, P<0.0005)，调节为干扰性(interference interaction)的交互作用[1]，假设 H8 得到支持。

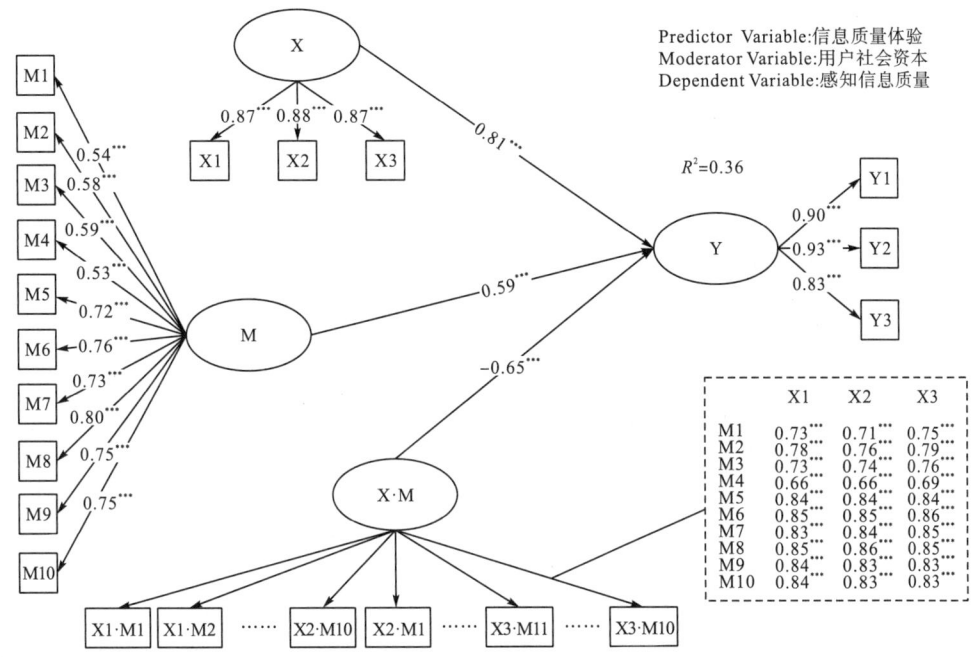

图 4-4 检验用户社会资本调节效应的实证模型结果

注：原始样本为 512 份，Bootstrap 反复抽样抽取 1000 个样本作为参数估计

3) 中介效应检验

由于本章模型中涉及"信息质量体验"(QEP)的中介变量，需要分别检验每个自变量通过中介变量对因变量"感知信息质量"(PIQ)的中介效应路径。为检验信息质量体验在平台声誉线索、管控规则线索和技术诊断线索与感知信息质量之间的中介效应，本章在基准实证模型的基础上，采用"嵌套模型"来分析平台声誉线索、管控规则线索和技术诊断线索如何通过信息质量体验对感知信息质量产生影响。根据温忠麟的关于中介效应检验的相关研究建议，采用 Baron 和 Kenny 提出的中介效应检验的 3 个步骤，即中介作用应满足以下 3 个条件[2]：①社区环境线索能显著影响用户感知信息质量；②社区环境线索能显著影响信息质量体验；③当把信息质量体验加入社区环境线索与感知信息质量的结构模型

---

[1] 罗胜强，姜嬿. 管理学问卷调查研究方法[M]. 重庆：重庆大学出版社，2014: 180.
[2] BARON R M, KENNY D A. The moderator-mediator variable distinction in social psychological research: conceptual, strategic, and statistical considerations[J]. Journal of Personality and Social Psychology, 1986, 51(6): 1173-1182.

中时,社区环境线索与感知信息质量的路径系数会不显著(完全中介),或是与信息质量体验加入前相比有所减弱(部分中介),同时还要求信息质量体验对感知信息质量有显著的影响。

将前述实证通过验证的结构方程模型(图 4-3)设定为基准模型 M00,然后分别构建平台声誉线索、管控规则线索和技术诊断线索对感知信息质量的直接影响路径模型 M01(图 4-5)。模型结果显示,平台声誉线索和管控规则线索到感知信息质量的直接路径系数均呈现统计显著,而技术诊断线索到感知信息质量的直接路径系数不显著,不具有统计意义。

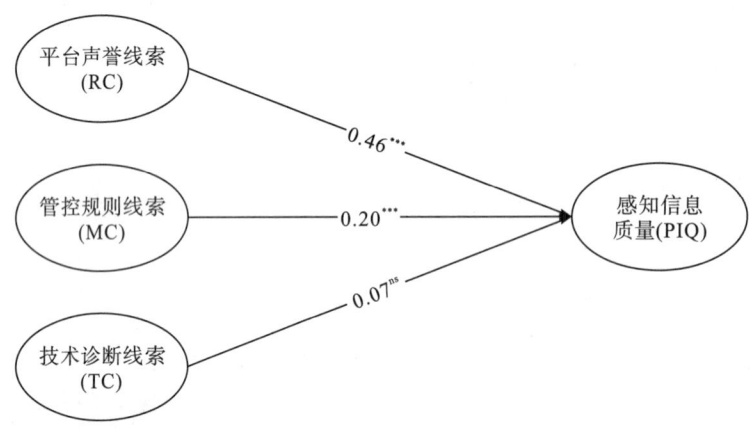

图 4-5 模型 M01-社区环境线索对感知信息质量的直接作用路径

据此建立平台声誉线索和管控规则线索通过信息质量体验影响感知到的信息质量结果的嵌套模型(图 4-6、图 4-7)。不建立技术诊断线索通过信息质量体验影响感知信息质量结果的嵌套模型的原因是,在其对感知信息质量的直接作用路径中,路径系数并不显著(图 4-5)。根据温忠麟等的建议,当直接效应的路径系数不显著时,应停止中介效应分析[1]。

模型 M11 为平台声誉线索(RC)通过信息质量体验(QEP)影响感知信息质量(PIQ)的嵌套模型。其构建步骤为:在模型 M01 的基础上,控制平台声誉线索到感知信息质量的作用路径,信息质量体验作为平台声誉线索与感知信息质量之间的中介,模型 M01 的其他路径不变(图 4-6)。通过模型检验之后,将 M00、M01 与 M11 中涉及中介效应部分的路径系数进行比较(表 4-10),从而可发现加入信息质量体验的中介路径后,平台声誉线索到感知信息质量的直接路径系数显著降低,平台声誉线索到信息质量体验的路径系数高于基准模型,信息质量体验到感知信息质量的路径系数呈现统计显著,显示信息质量体验在平台声誉线索与感知信息质量之间存在部分中介效应。

---

[1] 温忠麟, 侯杰泰, 张雷. 调节效应与中介效应的比较和应用[J]. 心理学报, 2005, 37(2):268-274.

第4章　学术社交网络中用户感知信息质量的社区环境线索研究　　97

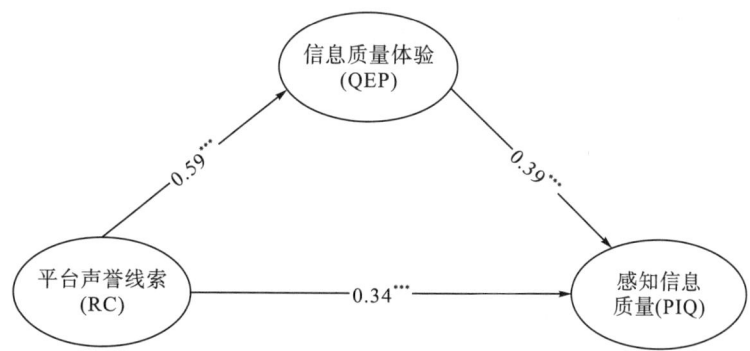

图 4-6　模型 M11-平台声誉线索—信息质量体验—感知信息质量作用路径

表 4-10　路径系数比较（RC-QEP-PIQ）

模型	RC-PIQ	RC-QEP	QEP-PIQ
M00	—	0.37***	0.42***
M01	0.46***		
M11	0.34***	0.59***	0.39***

注：***表示 $P<0.0005$，**表示 $P<0.01$，*表示 $P<0.05$。

模型 M12 为管控规则线索(MC)通过信息质量体验(QEP)影响感知信息质量(PIQ)的嵌套模型。其构建步骤为：在模型 M01 的基础上，控制管控规则线索到感知信息质量的作用路径，信息质量体验作为管控规则线索与感知信息质量之间的中介，模型 M01 的其他路径不变(图 4-7)。通过模型检验之后，将 M00、M01 与 M12 中涉及中介效应部分的路径系数进行比较(表 4-11)，从而可发现加入信息质量体验的中介路径后，管控规则线索到感知信息质量的直接路径系数显著降低，管控规则线索到信息质量体验的路径系数高于基准模型，信息质量体验到感知信息质量的路径系数呈现统计显著，显示信息质量体验在管控规则线索与感知信息质量之间存在部分中介效应。

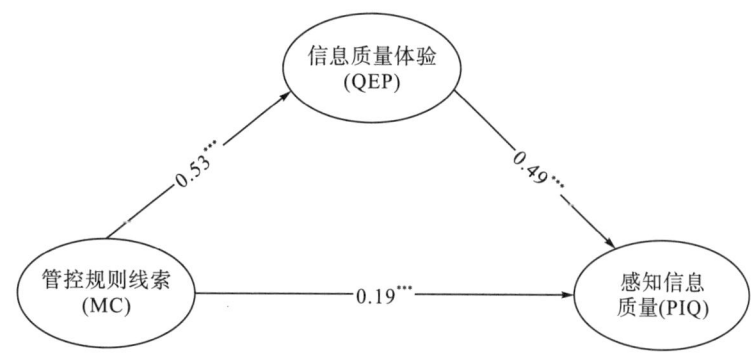

图 4-7　模型 M12-管控规则线索—信息质量体验—感知信息质量的作用路径

表 4-11　路径系数比较(MC-QEP-PIQ)

模型	MC-PIQ	MC-QEP	QEP—PIQ
M0	—	0.16***	0.42***
M01	0.20***		
M12	0.19***	0.53***	0.49***

注：***表示 $P<0.0005$，**表示 $P<0.01$，*表示 $P<0.05$。

根据表 4-10 和表 4-11 中的中介效应路径系数，计算信息质量体验在各环境特征线索与感知信息质量之间的间接效应(如信息质量体验在平台声誉线索与感知信息质量之间的间接效应为 $r_{RC\text{-}QEP} \cdot r_{QEP\text{-}PIQ}$)、总效应(直接效应+间接效应)、中介效应(间接效应/总效应)，结果见表 4-12。

表 4-12　信息质量体验在社区环境线索与感知信息质量之间的中介效应

因变量		自变量	
		平台声誉线索	管控规则线索
感知信息质量	直接效应	0.34	0.19
	间接效应	0.23	0.26
	总效应	0.57	0.45
	中介效应	0.40	0.58

综上，本章围绕社区环境线索对用户感知信息质量的影响，共提出 9 个假设，其检验结果见表 4-13。

表 4-13　学术社交网络中用户感知信息质量的路径系数结果

路径(假设)	标准化路径系数	标准差	t	P	检验结果	假设验证
平台声誉线索→信息质量期望(H1a)	0.52	0.05	9.68	0.00	显著	通过
平台声誉线索→信息质量体验(H1b)	0.37	0.05	7.94	0.00	显著	通过
管控规则线索→信息质量体验(H2)	0.16	0.05	3.25	0.00	显著	通过
技术诊断线索→信息质量体验(H3)	0.23	0.05	4.91	0.00	显著	通过
个体需要→信息质量期望(H4)	0.12	0.05	2.26	0.02	显著	通过
过往经历→信息质量期望(H5)	−0.05	0.04	1.17	0.24	不显著	不通过
信息质量期望→信息质量体验(H6)	0.12	0.05	2.49	0.01	显著	通过
信息质量体验→感知到的信息质量(H7)	0.42	0.05	9.08	0.00	显著	通过
调节效应→感知到的信息质量(H8)	−0.65	0.16	4.12	0.00	显著	通过
中介效应(H9a)	0.23	—	—		显著	通过
中介效应(H9b)	0.26	—	—	0.00	显著	通过
中介效应(H9c)	无中介效应					不通过

4.4 结 果 讨 论

本章研究讨论的问题是学术社交网络中社区环境线索对用户感知信息质量的影响,结合服务质量评价理论和 SOR 理论,同时调查了国内和国外几个主流学术社交网络社区的用户,通过问卷调查获取相关数据,采用偏最小二乘法的结构方程模型 SmartPLS 软件和多元回归分析统计技术,对研究模型进行路径分析及相关拟合检验。本章在现有关于服务质量和信息质量的研究背景下得出以下结论:①学术社交网络中的社区环境线索,即平台声誉线索、管控规则线索和技术诊断线索,均能不同程度地正向影响信息质量体验,而平台声誉线索还同时对信息质量期望有一定的正向影响;②个体需要也会影响信息质量期望,但个体过往经历在本章研究中未显示出对信息质量期望的直接作用;③信息质量期望正向影响信息质量体验,信息质量体验又正向影响用户感知到的信息质量;④社会资本对信息质量体验和感知信息质量之间的影响关系存在干扰性的调节效应,即当学术社交网络的用户具有较高的社会资本时,会削弱用户信息质量体验对感知信息质量的影响;⑤信息质量体验在平台声誉线索、管控规则线索对用户感知信息质量的影响过程中具有不同程度的部分中介效应,但在技术诊断线索中则未见其中介效应。

虚拟社区信息质量情景是信息系统研究的关键领域,本章研究对已有研究做出了以下几个主要贡献。首先,基于服务质量评价模型提出了社区环境线索影响作用的整合模型,尽管已有研究都提出和确认了社区平台因素对信息质量影响的重要性,但是其影响大小和用户的感知过程却未得到检验,本章仔细划分了社区环境的多个线索,并检验了用户对其感知的大小程度和作用机理。其次,充分考虑和整合了社区环境的所有线索影响,虽然有部分线索作为影响因素在已有文献中有所研究,但未见将所有线索放置在一个研究中加以考虑。例如,冯缨和王娟在研究社会化媒体环境中信息质量的影响因素时只纳入了平台信息技术[1];叶凤云等在研究移动社交媒体的信息质量影响因素时只考虑了媒体形象的声誉线索[2];马昕晨和冯缨在对新媒体信息质量的研究中考虑了管理因素[3]。而本章则将由访谈中析出的全部平台环境线索纳入研究范围。最后,本章同时考虑了社会资本的调节作用及信息质量体验的中介作用,使得对虚拟社区用户感知信息质量的相关研究提供了更为细致的理解。

4.4.1 人口统计特征对感知信息质量的影响

研究结论显示,学术社交网络用户的人口统计特征对感知信息质量并没有显著的解释作用。仅在学历层次和地域分布的少部分指标上达到显著,即相对于博士,硕士研究生的

---

[1] 冯缨,王娟. 社会化媒体环境下的信息质量影响因素研究[J]. 图书馆学研究, 2017(7):2-8.
[2] 叶凤云,邵艳丽,张弘. 基于行为过程的移动社交媒体用户信息质量评价实证研究[J]. 情报理论与实践, 2016, 39(4):71-77.
[3] 马昕晨,冯缨. 基于扎根理论的新媒体信息质量影响因素研究[J]. 情报理论与实践,2017,40(4):32-36.

感知信息质量更高；相对于欧洲和大洋洲的用户，亚洲用户的感知信息质量更高。此外，年龄与感知信息质量的结果存在一定的相关性，即年龄越小，感知到的信息质量越高。我们重新检查了样本数据，发现年龄较小的用户的学历层次基本都为硕士研究生，表明这可能是由于年龄较小，研究经历和学术资历较浅，而看待研究问题的视域越窄，越容易满足其信息需求，相应地其也较易对信息质量感到满意。

类似研究也曾指出，性别、年龄等人口统计特征的差异并不会对信息质量的传播产生显著差异[1]。研究学术社交网络的学术信息交流应该考虑特定学科、年龄和学历的特征，这是重要的语境因素，不同年龄和学历层次的用户对信息质量的反应不同。我们的研究发现肯定了部分前人学者的研究结论，如信息行为学者指出人们的信息行为会受到诸如学科、职业、任务和学术背景等各种环境因素的影响[2]。孙建军研究表明用户由于自身条件的差异，会对同一信息资源产生不同的行为反应[3]，该行为反应也包括认知或感知的行为。曹高辉等也认为不同的用户对于信息质量的认识有所不同[4]。信息质量的内涵本身就兼具实际情景和主观认知，特别是对于学术社交网络上的信息资源，更具专业性和领域性，因此我们认为由于用户自身专业背景和知识素养的构成差异，其无法对同一信息质量做出相同的评价。

4.4.2 信息质量体验对感知信息质量的影响

本章研究结果显示，信息质量体验正向影响用户感知到的信息质量(r_7=0.42, $P<0.0005$)，假设 H7 得到支持。表明当用户通过学术社交网络的平台声誉、管控规则和技术诊断线索，产生了相应的信息质量体验后，该体验会对用户感知到的信息质量结果产生正向影响，并最终做出正向评价。该模型意味着学术社交网络的用户是综合了平台声誉、管控规则和技术诊断多种线索判断，形成了总体的信息质量体验，并推导出了对学术社交网络感知信息质量的总体评价。此外，本章研究中采用感知内容质量和感知效用质量两个一阶构念测度感知信息质量，其中，感知内容质量的路径系数为 0.82，感知效用质量的路径系数为 0.81，表明这两种信息质量的表现方式对感知到的信息质量评价都较为重要。这与 Kim 和 Oh 的研究设计相一致，他们在衡量 Yahoo!Answers 的回答质量时，采用了答案的内容质量和效用质量指标[5]。

广泛应用于市场营销学和人机交互设计领域的用户体验设计(user experience design, USD)范式都特别强调用户主观心理感受的用户体验[6]，如 Moller 等在服务质量领域的研究发现质量体验与质量感知和判断过程正相关[7]。我们的研究对象拓展至虚拟空间的用户

---

[1] 叶凤云, 邵艳丽, 张弘. 基于行为过程的移动社交媒体用户信息质量评价实证研究[J]. 情报理论与实践, 2016, 39(4):71-77.
[2] SOLOMON P. Looking for Information: A Survey of Research on Information Seeking, Needs, and Behavior[M]. Dordrecht: Kluwer Academic Publishers, 2003:45-99.
[3] 孙建军. 基于 TAM 与 TTF 模型的网络信息资源利用效率研究[M]. 北京: 科学出版社, 2013: 21.
[4] 曹高辉, 胡紫祎, 张煜轩,等. 基于外部线索的社会化问答平台信息质量感知模型研究[J]. 情报科学, 2016, 34(11):122-128.
[5] KIM S, OH S. Users' relevance criteria for evaluating answers in a social Q&A site[J]. Journal of the American Society for Information Science & Technology, 2009, 60(4):716-727.
[6] MCCLELLAND I. "User experience" design a new form of design practice takes shape[C]// CHI 05 Extended Abstracts on Human Factors in Computing Systems. ACM, 2005:1096-1097.
[7] MOLLER S, ENGELBRECHT K P, KUHNEL C, et al. A taxonomy of quality of service and quality of experience of multimodal human-machine interaction[C]// International Workshop on Quality of Multimedia Experience. IEEE, 2009:7-12.

体验，William 提出的多属性态度模型（multi-attribute attitude models），假设用户对目标对象的态度取决于其对该对象的多属性评价[①]；胡磊认为信息质量的优劣一般有多种体现方式[②]。我们推广了前人关于质量体验与感知结果的研究成果，证明了信息质量体验也是学术社交网络用户在使用平台的过程中建立起来的主观心理感受，感知到的信息质量是用户整个感知体验过程的最终评价结果。用户的感知结果可能是内容上的准确性，也可能用户并不看重内容质量，而看重效用质量，即信息内容对自己研究的启发。总而言之，多项证据表明，在线情景下信息质量体验确实能够正向影响感知信息质量。

4.4.3 社区环境线索对信息质量期望、信息质量体验的影响

本章研究结果显示，平台声誉线索对信息质量的期望产生正向影响（$r_{1a}=0.52$，$P<0.0005$），表明学术社交网络平台的声誉或口碑越好，用户对信息质量产生的期望越高，假设 H1a 获得支持。同时，本章研究中还发现平台声誉线索（$r_{1b}=0.37$，$P<0.0005$）、管控规则线索（$r_2=0.16$，$P<0.0005$）和技术诊断线索（$r_3=0.23$，$P<0.0005$）均正向影响用户的信息质量体验，表明学术社交网络平台越好的声誉和口碑、越明显的管控规则措施和越有效的技术诊断手段，越能增强用户的信息质量体验，假设 H1b、H2 和 H3 均得到支持。

声誉是学术社交网络平台将优越性传递给用户的能力。传统营销学中很早就提出，品牌等声誉增加了用户对产品的感知质量[③]。Kuehn 和 Reimer 认为品牌声誉能够作为产品质量判断的依据，在于其能调控先前投资而造成品牌资产损失的可能性[④]。此外，已有大量的实证研究证实了声誉能够促使信任的形成、发展和维持[⑤⑥]，如 Mcknight 等发现声誉有利于用户建立对服务提供商能力、仁慈和正直的信任[⑦]。因此，声誉也是学术社交网络重要的品牌资产。从总体路径系数上看，平台声誉线索对信息质量体验的作用路径系数最高，表示其影响作用最大。因此，从线索利用的角度出发，相对于其他质量判断的内部线索，学术社交网络的声誉更容易让用户确认，获得更高的线索信心价值。在使用学术社交网络之前，即有学者认为未产生质量体验之前，用户更倾向于利用平台声誉线索进行站点信息质量的判断[⑧]，即站点的声誉或口碑越高，用户相应的期望越高或之后的体验就越好。此外，叶凤云等通过实证研究证明了媒体形象能够影响用户的信息质量评价[⑨]，这是因为声誉在某种程度上能够确保信源的可信度，而有学者也证实了信

---

① WILLIAM L. Consumer Behavior[M]. Network: Wiley, 1986: 178.
② 胡磊. 互联网学术信息质量启发式评价中存在的问题分析[J]. 情报科学, 2011(2):178-181.
③ RAO A R, MONROE K B. The effect of price, brand name, and store name on buyers' perceptions of product quality: an integrative review[J]. Journal of Marketing Research, 1989, 26(3):351-357.
④ KUEHN R, REIMER A. The impact of servicescape on quality perception[J]. European Journal of Marketing, 2005, 39(7/8):785-808.
⑤ SONG J, ZAHEDI F. Trust in health infomediaries[J]. Decision Support Systems, 2007, 43(2):390-407.
⑥ ZAHEDI F M, SONG J. Dynamics of trust revision: using health infomediaries[J]. Journal of Management Information Systems, 2008, 24(4): 225-248.
⑦ MCKNIGHT D H, CHOUDHURY V, KACMAR C. The impact of initial consumer trust on intentions to transact with a web site: a trust building model[J]. Journal of Strategic Information Systems, 2002, 11(3):297-323.
⑧ ZEITHAML V A, PARASURAMAN A, BERRY L. Delivering Quality Service: Balancing Customer Perceptions and Expectations[M]. New York: Collier Macmillan, 1990: 331-336.
⑨ 叶凤云, 邵艳丽, 张弘. 基于行为过程的移动社交媒体用户信息质量评价实证研究[J]. 情报理论与实践, 2016, 39(4):71-77.

源可靠性正向影响信息质量[1]。本章将研究情景拓展至学术社交网络，研究在线声誉对信息质量感知的影响，结合前人的丰富成果和我们的研究发现，更加有力地证实了平台声誉线索不仅能正向影响信息质量感知的期望和体验结果，而且是外部环境线索中最重要的线索，对感知信息质量体验的影响最大。

学术社交网络出台的特定管控规则反映了平台服务方的管理能力。传统管理学领域，Brown 在其构建的用户产品反应模型中就指出了用户对公司能力的认知会形成对该公司的评价，进而影响对该公司产品质量的评价[2]，当公司具有一定的知名度时，用户会使用公司能力认知作为其提供产品质量判断的主要线索[3]。在本章研究中，学术社交网络的管控规则线索虽然正向影响了用户的信息质量体验，但是在所有社区环境线索集合的作用中，相较于平台声誉线索和技术诊断线索，其对用户信息质量体验的影响路径系数最小，即影响作用最小，表明用户对平台服务方出台的管控规则的了解程度较低。管控规则是为了确保学术社交网络上的信息质量，平台服务方通过相关奖惩措施和使用规则的制定，实现对社区的有效治理。以 ResearchGate 为例，该平台为了真正服务于实际研究人员，对平台的注册使用进行了限制，即必须持有研究机构（如大学等）邮箱的用户才能使用，但在对样本问卷的回溯检查中发现，许多被调查者表示并不觉得这是一种有益的管控措施，因此平台服务方应该加强对管控规则的宣传及推广，增强管控规则线索的可见性。因此，本章的研究结果不仅肯定了前人研究中关于公司能力对感知判断的影响的研究结论，而且进一步量化和比较了影响的大小。学术社交网络情景下，虽然管控规则对用户的信息质量体验有显著影响，但较之其他线索因素，其影响作用最小。

前人研究中，Barakovic 和 Skorinkapov 认为网站的界面友好性、功能实用性及响应速度等技术因素均会影响用户的感知信息质量[4]。当前，随着用户生成内容（UGC）产生的大量信息资源，学术社交网络上也面临垃圾信息生成的风险，严重影响用户对网站整体信息质量感知的满意情况[5]。如针对问答社区的信息可信度较低的问题，袁毅和蔚海燕建议应该引入系统的自动过滤、自动评价和推送机制等一系列的技术控制手段[6]。有学者在社会化媒体情景下通过实证研究发现平台利用信息技术控制平台的信息质量，其技术功能的完善程度与信息质量正相关[7]。信息技术能够更加自动准确地完成信息筛选、过滤和整合，也就是说，信息技术的开发和使用有利于平台的可持续发展。前期的用户攀梯访谈中，用户均表达了垃圾学术信息对自身使用和检索信息带来的困扰，因此平台服务方采取技术诊断措施，如对学术信息发布的重复性检测、对垃圾信息转发的监控及对广告信息的无限制推送管控等，都会正向影响用户的信息质量体验。在线索影响集合中，技术诊断线索与信息质

---

[1] 冯缨, 王娟. 社会化媒体环境下的信息质量影响因素研究[J]. 图书馆学研究, 2017(7):2-8.
[2] BROWN T J, DACIN P A. The company and the product: corporate associations and consumer product responses[J]. Journal of Marketing, 1997, 61(1):68-84.
[3] BERENS G, RIEL C B M V, BRUGGEN G H V. Corporate associations and consumer product responses: the moderating role of corporate brand dominance[J]. Journal of Marketing, 2005, 69(3):35-48.
[4] BARAKOVIC S, SKORINKAPOV L. Multidimensional modelling of quality of experience for mobile Web browsing[J]. Computers in Human Behavior, 2015: 314-332.
[5] MOLLER S, ENGELBRECHT K P, KUHNEL C, et al. A taxonomy of quality of service and quality of experience of multimodal human-machine interaction[C]// International Workshop on Quality of Multimedia Experience. IEEE, 2009:7-12.
[6] 袁毅, 蔚海燕. 问答社区低可信度信息的传播与控制研究[J]. 图书馆论坛, 2011, 31(6):171-177.
[7] 冯缨, 王娟. 社会化媒体环境下的信息质量影响因素研究[J]. 图书馆学研究, 2017(7):2-8.

量体验的路径系数为 0.23，稍高于管控规则线索，但低于平台声誉线索，表明用户并没有完全体验到社区平台所采取的技术诊断措施。赵宇翔认为技术真实的示能性往往与感知的示能性有所差异[1]，因此应考虑提高和促进技术诊断线索的作用效果和用户体验，拓展其对技术认知、功能和感官方面的示能性[2]。因此，本章推广了前人关于技术因素影响研究的应用范围，将其移至在线情景中更细分的学术社交网络领域，不仅支持了前人的研究结论，还结合前述章节的攀梯访谈结果和本章的实证分析结果，进一步证实了平台技术诊断线索对用户信息质量体验的影响。

4.4.4　信息质量期望对信息质量体验的影响

本章研究显示，在学术社交网络情景下，个体需要（r_4=0.12, P<0.05）正向影响用户的信息质量期望，过往经历（r_5=-0.05, P>0.05）对信息质量期望的影响不显著，信息质量期望（r_6=0.12, P<0.01）正向影响用户的信息质量体验。表明个体需要程度越高，对信息质量的期望越高，也会产生较高的信息质量体验，而过往经历对信息质量期望的作用不明显。假设 H4 和 H6 获得支持，而假设 H5 统计检验结果不显著，未能获得支持。

过去丰富的研究证据表明许多与用户相关的因素，如用户满意度或用户偏好会影响用户体验[3][4]。在服务营销领域，信息需求与信息期望的关系已得到充分证明[5]，如有学者在图书馆读者服务质量感知的研究中证实了个人需要与信息期望的正相关关系[6]，为本章的研究结论提供了更有力的证据。在信息质量认知领域，Kim 和 Han 认为信息质量是用户基于自身信息需求而对信息对象的判断和评价[7]。个体的信息需求是影响个体评价 Web 学术信息资源质量的重要因素之一[8]。根据 Metzger 的经验研究可以推导出，个体信息需要一类的动机变量能够调节用户关于在线信息质量评价的行为[9]。前述的攀梯访谈工作中体现出不同用户对同一学术社交网络感知信息质量评价的差异性，个体信息需要的动机因素能够在很大程度上诠释这一点。从心理学的角度出发，个体不同的信息需要会产生不同的自我概念，因而会产生不同的信息质量期望。本章针对个体需要和信息质量期望的关系，验证了前人在服务营销领域和在线领域的研究结论，同时在攀梯访谈工作中诠释了动机因素的解释力。因此我们认为在学术社交网络情景下，个体需要程度越高，其信息质量期望就越高。

---

[1] 赵宇翔. 社会化媒体中用户生成内容的动因与激励设计研究[D]. 南京：南京大学, 2011: 150.
[2] HARTSON R. Cognitive, physical, sensory, and functional affordances in interaction design[J]. Behavior & Information Technology, 2003, 22(5):315-338.
[3] BARAKOVIC S, SKORIN KAPOV L. Multidimensional modelling of quality of experience for mobile Web browsing[J]. Computers in Human Behavior, 2015: 314-332.
[4] 孙晓阳, 冯缨, 周婷惠. 基于多主体博弈的社会化媒体信息质量控制研究[J]. 情报杂志, 2015(10):156-164.
[5] JARVENPAA S L, TODD P A. Consumer reactions to electronic shopping on the World Wide Web[J]. International Journal of Electronic Commerce, 1996, 1(2):59-88.
[6] 周波兰. 图书馆读者服务质量感知和期望剖析[J]. 情报探索, 2011(8):26-28.
[7] KIM B, HAN I. The role of trust belief and its antecedents in a community‐driven knowledge environment[J]. Journal of the Association for Information Science & Technology, 2009, 60(5):1012-1026.
[8] WATHEN C N, BURKELL J. Believe it or not: factors influencing credibility on the web[J]. Journal of the American Society for Information Science and Technology, 2002, 53(2):134-144.
[9] METZGER M J. Making sense of credibility on the web: models for evaluating online information and recommendations for future research[J]. Journal of the American Society for Information Science and Technology, 2007, 58(13): 2078-2091.

当代心理学认为，个体是根据片段的信息来认识和辩知事物，这即是主观认知。该主观认知过程常常结合了个体的过往经历，由此通过心理活动形成判断或想象[1]。虽然先前信息搜寻行为的证据显示用户的过往经历影响在线体验，但是研究情景是针对在线电子商务环境[2]。本章的研究情景为学术网络环境，用户通过亲身经历的信息渠道，获得对学术社交网络的看法和态度，但这些看法和态度在没有证据支持的情况下是较为零散和表面的，该信息节点的强度(association strength)并不高，不会形成对特定学术社交网络的认知内容，因此不会产生显著的信息质量期望。本章研究也发现，过往经历并没有显著影响信息质量期望，进一步说明过往经历对期望的影响应该充分考虑研究情景，不同情景下用户的过往经历对其期望影响的显著性程度是不尽相同的。

信息质量期望是基于用户的个体需要和过往经历，在接触使用学术社交网络之前，对平台功能、信息服务水平和信息价值属性等的主观预期。在服务质量的研究中，许多学者已经指出用户期望是感知服务质量的影响因素之一，能够正向影响服务质量[3][4]。如 Lin 和 Wu 针对网络在线服务，研究证实了用户的信息期望与信息质量之间具有正向的效应关系[5]。本章细分了在线服务的领域，聚焦于学术社交网络情景，发现信息质量期望与信息质量体验之间具有正向的影响效应，再次肯定了前人研究中关于期望与体验之间强相关性的研究结论。

4.4.5 用户社会资本的调节效应

本章研究结果显示，用户社会资本的调节效应显著（r_8=-0.65, $P<0.0005$），社会资本对信息质量体验和感知信息质量之间的影响关系存在调节效应，并且由于主效应系数为正(0.81)，交互项系数为负(-0.65)，所以是干扰性调节效应(interference interaction)，削弱了主效应的影响。研究表明用户的社会资本越高，信息质量体验对感知信息质量结果的影响作用越弱，即相较于低水平的社会资本，具有高水平社会资本的用户的信息质量体验对感知信息质量的正向影响更弱，假设 H8 得到支持。

用户的社会资本是用户在学术社交网络上的社会联结情况，用户通过社会资本不仅能有功能性上的收益（如信息获取），而且还存在一定的情感支持收益[6]。Putnam 认为社会资本的两个核心是社交关系和互惠规范[7]，本章将社会资本概念化为 3 个反映型的一阶构念：社会交互联系、互惠规范和共同愿景。用户的社会资本水平越高，表示该用户与他人的社会交互联系越频繁，是学术社交网络中的活跃用户，具有较高的互惠规范和共同愿景。Chen 等指出高水平的社会资本会带来高水平的社会临场感，当在线用户体验到社会临场

---

[1] 李静. 品牌认知对消费者感知质量影响的研究[D]. 北京: 北京邮电大学, 2011: 16.
[2] ALJUKHADAR M, SENECAL S. The user multifaceted expertise: divergent effects of the website versus e-commerce expertise[J]. International Journal of Information Management, 2016, 36(3):322-332.
[3] LADHARI R. Alternative measures of service quality: a review[J]. Journal of Service Theory & Practice, 2008, 18(1):65-86.
[4] ANDERSON E W, SULLIVAN M W. The antecedents and consequences of customer satisfaction for firms[J]. Marketing Science, 1993, 12(2):125-143.
[5] LIN C, WU S. Exploring the impact of online service quality on portal site usage[C]// Hawaii International Conference on System Sciences. IEEE Computer Society, 2002:206.
[6] KIKUCHI M, COLEMAN C L. Explicating and measuring social relationships in social capital research[J]. Communication Theory, 2012, 22(2):187-203.
[7] PUTNAM R D. Bowling alone: the collapse and revival of American community[C]// Conference on Computer Supported Cooperative Work. ACM, 2000:357.

感时，他们会深深地融入、吸收和专注于与他人的关系中。此外，社会临场感还表现出深思熟虑的人际接触[①]。因此这部分拥有高水平社会资本的活跃用户对学术社交网络平台较为熟悉，对平台信息质量有自己的认知判断，并不一定依据具体的社区平台线索，所以信息质量体验对感知信息质量的路径影响作用会减弱。

以往大量的成果中，研究了社会资本对其他变量的作用关系，如社会资本对知识贡献的影响[②③]、对人际信息源质量的影响[④]及对持续使用的影响[⑤]等，可以发现多数是将社会资本作为自变量，研究其对其他用户行为的影响，较少将社会资本作为调节变量，研究其对其他两个变量的影响。本章创新性地将用户社会资本作为调节变量，研究其对信息质量体验与用户感知到的信息质量之间的调节效应，实证结果表明调节效应显著，用户社会资本水平的高低能够影响信息质量体验对感知信息质量结果的作用强弱。

4.4.6 信息质量体验的中介效应

本章通过"嵌套模型"分析社区环境线索（具体为平台声誉线索、管控规则线索和技术诊断线索）如何通过信息质量体验的中介作用，对感知信息质量产生影响。结果显示，信息质量体验在平台声誉线索与感知信息质量之间存在部分中介效应，间接中介效应为0.23；信息质量体验在管控规则线索与感知信息质量之间也存在部分中介效应，间接中介效应为0.26。平台声誉线索的中介效应比为40.4%，管控规则线索的中介效应比为57.8%，假设H9a和H9b得到支持。而由于技术诊断线索对感知信息质量的直接作用路径系数不显著，故未做中介效应分析，表明信息质量体验在技术诊断线索与感知信息质量之间不存在中介效应，假设H9c未获得数据支持。

传统营销学中认为，感知质量是顾客使用线索（外部和内部）对品牌优越性做出的评价[⑥]。类似地，感知信息质量是用户使用内部线索和外部线索对信息质量优质性做出的评价，平台声誉、管控规则和技术诊断措施作为外部环境线索，对用户感知学术社交网络的信息质量提供了重要的参考依据。由上述研究结论可知，平台声誉线索、管控规则线索、信息质量体验和感知信息质量结果之间存在着紧密的联系。平台声誉和管控规则作为重要的外部环境线索，通过用户实际的信息质量体验，有助于用户做出客观的感知信息质量判断；信息质量体验作为社区环境线索的中介变量，表明用户为了改变与平台方博弈的信息劣势地位，减少使用中的体验风险或损失，在信息质量体验中往往会依据多个社区环境的外部线索降低不确定性，从而对感知到的学术社交网络的信息质量做出最终评价。这佐证了Erdem认为的信息不

---

① CHEN R, RAO H R, SHARMA S K. Members' site use continuance on Facebook: examining the role of relational capital[J]. Decision Support Systems, 2016, 90:86-98.
② WASKO M M, FARAJ S. Why should I share? Examining social capital and knowledge contribution in electronic networks of practice[J]. MIS Quarterly, 2005, 29(1): 35-57.
③ YEON K N, WONG S F, CHANG Y, et al. Knowledge sharing behavior among community members in professional research information centers[J]. Information Development, 2016, 32(3): 655-672.
④ ZIMMER J C, HENRY R M. The role of social capital in selecting interpersonal information sources[J]. Journal of the Association for Information Science & Technology, 2017, 68(1): 5-21.
⑤ CHEN I Y L. The factors influencing members' continuance intentions in professional virtual communities: a longitudinal study[J]. Journal of Information Science, 2007, 33(4): 451-467.
⑥ KIRMANI A, BAUMGARTNER H. Reference points used in quality and value judgments[J]. Marketing Letters, 2000, 11(4):299-310.

对称和产品质量的不确定性关系[1]。此外，Gronroos 对用户的感知质量的研究中提出，技术质量和功能质量并不会直接作用于用户的质量感知结果，中间一定存在着其他的调节作用或中介作用[2]。因此信息质量体验在技术诊断线索与感知信息质量之间不存在中介效应的可能解释在于，平台声誉线索和管控规则线索的中介效应弱化了技术诊断线索的中介效应，并且技术诊断线索本身就不会直接作用于用户的信息质量感知，技术真实的示能性往往与感知的示能性有所差异[3]，前期的用户攀梯访谈中也反映出用户对学术社交网络平台的技术诊断措施感知并不明显。

根据以上论述可知，学术社交网络中的平台声誉线索、管控规则线索和技术诊断线索，为用户消除信息质量判断的不确定性提供了依据，这些线索为用户带来了使用的质量体验。具体地，用户通过平台声誉线索感受到了该学术社交网络既往的运营情况和口碑，通过管控规则线索感受到了该学术社交网络对信息质量的治理措施，通过技术诊断线索感受到了该学术社交网络的技术积累和处理成效，最终形成了感知信息质量的结果判断。我们的研究丰富了外在环境对感知判断影响的研究，证明了环境线索的影响效应。总体来看，学术社交网络环境下，用户的信息质量体验在社区平台声誉线索和最终的感知信息质量结果之间存在有效的中介效应和传导作用。

4.5 小　　结

虽然学术界对于平台方的环境因素对感知质量影响的关系已经确定，但是各个环境因素，即各个环境线索是如何影响和作用感知质量的，相关研究则尚未发现。本章所提出的社区环境线索影响作用的整合模型，对学术社交网络平台的管理方和服务方如何提升信息质量给予了较好的实践启示。对平台声誉提升、管控机制加强和技术诊断的巩固，最终均会增强用户对信息质量的感知。

应该意识到，学术社交网络的信息质量治理不仅是对劣质信息的管控和过滤，还有对优质信息的促进生成和传播，对优质的学术信息共享及价值实现都会产生重大影响。本章研究发现学术社交网络的信息质量不仅取决于信息内容和信息系统的客观属性，还取决于用户的信息期望和对线索有效性的主观体验感知，这些因素交织作用，直接或间接地影响了用户感知信息质量的最终结果。诸多个人因素如个体需要、过往经历，作为用户信息质量期望的原始驱动力，只有个体需要能够显著影响用户的信息质量期望。有学者发现该影响贯穿于用户信息交互的整个过程，个体信息需求提高，其信息质量期望也会提升，进而最终影响其对信息质量的评价[4]。研究人员的专业属性和知识积累程度区别于一般的社交网络用户，因此在学术社交网络的建设中应该着重了解和把握用户的信息需求，在尽量满足其需要的同时，还应通过社区平台的多方治理手段将用户的需要整合在理性范围和合理水平。

---

[1] ERDEM T. An empirical analysis of umbrella branding[J]. Journal of Marketing Research, 1998, 35(3):339-351.
[2] GRONROOS C. From marketing mix to relationship marketing: towards a paradigm shift in marketing[J]. Asia-Australia Marketing Journal, 1994, 2(1):4-20.
[3] 赵宇翔. 社会化媒体中用户生成内容的动因与激励设计研究[D]. 南京：南京大学, 2011: 150.
[4] 刘冰, 宋漫莉. 网络环境中用户信息期望与信息质量关系实证研究[J]. 情报资料工作, 2013(4):74-78.

第5章 学术社交网络中用户感知信息质量的信息特征线索研究

社交网络的兴起不仅使得信息的生产和消费去中心化，而且通过社交关系加速了信息的传播。就学术社交网络而言，研究人员只需通过点击，就能实现学术信息资源的转发、推荐或评价，有研究证据显示，近60%的社交网络用户时常与他人分享在线信息内容[1]。

人们的认知过程是运用认知方法描述一些认知科学中的典型过程，包括感知、记忆、学习、情感、意向性、自我表现、理性、决策或类似的东西[2]。然而，由于学术信息资源的专业性和海量性，用户存在对信息源和信息质量判断的不确定性。线索被定义为解释感知过程中可察觉的信息特征[3]，线索对用户的信息质量感知过程起到了非常重要的作用，一系列的研究已经报道了人们是如何通过间接的可信度线索如性别、姓名类型和图片形象，来评价信息源的可信度[4][5][6]。传统上人们降低信息质量不确定性的常用手段包括基于个人知识或替代信息（如声誉）的诊断，并依靠传统的有助于指导其可信度决策的信息中介，如专家、意见领袖和信息仲裁者等[7]。然而随着在线信息呈现的信息线索越来越多，并缺乏传统的"中介机制"，个人必须依靠自己做出信息质量判断[8]。例如，在线购物环境下，由于缺乏售货员的导购帮助，消费者只能依靠Web上的信息线索对商品质量进行评价和判断。事实上，各个虚拟社区平台也通过无处不在的协同过滤设计（collaborative filtering design），包括用户投票（如喜欢、下载）及反馈（如评论）的流行度指标设计，向用户提供丰富的线索参考。调查显示美国近一半的用户认为互联网上的信息线索在其生活中扮演了关键且重要的角色[9]。

虽然现有大量的研究预测和解释了用户的感知信息质量行为，但一些细粒度认知上的

---

[1] ALLSOP D T, BASSETT B R, HOSKINS J A. Word-of-mouth research: principles and applications[J]. Journal of Advertising Research, 2007, 47(4):398-411.
[2] NEWEN A. What are cognitive processes? An example-based approach[J]. Synthese, 2015:1-18.
[3] CHOO C W. Information use and early warning effectiveness: Perspectives and prospects[J]. Journal of the Association for Information Science & Technology, 2014, 60(5):1071-1082.
[4] MORRIS M R, COUNTS S, ROSEWAY A, et al. Tweeting is believing? Understanding microblog credibility perceptions[C]// ACM 2012 Conference on Computer Supported Cooperative Work. ACM, 2013:441-450.
[5] WESTERMAN D, SPENCE P R, HEIDE B V D. A social network as information: The effect of system generated reports of connectedness on credibility on Twitter[J]. Computers in Human Behavior, 2012, 28(1):199-206.
[6] YANG J, COUNTS S, MORRIS M R, et al. Microblog credibility perceptions: comparing the USA and China[C]// Conference on Computer Supported Cooperative Work. ACM, 2013:575-586.
[7] METZGER M J, FLANAGIN A J. Credibility and trust of information in online environments: the use of cognitive heuristics[J]. Journal of Pragmatics, 2013, 59(1/2):210-220.
[8] EYSENBACH G. Credibility of health information and digital media: new perspectives and implications for youth[J]. Gunther Eysenbach, 2007:123-154.
[9] HORRIGAN J, RAINIE L. The internet's growing role in life's major moments[J]. American Historical Review, 2006, 99(3):21-48.

问题仍需探索。首先,现有关于感知信息质量行为的研究较为泛化和碎片化,缺乏对先前研究的有效整合;其次,几乎没有任何学术研究致力于了解各种线索因素在用户感知信息质量中的作用,虽然有部分研究调查了与来源相关的社会化线索,如来源的跟随者数量[1][2],但未见学术社交网络情景下与信息传播有关的社会化线索对用户感知信息质量的影响;最后,过去的研究认为人们是独自做出信息质量的判断,而不需要依赖其他线索,这种忽视社交情景的结论也是较为局限和片面的,事实上人们感知信息质量的过程不仅有认知努力式的,多数情况下还伴有启发式的评价,需要全面考察。

根据双系统加工理论,即该理论中的启发式-系统式模型[3],包括类似的精细加工可能性模型(elaboration likelihood model,ELM)[4],个体在具体做决策时会采用其中一种信息处理方式(启发式或系统式)。大量认知科学和心理学研究领域的丰富证据揭示了在信息充足的 Web 环境下,人们不仅依靠系统式的信息处理,启发式的信息处理也是应对信息超载和不确定性的常用方法[5]。与面对面的沟通交流相比,以往文献中强调在线信息质量的感知,个体会更依赖各种线索[6]。Sundar 曾指出,在线可信度判断的不同类型线索是复杂且相互作用的,决定哪一种线索更有影响是一项重要的研究任务[7]。鉴于 Web 环境的复杂性,本章聚焦学术社交网络情景,提出研究问题:人们使用基于社交或大众的线索进行信息质量的感知吗?如果是,人们采取了哪些方式进行信息质量感知?为了弥补上述研究缺陷,深化对用户感知信息质量的理解,针对学术社交网络的问答版块,通过两个实验室实验,检验信息内容(内容线索)、信息来源(权威性线索)和信息传播(同伴线索、从众线索)对用户感知信息质量的作用过程及用户对线索的选判过程。

5.1 假设的提出

5.1.1 信息内容线索

虽然 Fogg 等对 2684 名互联网用户进行调查的结果显示,近 50% 的互联网用户看重网站的外观和设计[8],然而由于学术社交网络的专业性和话题的范围性,外观差异已最小

---

[1] METZGER M J, FLANAGIN A J, MEDDERS R B. Social and heuristic approaches to credibility evaluation online[J]. Journal of Communication, 2010, 60(3):413-439.
[2] WESTERMAN D, SPENCE P R, HEIDE B V D. A social network as information: the effect of system generated reports of connectedness on credibility on Twitter[J]. Computers in Human Behavior, 2012, 28(1):199-206.
[3] CHAIKEN S. Heuristic versus systematic information processing and the use of source versus message cues in persuasion[J]. Journal of Personality & Social Psychology, 1980, 39(5):752-766.
[4] PTTTY R E, CACIOPPO J T. Communication and Persuasion: Central and Peripheral Routes to Attitude Change[M].New York, NY: Springer, 1986: 76-125.
[5] WIRTH W, BOCKING T, KARNOWSKI V, et al. Heuristic and systematic use of search engines[J]. Journal of Computer-Mediated Communication, 2010, 12(3):778-800.
[6] WALTHER J B, JANG J W. Communication processes in participatory websites[J]. Journal of Computer-Mediated Communication, 2012, 18(1):2-15.
[7] SUNDAR S S. The MAIN model: a heuristic approach to understanding technology effects on credibility[J]. Digital Media, Youth, and Credibility, 2008: 73-100.
[8] FOGG B J, SOOHOO C, DANIELSON D R, et al. How do users evaluate the credibility of Web sites? A study with over 2,500 participants[C]// Proceedings of the 2003 Conference on Designing for User Experiences, 2003:1-15.

化，网站外观线索并不一定起作用。根据精细加工可能性模型，个体对内容的关注度越高，越关注信息内容且依靠中心信息处理路径从而进行信息质量判断，反之，对内容的关注度越低，越依靠外围信息处理路径进行信息质量判断[1]。对具有一定知识基础和学历背景的研究人员而言，参与学术社交网络的目的较为明确，有可能更关注学术信息资源内容本身的价值，以降低信息的非相关性和不确定性；也有学者指出学术人员对信息质量的感知判断主要是利用了信息本身的特征，如信息的内容、图片或结构[2]。

内容价值是有关内容的整体质量，Chua 和 Banerjee 认为可以从 3 个方面进行解释：合理性、稳定性和可靠性[3]。合理性是指内容是可靠的，并具有内部一致性[4]；稳定性是指该内容的正确性随时间恒定的能力；可靠性描述信息内容的及时性和安全性[5]。Rudat 等对推特转发行为的实验研究中发现，具有高内容价值的信息比低内容价值的信息能够得到更多的转发[6]。本章将研究情景移至学术社交网络，考察内容价值的高低是否对感知信息质量形成影响。

学术社交网络基本都具有问答的功能版块，虚拟社区的问答动机主要是利用群体智慧[7]，以便研究人员充分交流，共同研究解决难题。问答版块上的信息内容形式虽然是用户生成的自由形式，但也具有一定的问题类型格式，决定了预期的答案格式风格[8]。当用户面临多个答案时，通常会根据问题类型做出不同的选择决策，例如，Kim 等发现不同问题分类的回答评价模式各有不同，对于信息搜寻类问题，用户试图依据清晰性和准确性的标准寻求优质答案，而对于那些寻求意见类的问题，用户更倾向于带有社会情感支持的回答[9]；蒋楠和王鹏程研究发现不同问题类型下满意答案的判断标准也存在差异[10]。Lin 和 Katz 将问题分为事实型、列表型、定义型、复杂交互型和目标型五种类型[11]，问题类型也在以往研究中被证实能够影响回答者的专业度和努力度，进而影响回答质量，特别是寻求个人建议的问题更容易获得更多的专业性回答[12]。总之，前人研究中已经论述了不同的问题类型会对答案产生影响，但现有研究假设中尚未针对具体细节展开深度讨论[13]。本章针对学术问答的特点，由于学术社区用户的专业背景和知识技能，明显区分于一般社区问答站点的用户，在

---

[1] TONCAR M, MUNCH J. Consumer responses to tropes in print advertising[J]. Journal of Advertising, 2001, 30(1):55-65.
[2] RIEH S Y. Judgment of information quality and cognitive authority in the Web[J]. Journal of the Association for Information Science & Technology, 2002, 53(2):145–161.
[3] CHUA A Y K, BANERJEE S. So fast so good: an analysis of answer quality and answer speed in community question-answering sites[J]. Journal of the Association for Information Science & Technology, 2014, 64(10):2058-2068.
[4] JOHN B M, CHUA Y K, GOH H L. What makes a high-quality user-generated answer[J]. IEEE Internet Computing, 2010, 15(1):66-71.
[5] KAHN B K, STRONG D M, WANG R Y. Information quality benchmarks: product and service performance[J]. Communications of the ACM, 2002, 45(45):184-192.
[6] RUDAT A, BUDER J, HESSE F W. Audience design in Twitter: retweeting behavior between informational value and followers' interests[J]. Computers in Human Behavior, 2014, 35:132-139.
[7] SUROWIECKI J. The wisdom of crowds[J]. American Journal of Physics, 2005, 75(2):190-192.
[8] HARPER F M, WEINBERG J, LOGIE J, et al. Question types in social Q&A sites[J]. First Monday, 2010, 15(7):1-21.
[9] KIM S, OH J S, OH S. Best-answer selection criteria in a social Q&A site from the user-oriented relevance perspective[J]. Proceedings of the American Society for Information Science & Technology, 2010, 44(1):1-15.
[10] 蒋楠, 王鹏程. 社会化问答服务中用户需求与信息内容的相关性评价研究——以"百度知道"为例[J]. 信息资源管理学报, 2012, 2(3):35-45.
[11] LIN J J, KATZ B. Building a reusable test collection for question answering[J]. Journal of the Association for Information Science and Technology, 2006, 57(7): 851-861.
[12] HARPER F M, RABAN D, RAFAELI S, et al. Predictors of answer quality in online Q&A sites[C]// Conference on Human Factors in Computing Systems, CHI, Florence, Italy, 2008:865-874.
[13] 姜雯, 许鑫. 在线问答社区信息质量评价研究综述[J]. 现代图书情报技术, 2014, 30(6):41-50.

线讨论多是具有一定难度、争议性和启发性的学术问题，较少涉及事实型和定义型的问题，因此本章借鉴 Fahy 等对问题类型划分的研究成果[1]，将学术社交网络问答站点的问题类型界定为资源获取类问题和讨论获取类问题两种，考察问题类型对感知信息质量的影响。

综上，本章关注学术社交网络情景下，内容价值对用户感知信息质量的影响是什么？内容价值与问题类型对用户感知信息质量的交互影响效应是什么？据此提出如下研究假设。

H1：不同内容价值的回答对用户感知信息质量的影响不同，相较于低价值的回答，高价值的回答能使用户感知到更高水平的信息质量。

H2：内容价值与问题类型之间存在交互作用。

5.1.2 来源权威性线索

研究表明来源权威性线索，是通过来源的官方性或专业性评价，来确定其信息资源质量。信息来源具备的专业性和权威性反映了信息来源提供者拥有的知识和技能水平，专业性和权威性对个人态度变化的影响在社会心理学中关于信源可信度的研究中已得到证明[2]，并在早期的说服性研究中被认定为信源可信度的关键构成因素[3]。这些线索所激发的权威启发式信息处理，被证实为与信息内容的质量和可靠性有关[4]。例如，相比其他组织的网站，人们更倾向于信任大学或政府机构网站上提供的信息内容[5]；在电子商务情景下，专业的信息来源比非专业的能引起更多的积极态度[6]；Savolainen 在对提问讨论和信息回答的评价中发现，只有 27.2% 的受访者判断时考虑信息内容，而 72.8% 的受访者表示主要考虑作者的可信度[7]。

认知科学理论视角下，研究人员一直坚持人类信息处理的能力受限观点，如西蒙的理性边界理论，它强调了由于人们的有限理性，因而决策未能尽善尽美，个体的行为总是适应性的，即在认知努力和期望绩效之间寻求某种折中。有限边界理论用于信息处理时的一种形式就是"满意"，表明个体不能使用所有的认知资源以获取完全最优化的结果，取而代之的是使用一定的认知资源获取相对最优的结果[8]。此外，多位学者已经证实，启发式的认知加工是应对信息超载和信息不确定性最常见的一种方法[9][10][11]。这种依据来源专业性或权威性而激发的关于信息质量的快速判断，被称为"权威启发式"（authority

---

[1] FAHY P J, CRAWFORD G, ALLY M, et al. Patterns of interaction in a computer conference transcript[J]. The International Review of Research in Open and Distributed Learning, 2001, 2(1):1-24.
[2] PETTY R E, CACIOPPO J T. Attitudes and Persuasion: Classic and Contemporary Approaches[M]. Dubuque: W.C. Brown Co. Publishers, 1981: 345-374.
[3] FOGG B J, TSENG H. The elements of computer credibility[C]// Proceeding of the CHI 99 Conference on Human Factors in Computing Systems: the CHI Is the Limit, Pittsburgh, Pa, USA, DBLP, 1999:80-87.
[4] HILLIGOSS B, RIEH S Y. Developing a unifying framework of credibility assessment: construct, heuristics, and interaction in context[J]. Information Processing & Management, 2008, 44(4):1467-1484.
[5] BRIGGS P, BURFORD B, DE ANGELI A, et al. Trust in online advice[J]. Social Science Computer Review, 2002, 20(3):321-332.
[6] SUNDAR S S, XU Q, OELDORF-HIRSCH A. Authority vs. peer: how interface cues influence users[C]// International Conference on Human Factors in Computing Systems, CHI 2009, Boston, USA, 2009:4231-4236.
[7] SAVOLAINEN R. Judging the quality and credibility of information in internet discussion forums[J]. Journal of the American Society for Information Science & Technology, 2011, 62(7):1243-1256.
[8] SIMON H A. A behavioral model of rational choice[J]. Quarterly Journal of Economics, 1955, 69(1):99-118.
[9] GIGERENZER G, TODD P M. Simple Heuristics that Make Us Smart[M]. New York: Oxford University Press, 1999.
[10] PIROLLI P, CARD S. Information foraging[J]. Psychology Review, 1999, 106(4):643-675.
[11] WIRTH W, BOCKING T, KARNOWSKI V, et al. Heuristic and systematic use of search engines[J]. Journal of Computer-mediated Communication, 2010, 12(3):778-800.

heuristic)[①]，能够通过启发式处理过程直接影响个体判断[②]。

Morris 等在对 Twitter 用户的一项调查中发现，用户是否具备 Twitter 账户的官方验证被认为是最重要的可信度特征[③]。然而在另一项涉及焦点小组讨论和行为观察的在线信息可信度评价的研究中，Eysenbach 和 Kohler 却发现并没有参与者关注信源的可信度，尽管在焦点小组讨论中强调了来源的身份问题[④]。这个相互矛盾的结论激发了我们的研究兴趣，在学术社交网络情景下，面对海量的学术信息资源，用户是否看重来源的权威性？内容价值与来源权威性对用户感知信息质量的交互影响效应是什么？因此提出如下研究假设。

H3：在学术社交网络情景下，不同权威性来源的回答对用户感知信息质量的影响不同，相较于低权威性的来源，高权威性的来源能使用户感知到更高水平的信息质量。

H4：内容价值与来源权威性之间存在交互作用。

5.1.3 与信息传播有关的线索

关于信息处理理论视角的研究，如消息处理的有限容量模型[⑤]，该模型认为人们在处理信息时由于认知能力的有限性，并不能处理所有的信息，只会选择具有显著特征的信息进行编码、存储和检索。类似的理论还包括显著-解释性理论[⑥]，该理论表明网站的所有元素都未能得到完全关注，只有部分显著的元素信息能够被选取用于网站评价，这些理论都是认为人们在信息处理加工的任务中不能投入全部的认知资源。基于信息选择处理理论，行为经济学的研究成果中也展现了消费者如何根据简单的启发信息做出决策，如 Mussweiler 和 Strack 研究了锚定效应判断对个体选择的影响[⑦]；Ross 和 Creyer 研究了关于价格和质量的情景信息如何利用推断信息处理方法，从而影响信息的评价[⑧]。2003 年，Fogg 等的研究发现消费者对在线信息的可信度考虑主要是源自"站点的呈现"或网络站点的可视化设计要素，而非任何有关信息来源的内容信息，并认为网络用户由于没有在既定的站点耗费大量的时间，因此易于采取非常快速的方法评价信息的可信度，由此析出结论认为人们处理网络信息的方法都是非常表面的，而且常常会借助外围线索[⑨]；Savolainen 认为如果没有信息线索的解释，人们就不可能做出任何选择和决定[⑩]。此外，Wathen 和 Burkell

---

① SUNDAR S S. The MAIN model: a heuristic approach to understanding technology effects on credibility[J]. Digital Media, Youth, and Credibility, 2008: 73-100.
② REIMER T, MATA R, STOECKLIN M. The use of heuristics in persuasion: deriving cues on source expertise from argument quality[J]. Current Research in Social Psychology, 2004, 10(6):69-83.
③ MORRIS M R, COUNTS S, ROSEWAY A, et al. Tweeting is believing: understanding microblog credibility perceptions[C]// ACM 2012 Conference on Computer Supported Cooperative Work. ACM, 2013:441-450.
④ EYSENBACH G, KOHLER C. How do consumers search for and appraise health information on the World Wide Web? Qualitative study using focus groups, usability tests, and in-depth interviews[J]. British Medical Journal, 2002, 324(7337):573.
⑤ LANG A. The limited capacity model of mediated message processing[J]. Journal of Communication, 2000, 50(1):46-70.
⑥ FOGG B J. Prominence-interpretation theory: explaining how people assess credibility online[C]// CHI, 2003:722-723.
⑦ MUSSWEILER T, STRACK F. The use of category and exemplar knowledge in the solution of anchoring tasks[J]. Journal of Personality & Social Psychology, 2000, 78(6):1038-52.
⑧ ROSS W T, CREYER E H. Making inferences about missing information: the effects of existing information[J]. Journal of Consumer Research, 1992, 19(1):14-25.
⑨ FOGG B J, GRUDIN J, NIELSEN J, et al. Persuasive technology: using computers to change what we think and do[J]. Gerontechnology, 2003, 5(12):1168-1170.
⑩ SAVOLAINEN R. Interpreting informational cues: an explorative study on information use among prospective homebuyers[J]. Journal of the American Society for Information Science & Technology, 2009, 60(11):2244-2254.

同样也认为用户对网上信息的初次评价都是基于表面的特征,如网站的外观或排列形式[1]。在 Flanagin 和 Metzger 系列化的五项研究中,均发现人们只报告他们在网上发现的信息,并倾向于使用时间上和精神上耗费最少的验证策略[2]。

除了上述提到的信息内容线索和来源权威性线索,用户也时常依据与信息传播有关的线索进行信息质量的感知和判断。Metzger 等指出,在线媒体的用户具有积极的社交属性[3],诸如博客、维基、排名推荐和声誉系统的社会化计算技术的应用系统,已经削弱了传统方式下对集中权威式(如核心专家、核心组织)依赖的信息质量判断。该观点在 2000 年 Callister 的研究中就得以指出,该学者认为在传统信息量有限的情况下,信息"把关人"才有可能控制和过滤可获得的信息,而互联网情景下呈现了一个非常复杂的局面,信息泛化使得传统信息"把关人"的模式失去了效用[4]。

上述论证表明与社交属性相关的特征实现了信息的传播,并且社交属性功能也越来越多地嵌入到各种在线评分系统,Wang 等在网络产品评分的研究中,发现好友关系形成之后,好友之间的评分相似度显著提高[5]。在学术社交网络中,用户可以根据研究兴趣关注其他研究人员的成果及动态,以 ResearchGate 为例,用户不仅能关注特定研究人员的主页,还可以关注某个具体的研究话题、项目和问答等。Hilligoss 和 Rieh 通过为期 10 天的信息活动日志及对 24 名大学生的深度访谈,发现信息来源分为熟悉的来源和非熟悉的来源,用户对来自熟悉来源的信息会感知到更高的可信度[6]。在本章研究情景中,认为被关注的用户即可称为"同伴",同伴关系表示较强的社交关系[7],来自同伴的信息源属于近端来源。Lee 和 Sundar 的研究证明了近端来源正向影响内容质量[8],Metzger 等也认为当有值得信赖的同伴提供建议时,为了减少认知负荷,这种启发式有可能会取代自己的评价信息[9]。在学术社交网络情景下,是否存在同伴效应呢?据此提出以下研究假设。

H5:在学术社交网络情景下,来自不同信息源熟悉度的回答对用户感知信息质量的影响不同,相较于陌生人的回答,用户对来自好友的回答的感知信息质量更高。

前期研究已证明在线社交网站的用户排名、推荐或评论是重要的信息质量判断工具[10][11]。

---

[1] WATHEN C N, BURKELL J. Believe it or not: Factors influencing credibility on the Web[J]. Journal of the Association for Information Science & Technology, 2002, 53(2):134-144.
[2] METZGER M J. Making sense of credibility on the Web: models for evaluating online information and recommendations for future research[J]. Journal of the Association for Information Science & Technology, 2007, 58(13):2078-2091.
[3] METZGEER M J, FLANAGIN A J, MEDDERS R B. Social and heuristic approaches to credibility evaluation online[J]. Journal of Communication, 2010, 60(3):413-439.
[4] CALLISTER T A. Media literacy: On-ramp to the literacy of the 21st century or cul-de-sac on the information superhighway[J]. Advances in Reading/Language Research, 2000, 7: 403-420.
[5] WANG C, ZHANG X, HANN I, et al. Socially nudged: a quasi-experimental study of friends' social influence in online product ratings[J]. Information Systems Research, 2018, 29(3): 641-655.
[6] HILLIGOSS B, RIEH S Y. Developing a unifying framework of credibility assessment: construct, heuristics, and interaction in context[J]. Information Processing & Management, 2008, 44(4):1467-1484.
[7] GAO Q, TIAN Y, TU M. Exploring factors influencing Chinese user's perceived credibility of health and safety information on Weibo[J]. Computers in Human Behavior, 2015, 45(45):21-31.
[8] LEE J Y, SUNDAR S S. To tweet or to retweet? That is the question for health professionals on twitter[J]. Health Communication, 2013, 28(5):509-524.
[9] METZGER M J, FLANAGIN A J, MEDDERS R B. Social and heuristic approaches to credibility evaluation online[J]. Journal of Communication, 2010, 60(3):413-439.
[10] FLANAGIN A J, METZGER M J. Trusting expert-versus user-generated ratings online: The role of information volume, valence, and consumer characteristics[J]. Computers in Human Behavior, 2013, 29(4):1626-1634.
[11] METZGER M J, FLANAGIN A J, MEDDERS R B. Social and heuristic approaches to credibility evaluation online[J]. Journal of Communication, 2010, 60(3):413-439.

在线社交网站的协同过滤技术会将所有反映他人观点的评价以推荐数或评论排名等形式展现出来,例如,Flickr 网站上提供由用户确定的"最有趣的照片"的链接,Last.fm 网站提供从用户的搜索集合中筛选的推荐音乐,这些技术都是通过大众观点和偏好的收集并以某种线索形式展示给用户[1]。这些由其他用户决策所留下的痕迹被称为"社会化导航"(social navigation)[2],是用于帮助他人进行选择或判断时的社会化线索。社会化导航的现象对每个互联网用户来说都是熟悉的,如用户时常会根据推荐及评价进行阅读或购买,在线论坛中,最佳信息帖子的旁边通常会放置一个标识,表明其他用户已经证明该条信息的有用性和相关性,这样的一些线索特征提示了该条信息的质量和受众关注度,也能给其他用户提供决策依据[3]。从心理逻辑学的层面看,这些社会化导航之所以能起作用通常是因为从众效应(bandwagon effect)[4],其中存在一种社会化启发式,即人们会认为大多数人的意见总是对的[5],推荐数、转发量、关注量或点赞量代表了多数人的认可和赞同,从而可以依据他人的行为做出自己的行为决策,由此降低认知负荷。学术社交网络的问答版块中,对每个用户的具体回答内容都设置了推荐或点赞机制,推荐数或点赞数越高,代表受众认可度越高。这是否会影响用户对此条回答的感知质量呢?据此提出以下研究假设。

H6:在学术社交网络情景下,推荐数量的多少对用户感知信息质量的影响不同,相较于未获得推荐的回答,获得较多推荐的回答用户的感知信息质量更高。

H7:权威线索、同伴线索与推荐线索三个因素之间存在交互作用。

综上,本章构建了学术社交网络情景下,用户感知信息质量的线索选判整合框架,如图 5-1 所示。

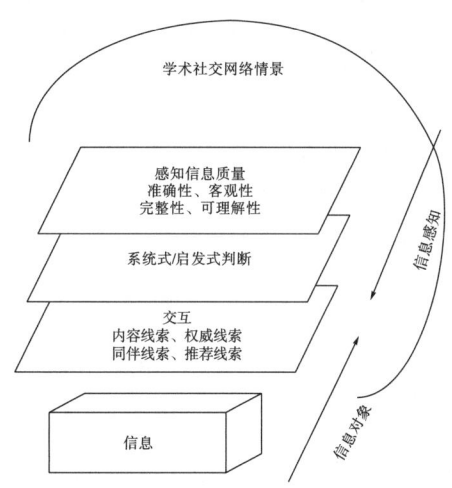

图 5-1 用户感知信息质量的线索选判整合框架

---

[1] SUNDAR S S, XU Q, OELDORF-HIRSCH A. Authority vs. peer: how interface cues influence users[C]// International Conference on Human Factors in Computing Systems, CHI 2009, Boston, USA, 2009:4231-42
[2] PAOLUCCI P. Designing information spaces: the social navigation approach[J]. Journal of Educational Technology & Society, 2003, 6(4):166-168.
[3] WINTER S, KRAMER N C, APPEL J, et al. Information selection in the blogosphere: the effect of expertise, community rating, and age[C]// Conference of the Cognitive Science Society. 2017:802-807.
[4] SUNDAR S S, OELDORF-HIRSCH A, XU Q. The bandwagon effect of collaborative filtering technology[C]// CHI 08 Extended Abstracts on Human Factors in Computing Systems. ACM, 2008:3453-3458.
[5] AXSOM D, YATES S, CHAIKEN S. Audience response as a heuristic cue in persuasion[J]. Journal of Personality & Social Psychology, 1987, 53(1):30-40.

5.2 实验介绍

5.2.1 研究方法

图 5-2 为本章的研究框架,通过两个实验室的设计实验方法,验证上述研究假设。选择实验法的原因在于该方法非常适合考察用户利用线索进行感知信息质量的判断,Eysenbach 和 Kohler 在类似的研究主题中采用了焦点访谈和行为观察的方法,虽然事后访谈中受访者表示信息来源和信息身份是重要的信息质量评价的影响因素,但在行为观察中受访者却并没有注意到信息来源和信息身份[①]。这个偏差驱使本章采用控制实验的方法开展研究,通过对用户不感兴趣的变量实施有意识的控制,使其在不同的研究变量之间建立确切的因果关系[②]。

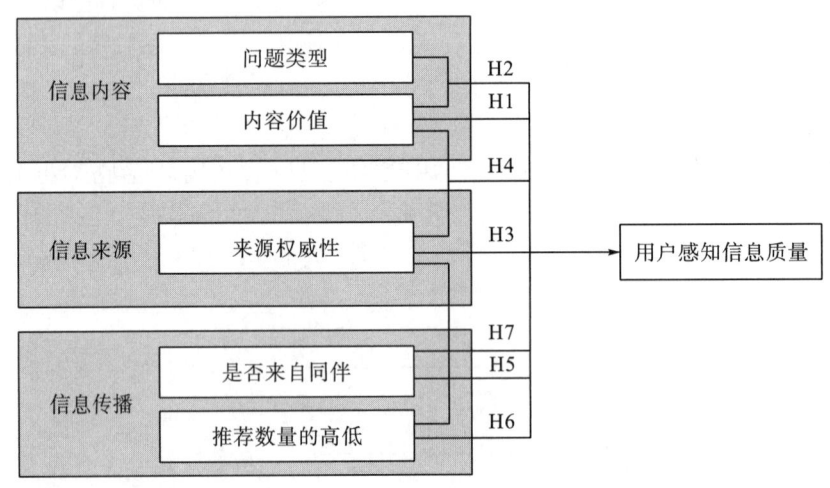

图 5-2 研究框架

本章对假设的验证主要是采用设计实验法,原因在于以下 3 个:首先,实验法探索了各个可以操纵的变量的影响效应[③],本章主要关注各个信息线索对用户感知信息质量的影响作用,因此实验法是检验该种影响作用的合适方法;其次,实验法的独特优势在于通过对实验组的操纵对实验结果进行描述性(通常为"因果描述")的分析,因此本章通过对线索的操纵划分不同的实验组,探索线索对用户感知信息质量程度的影响;最后,Philip 曾梳理了在图书馆与情报学顶级刊物上发表的论文,总结出这些论文基本都依靠调查法和

[①] EYSENBACH G, KOHLER C. How do consumers search for and appraise health information on the World Wide Web? Qualitative study using focus groups, usability tests, and in-depth interviews[J]. British Medical Journal, 2002, 324(7337):573.
[②] 舒华, 张亚旭. 心理学研究方法[M]. 北京: 人民教育出版社, 2008:6.
[③] SHADISH W R, COOK T D, CAMPBELL D T. Experimental and Quasi-Experimental Designs for Generalized Causal Inference[M]. New York: Houghton Mifflin Company, 2002.

实验法作为首要研究方法[①]，由此可见实验法作为科学发现的重要方法已备受学者们的关注[②]。因此本章选取实验法作为主要研究方法，不仅让用户行为研究更具科学性和规范性，也有利于情报学学科与主流社会科学学科共同发展。

5.2.2 实验域的选取

ResearchGate 是当前全球最知名的学术社交网络之一，能够帮助研究人员建立个人研究主页、分享出版物及与同行进行问答交流[③]。ResearchGate 的在线交流途径如图 5-3 所示。

图 5-3　ResearchGate 的在线交流途径[④]

具体地，ResearchGate 允许学者通过上传出版物的方式建立涉及研究兴趣、社会关系、荣誉及其他认可的个人主页，也提供了 RG 分数的简单替代性指标衡量学者的活跃情况。此外，ResearchGate 还为研究人员提供了问答平台，供讨论和交流所有学科的话题，每个平台上的话题都有相应的标签分类，以表明该话题所属的学科，人们还可以分别对问题或回答进行关注或推荐，如图 5-4、图 5-5 所示。

根据 Shah 等的建议[⑤]，在线问答版块一般由三个部分构成：允许用户使用自然语言进行提问和回答的机制、提供用户回答的渠道和交流社区的建立。第一个社区问答站点是韩国的 Naver 公司于 2002 年推出的 Knowledge iN，第一个英文社区问答站点是 2005 年上线的 Yahoo！Answers，尽管历史不长，但社区问答站点吸引了大量研究人员的关注，研

[①] 邱燕燕. 二十年来我国图书馆学方法论研究综述[J]. 图书与情报, 2002(4):2-5.
[②] 刘丽敏,柯平,王晴. 图书馆情报学实验研究范式及其应用实践[J]. 图书馆,2017(7):1-5.
[③] THELWALL M, KOUSHA K. ResearchGate: disseminating, communicating, and measuring scholarship?[J]. Journal of the Association for Information Science & Technology, 2015, 66(5):876-889.
[④] 韩文,刘畅,雷秋雨. 分析学术社交网络对科研活动的辅助作用——以 ResearchGate 和 Academia.edu 为例[J]. 情报理论与实践,2017,40(8):105-111.
[⑤] SHAH C, OH S, OH J S. Research agenda for social Q&A[J]. Library & Information Science Research, 2009, 31(4):205-209.

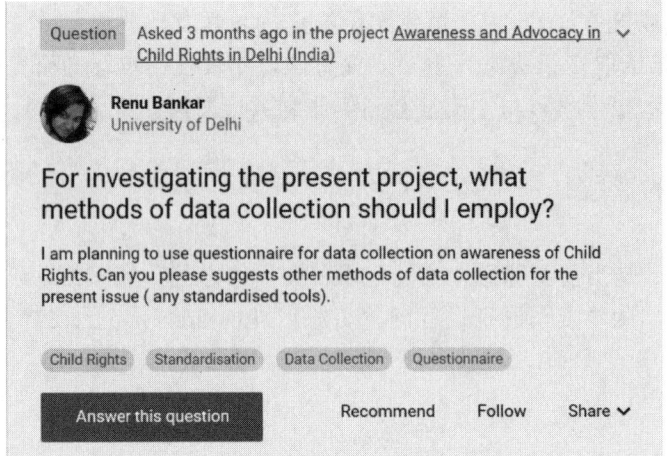

图 5-4 ResearchGate 问答版块的问题示例

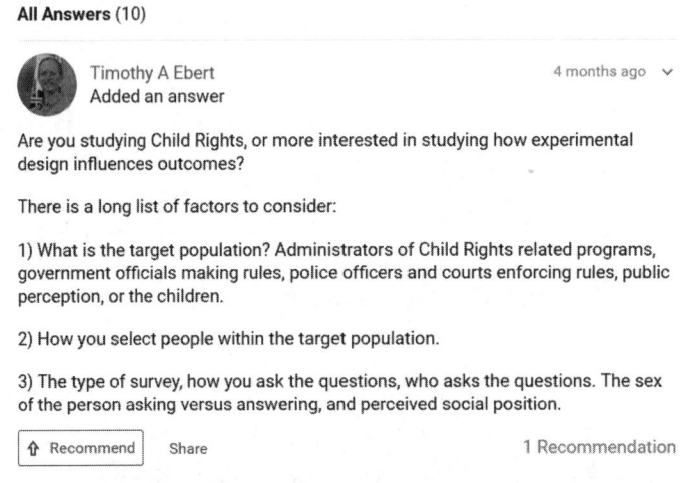

图 5-5 ResearchGate 问答版块的回答示例

究主要聚焦在信息搜寻行为[1]、资源选择[2]、社会化标签[3]、用户动机[4]、与其他问答服务类型的比较[5]及一系列与信息有关的行为上。此外,一些研究已经对提问者的满意度做了预测,但除了满意度研究以外,很少有研究分析到底是什么因素促成了答案质量[6]。

使用 ResearchGate 的问答版块作为实验操控的对象(图 5-6),其原因在于:首先,

---

[1] KIM S, OH J S, OH S. Best-answer selection criteria in a social Q&A site from the user-oriented relevance perspective[J]. Proceedings of the American Society for Information Science & Technology, 2010, 44(1):1-15.
[2] HARPER F M, RABAN D, RAFAELI S, et al. Predictors of answer quality in online Q&A sites[C]// Confer -ence on Human Factors in Computing Systems, Florence, Italy, 2008:865-874.
[3] 章成志,李蕾.社会化标签质量自动评估研究[J].现代图书情报技术,2015(10):2-12.
[4] SHAH C, OH J S, OH S. Exploring characteristics and effects of user participation in online social Q&A sites[J]. First Monday, 2008, 13(9):55-63.
[5] SU Q, PAVLOV D, CHOW J H, et al. Internet-scale collection of human-reviewed data[C]// International Conference on World Wide Web. ACM, 2007:231-240.
[6] SHAH C, POMERANTZ J. Evaluating and predicting answer quality in community QA[C]// International ACM Sigir Conference on Research & Development in Information Retrieval, Switzerland, 2010:411-418.

ResearchGate 上的问答资源呈现指数上升的趋势，使用范围遍及全球各个学科的研究人员。除了学术问答资源丰富和行为活跃以外，最重要的是 ResearchGate 上有许多诸如推荐和关注等的社交化特征，可以满足我们的实验目的，能够将诸多社交元素整合进实验框架中。其次，对于学术社交网络而言，社交支持一定是该网络站点最主要的特征[①②]，问答版块最能体现用户生成内容的自主性和互动性以及用户的社交特征。最后，问答版块对某个问题的讨论线程、丰富的回答信息特征和成员的个人信息特征为感知权威线索、同伴线索、内容线索和从众线索提供了充足的情景。

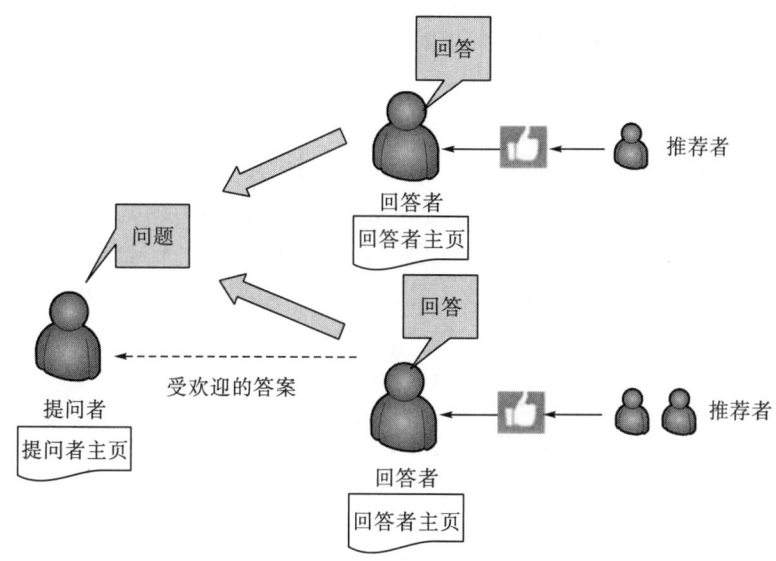

图 5-6 ResearchGate 的问答流程

相比一般的社会化问答平台的回答质量判断，学术社交网络问答平台的学术回答质量判断更为复杂。首先，在学术社交问答平台上，学术问题和答案更为专业，也更需要专业的知识，并且没有固定的高质量标准的答案模式，尤其是对于一些寻求解决的讨论式问题；其次，学术答案的质量具有多面性，需要更为新颖的评价准则；最后，对于学术社交网络而言，多数的信息用户都是来自不同专业层次背景的学者，这明显与一般问答站点的信息用户有所不同[③]。因此答案的质量，或任何信息内容的质量，其感知都是主观的。质量的感知和评价可能取决于内容的相关性，而在学术问答的情景下，相关性本身就是很难衡量的，因此需要根据不同的线索组合对信息质量给予合理的解释[④]。

值得指出的是，本章仅选取 ResearchGate 学术社交网络平台问答版块的回答信息作为

---

① KADRIU A. Discovering value in academic social networks: a case study in ResearchGate[C]// International Conference on Information Technology Interfaces. Los Alamitos: IEEE Press, 2013: 57-62.
② OVADIA S. ResearchGate and academia.edu: academic social networks[J]. Behavioral & Social Sciences Librarian, 2014, 33(3):165-169.
③ LI L, HE D, ZHANG C. Evaluating academic answer quality: a pilot study on researchgate Q&A[J]. Springer International Publishing, 2016: 61-71.
④ SHAH C, POMERANTZ J. Evaluating and predicting answer quality in community QA[C]// International ACM Sigir Conference on Research & Development in Information Retrieval, Switzerland, 2010:411-418.

研究对象,而不是多个不同的学术社交网络平台问答版块的回答信息,主要是因为本章关注的是用户根据相关线索特征对信息质量感知判断的过程,而不是对平台提供的信息内容的评价。

Saracevic 曾经指出,研究的意义必须强调"真实的用户,在真实的情景下处理真实发生的问题"[①]。本章采用 Brown 主张的"设计实验"(design experiment)方法[②],既保留了实验法的严谨性,又立足于"用户为中心",促成对真实环境下用户对线索的发现、选判和感知信息质量的理解。为了使实验场景更接近真实场景,本章开发了 ResearchGate 的模拟系统,实验环境的设计主要基于两方面:一是要真实地再现使用情景,体现用户的自然习惯,提升实验的外部有效性;二是要便于精确操纵变量,减少无关因素的干扰,保证实验内部效度。所以,本章参照 ResearchGate 网站,设计了一个高度仿真的实验系统,整个实验系统的界面与 ResearchGate 的真实交互界面保持一致,确保受试者对真实系统的感知,并在移动端进行了功能实现。该实验系统被部署在云端虚拟服务器上,并绑定公网域名,通过手机浏览器便可直接访问,与用户访问 ResearchGate 网站的过程一致。使用较为简洁的移动端页面进行实验,最大限度地减少了 PC 端页面中的广告、推荐等元素,有助于被试者将注意力集中于实验核心环节,从而保证实验内部效度。

5.3 实 验 一

在实验一中,将整合考虑信息来源和信息内容对用户感知信息质量的影响效应。前述研究中已经表明信息来源的权威性作为重要的声誉线索,能够显著影响用户的感知信息质量[③]。此外,Rudat 等基于新闻价值理论,发现相较于较低内容价值的推特,具有较高内容价值的推特得到了更多的转发[④]。在学术社交网络情景下,内容线索和权威线索是否能对用户感知信息质量产生影响,两者之间是否产生交互效应,实验一将逐一验证本章所提出的研究假设 H1~H4。

实验一通过 2×2×2 的混合因子设计,检验来源权威性(高与低)、内容价值(高与低)、问题类型(讨论获取类与资源获取类)因素及其交互作用对用户感知信息质量的影响。

---

① SARACEVIC T. A review of the literature and a framework for thinking on the notion in information science: Part III. Behavior and effects of relevance[J]. Journal of the American Society for Information Science & Technology, 2007, 58(3): 2126-2144.
② BROWN A L. Design experiments: theoretical and methodological challenges in creating complex interventions in classroom settings[J]. Journal of the Learning Sciences, 1992, 2(2):141-178.
③ HILLIGOSS B, RIEH S Y. Developing a unifying framework of credibility assessment: construct, heuristics, and interaction in context[J]. Information Processing & Management, 2008, 44(4):1467-1484.
④ RUDAT A, BUDER J, HESSE F W. Audience design in Twitter: retweeting behavior between informational value and followers' interests[J]. Computers in Human Behavior, 2014, 35:132-139.

5.3.1 实验方法

5.3.1.1 实验参与者

1. 参与者基本情况描述

在第4章的问卷调研中发现研究生群体是学术社交网络的主要用户,因此选取中国西南部一所高校图书情报专业的研究生群体,共有144名研究生(65名男生,79名女生)参与本实验的任务。参与者的年龄范围为22~26岁(M=23.63,SD=1.02);学科背景按人数分布的多少依次为管理学、经济学、工学、理学和文学。开始实验前,参与者须填写其对学术社交网络认识的问卷,所有题项均采用五级李克力量表进行打分。其结果表明了参与者对学术社交网络的平均认知情况(M=1.95,SD=0.97),以及其使用学术社交网络相对较低的平均频率(M=1.21,SD=0.89)。

2. 对参与者进行分组——随机分派

根据舒华和张亚旭的随机化建议[1],对参与者的实验进组采用Excel软件来完成随机化分派过程。具体步骤为:首先对144名参与者进行编号(s01~s144),每个参与者的编号占一个单元格A;然后在这144个编号的右侧单元格B中写入函数RAND(写成"=rand()"),该函数能生成随机数;最后,选中原始编号列和随机数列,并按随机数列排序,这样144名参与者的顺序就被随机化了。随机化之后,位于新顺序的编号列单元格的A1~A36的36名参与者进入第1组,接受条件A1(高权威与高内容价值);位于单元格A37~A72的36名参与者进入第2组,接受条件A2(高权威与低内容价值);位于单元格A73~A108的36名参与者进入第3组,接受条件A3(低权威与高内容价值);位于单元格A109~A144的36名参与者进入第4组,接受条件A4(低权威与低内容价值)。这样,144名参与者就被随机分派到了4个组中。

5.3.1.2 实验设计及自变量操纵

一个2×2×2的混合设计用于探寻权威线索和内容线索对用户感知信息质量的影响。具体地,该混合设计包含两个组间因素,即来源权威性(高与低)×内容价值(高与低)以及一个组内因素问题类型(讨论获取类与资源获取类)的设计。

对于来源权威性自变量的操纵,通过查看回答者头像旁边的身份信息,如果标识为"博士"的代表来源的高权威性,标识为"硕士"的代表来源的低权威性线索。

对于内容价值高低的判断,事先采用专家评判的方式代替用户的判断,在其他诸多研究中也使用了专家评判的方式[2][3]。选择信息管理领域讲授"研究方法"的两名教授对其实验材料的内容价值高低进行打分,两位专家打分结果的科恩Kappa值为0.74,表明一致性较好,虽然方法设计上仅使用了两名专家进行评判,但是结果也基本符合预期假设,也

---

[1] 舒华, 张亚旭. 心理学研究方法[M]. 北京: 人民教育出版社, 2008:29-36.
[2] LIU Y, BIAN J, AGICHTEIN E. Predicting information seeker satisfaction in community question answering[C]// International ACM SIGIR Conference on Research and Development in Information Retrieval. ACM, 2008:483-490.
[3] LIU Y, AGICHTEIN E. You've got answers: towards personalized models for predicting success in community question answering[C]// Meeting of the Association for Computational Linguistics on Human Language Technologies: Short Papers. Association for Computational Linguistics, 2008:97-100.

有类似研究中只采用两名专家对虚拟知识社区的回答质量进行打分评判[①]。

对于问题类型自变量的操纵，根据 Fahy 等对问题类型划分的研究成果[②]，将学术社交网络问答站点的问题类型界定为讨论获取类问题和资源获取类问题两种。其中，讨论获取类问题是指含有争议性、建议性或广泛征求意见性的问题，没有固定的答案；资源获取类问题即包含各类资源和信息的求助，如书籍获取、软件资源获取等。有些学者在研究虚拟问答社区时，还将问题类型划分为事实型或定义型[③]，该类问题的答案唯一且明确。本章未做此划分的原因是考虑到学术社交网络的具体情境，区别于一般的社会化问答社区，学术社交网络的用户多数具有较好的知识背景和较高的学历层次，对于事实型或定义型问题，一般都能通过搜索引擎或工具参考资源寻求到标准答案，几乎不可能在社区发起问答，并且在前期的调研中，也未发现事实型或定义型问题的讨论线程。

5.3.1.3 实验材料

所有的问答线程均来自真实的 ResearchGate 站点问答版块的内容，基于此开发了移动端的实验模拟系统（详见附录 D 中的 D-1）。实验系统与真实站点的区别在于，首先对回答的数目进行了适当的剪裁，其目的在于更好地操纵不同的自变量线索；其次，考虑到中西方语言差异和理解层次对实验的影响，模拟界面的所有信息内容都翻译成了中文，均经过外语学院的两名研究生及作者进行了汉英和英汉的两轮转换校正，不一致的地方也经过共同讨论得以统一。实验系统的移动端页面示例如图 5-7 所示。

图 5-7　实验系统的移动端页面示例

---

① JOHN B M, CHUA Y K, GOH H L. What makes a highquality user-generated answer[J]? IEEE Internet Computing, 2010, 15(1):66-71.
② FAHY P J, CRAWFORD G, ALLY M, et al. Patterns of interaction in a computer conference transcript[J]. The International Review of Research in Open and Distributed Learning, 2001, 2(1):1-24.
③ LIN J J, KATZ B. Building a reusable test collection for question answering[J]. Journal of the Association for Information Science and Technology, 2006, 57(7): 851-861.

根据组内变量"问题类型"(讨论获取类问题和资源获取类问题)的划分,选择相符合的问答讨论线程,每个问题类型下选择 4 个话题的问题求助(表 5-1),前测结果表明 4 个话题的用户卷入度差异明显。

表 5-1　实验话题

问题类型	问题概述	提问者
讨论获取类问题	文献回顾、理论分析和概念分析的区别是什么	Muhammad Kamaldeen Imam
	就我的项目而言,最好的数据收集方法是什么	Renu Bankar
	分析访谈数据的最好方法是什么	Azam Nemati Chermahini
	中介变量与调节变量的区别是什么	Amer Ali AI-Atwi
资源获取类问题	推荐适合初学者学习的在线免费版 SPSS 软件	George Duke Mukoro
	推荐学习"最优控制"的资源	Poom Jatunitanon
	推荐统计学学习的经典著作	Plamen Akaliyski
	推荐学习 R 语言的资源	Thomas Duda

开发了表 5-1 中 8 个话题的不同权威线索和内容线索的模拟页面,作为 2×2×2 的混合设计,被试参与者被随机分派到 4 组中的一组,并依次阅读资源获取类问题和讨论获取类问题的问答线程各一个,实验材料同样采用前述 Excel 中的 RAND 函数对其顺序进行了随机化。组间实验的 4 组设计如下:第 1 组是高权威的回答者,且提供了较高的内容价值;第 2 组是高权威的回答者,但提供了较低的内容价值;第 3 组是低权威的回答者,但提供了较高的内容价值;第 4 组是低权威的回答者,且提供了较低的内容价值(表 5-2)。

表 5-2　实验一混合设计中的组间实验设计

	来源权威性	内容价值
第 1 组	高	高
第 2 组	高	低
第 3 组	低	高
第 4 组	低	低

5.3.1.4　因变量测量

为了回答上述研究问题,即各种信息线索是否对用户的感知信息质量产生影响,将用户感知信息质量作为因变量。许多信息科学和信息系统领域的研究已经证明了信息质量是多维构念,因此需要从多个方面进行测量[1][2]。根据信息质量研究学者 Wang 和 Strong 提出的信息质量层级框架,信息质量的维度可概念化为三个:内在信息质量维度、情景信息质量维度和形式信息质量维度[3]。内在信息质量维度是表明信息本身的质量,主要是从信息

---

[1] LEE Y W, STRONG D M, KAHN B K, et al. AIMQ: a methodology for information quality assessment[J]. Information & Management, 2002, 40(2): 133-146.
[2] NELSON R R, TODD P A. Antecedents of information and system quality: an empirical examination within the context of data warehousing[J]. Journal of Management Information Systems, 2005, 21(4):199-235.
[3] WANG R Y, STRONG D M. Beyond accuracy: what data quality means to data consumers[J]. Journal of Management Information Systems, 1996, 12(4): 5-34.

内容的角度考虑;情景信息质量维度强调某一任务中,情景所提供的服务对信息质量的价值帮助,主要是从应用的角度考虑;形式信息质量维度是指通过信息呈现的方式以有效促进理解的程度,主要是从外在形式的角度考虑。基于上述三个维度,对于学术社交网络感知信息质量的测量可以选取以下指标:准确性和可靠性(反映内在信息质量维度)[①]、相关性和完整性(反映情景信息质量维度)、可理解性(反映形式信息质量维度)[②]。

5.3.1.5 实验过程

整个实验均经过了 64 名本科生的前测,修改了问卷中部分理解上有歧义的措辞,并测试了多人访问模拟系统时系统的稳定性。正式实验是在宽敞明亮的教室里进行,所有的指令、要求及注意事项均在屏幕上展示,并给予一定的讲解。参与者通过手机访问问卷上事先随机化的实验材料的二维码地址(两份实验材料采用随机匹配法进行发放,以防止顺序效应),按要求查看每个问答线程的回答情况,然后对问卷上的问题作答。问卷由三个部分构成:①参与者的人口统计特征;②感知回答的信息质量;③对该回答的采纳意愿。详见附录 D 中的 D-3。

每个参与者独立作答,其材料浏览和回答完成时间共计 25 分钟左右。如对实验有不理解的地方可随时举手示意并询问。实验结束后向全体参与者表示感谢。

5.3.2 实验结果

5.3.2.1 描述性分析

1. 不同问题类型的描述性分析

由表 5-3 可知,相较于讨论获取类问题的回答,资源获取类问题回答的感知信息质量较高,采纳意愿也较高。

表 5-3 不同问题类型的感知信息质量的描述性分析

指标	讨论获取类问题		资源获取类问题	
	M	SD	M	SD
准确性	2.76	1.33	3.01	1.30
可靠性	3.21	1.25	3.57	1.18
相关性	2.87	1.43	3.57	1.45
完整性	2.43	1.34	2.97	1.25
可理解性	2.71	1.26	3.65	1.33
采纳意愿	2.37	1.33	3.38	1.30

---

① LEE Y W, STRONG D M, KAHN B K, et al. AIMQ: a methodology for information quality assessment[J]. Information & Management, 2002, 40(2): 133-146.
② DEDEKE A. A conceptual framework for developing quality measures for information systems[C]// Conference on Information Quality. DBLP, 2000:126-128.

2. 因子的描述性分析

因子的描述性分析见表 5-4。

表 5-4 混合实验设计的因子的描述性分析

来源权威性	内容价值	问题类型	均值	标准差	参与人数/人
高	高	讨论获取类	3.83	0.47	18
		资源获取类	4.04	0.69	18
	低	讨论获取类	2.02	0.54	18
		资源获取类	3.09	1.18	18
低	高	讨论获取类	3.57	0.76	18
		资源获取类	3.77	0.77	18
	低	讨论获取类	1.76	0.60	18
		资源获取类	2.34	0.74	18

5.3.2.2 主效应分析

该实验是 2×2×2 的混合设计，包含 8 种条件，即重复测量一个因素的三因素混合设计，其中一个因素为组内变量，另外两个因素为组间变量，所以采用重复测量方差分析(repeated-measures analysis of variance)，目的是确定内容价值、问题类型和来源权威性的主效应及它们之间的交互效应。方差分析检验满足所有的基本假设前提(例如，自变量为分类变量且没有出现明显的异常值；因变量唯一且是连续变量，具有相互独立的观测值；自变量每组的因变量之间存在线性关系；每个因变量的方差都是齐次的，具有等方差性)。

重复测量方差分析的主效应只考虑该因素不同水平引起的变异。结果见表 5-5，三个因素的主效应显著。具体地，参与者认为来源权威性较高的回答(M=3.25，SD=0.07)比来源性较低的回答(M=2.86，SD=0.07)具有更高水平的感知信息质量($F_{(1, 140)}$=16.86，P<0.0005，偏 η^2=0.11)；参与者认为内容价值较高的回答(M=3.80，SD=0.07)比内容价值较低的回答(M=2.30，SD=0.07)具有更高水平的感知信息质量($F_{(1, 140)}$=248.53，P<0.0005，偏 η^2=0.64)；参与者认为资源获取类问题的回答(M=3.31，SD=0.07)比讨论获取类问题的回答(M=2.79，SD=0.05)具有更高水平的感知信息质量($F_{(1, 140)}$=41.75，P<0.0005，偏 η^2=0.23)。因此，假设 H1 和 H3 通过验证。

表 5-5 实验一的主效应分析结果

因素	水平	M	SD	F	P	偏 η^2
来源权威性	高	3.25	0.07	16.86	<0.0005	0.11
	低	2.86	0.07			
内容价值	高	3.80	0.07	248.53	<0.0005	0.64
	低	2.30	0.07			
问题类型	讨论获取类	2.79	0.05	41.75	<0.0005	0.23
	资源获取类	3.31	0.07			

5.3.2.3 交互效应分析

内容价值与问题类型的交互作用显著，Wilks' Lambda=0.90，$F_{(1, 140)}$=15.19，P<0.0005，偏 η^2=0.01。由图 5-8 可知，相较于讨论获取类问题的回答，资源获取类问题回答在不同的内容价值影响下，用户感知信息质量的差异较小。换言之，对于资源获取类问题的回答，高内容价值与低内容价值对用户感知信息质量之间的差距会减小；内容价值与来源权威性的交互作用不显著，$F_{(1, 140)}$=1.54，P=0.22。此外，问题类型、来源权威性和内容价值三者之间的交互作用也不显著，Wilks' Lambda=0.99，$F_{(1, 140)}$=2.17，P=0.14。因此假设 H2 通过验证，假设 H4 未通过验证。

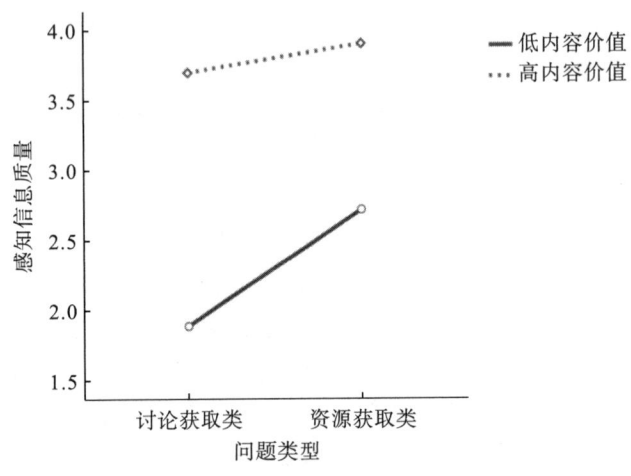

图 5-8 内容价值与问题类型的交互作用

5.3.3 实验讨论

实验一从信息内容和信息来源的角度出发，调查了在不同的问题类型下，用户是如何基于内容价值或来源权威性做出感知信息质量判断的。具体地，通过 144 名用户的行为实验，比较了学术社交网络中讨论获取类问题的回答和资源获取类问题的回答的感知信息质量，发现用户的感知信息质量判断会受到信息内容本身和信息来源不同程度的影响。

1. 信息内容效应

对于信息内容而言，研究发现不同内容价值的回答对用户感知信息质量的影响不同，具有高内容价值的回答更能使人感到更高水平的信息质量（$M_{高}$=3.80，$SD_{高}$=0.07；$M_{低}$=2.30，$SD_{低}$=0.07；$F_{(1, 140)}$=248.53，P<0.0005，偏 η^2=0.64），而且针对同一内容价值的回答，在资源获取类问题中，用户能感知到更高的信息质量（$M_{资源}$=3.31，$SD_{资源}$=0.07；$M_{讨论}$=2.79，$SD_{讨论}$=0.05；$F_{(1, 140)}$=41.75，P<0.0005，偏 η^2=0.23）。此外，内容价值与问题类型之间存在交互影响效应，即相同的内容价值在不同的问题类型条件下，对用户感知信息质量的影响不同（Wilks' Lambda=0.90，$F_{(1, 140)}$=15.19，P<0.0005，偏 η^2=0.01），资源获取类问题比讨论获取类问题具有更高水平的信息质量感知。

用户对信息质量的感知行为与外部信息环境的刺激有关，但也会来源于自身的内部需求[1]，如有学者在旅游网站使用黏性的影响研究中，发现网站的内容价值是消费者能够获取的理性效用，对使用黏性具有重要的影响[2]；高内容价值的Twitter新闻更容易获得转发[3]。尤其是学术社交网络区别于一般的社交网站，本书在第3章的研究中已经总结了学术社交网络的用户主要是具有较高信息需求的研究人员，根据认知心理学的双重加工理论[4]，这类特殊群体在对专业知识进行吸纳和接受时，更容易采用慢速和有意识的分析式加工方式，注入更多的意识努力和思考，即中心路径的认知加工过程[5]，增加精细加工（elaboration likelihood）的可能性[6]，Koriat等也证明了人们在进行学习时对内部线索更为敏感[7]。所以学术社交网络用户在进行专业内容的感知信息质量判断时，还是更为关注信息内容本身的准确性、可靠性、完整性、相关性和表达性等反映内容价值的因素。另外，相同的内容价值在不同的问题类型条件下，对用户感知信息质量的影响不同，资源获取类问题比讨论获取类问题具有更高水平的信息质量感知，说明有可能是因为资源获取类问题的回答边界更广，更为非结构化，难以界定回答的准确性和完整性等，所以用户的感知信息质量普遍较高，不存在明显差异。

本章拓展了有关认知领域的决策研究，在以往的虚拟社区用户的线索选判研究中，学者们多关注外部线索，围绕内部线索而开展的研究较少，本章将内部线索纳入研究框架，发现区别于一般的社交网络，学术社交网络的用户由于自身的知识背景，较之其他用户更为看重信息内容本身，而且不同的问题类型条件下个体对内部线索的敏感度不同。

2. 信息来源效应

对于信息来源而言，不同权威性来源的回答对用户感知信息质量的影响不同，具有高权威性的信息来源能使用户感知到更高水平的信息质量（$M_{高}=3.25$，$SD_{高}=0.07$；$M_{低}=2.86$，$SD_{低}=0.07$；$F_{(1,140)}=16.86$，$P<0.0005$，偏$\eta^2=0.11$）。此外，本实验中并未发现内容价值和来源权威性之间的交互作用（$F_{(1,140)}=1.54$，$P=0.22$），仅显示了各自的显著主效应。

高权威性的来源能使用户感知到更高水平的信息质量，这一结论在第3章对用户的攀梯访谈中就得到了证实，攀梯访谈的结果显示在13条影响用户感知信息质量判断的线索中，"信息发布者的权威性"是最重要的线索。并且该结果也与先前的多项相关研究结论类似，如Fogg等认为作者资历和身份的显示是提高在线网站信息可信度的重要借鉴[8]；Lin等在研究微博的转发时，发现来自专业机构的微博信息具有更高的可信度[9]；Koh和

---

[1] 孙瑞英.信息服务与用户认知过程的关联与互动研究[J].情报杂志，2014, 33(4):190-195.
[2] WEBER K, ROEHL W S. Profiling people searching for and purchasing travel products on the World Wide Web[J]. Journal of Travel Research, 1999, 37(3):291-298.
[3] RUDAT A, BUDER J. Making retweeting social: the influence of content and context information on sharing news in Twitter[J]. Computers in Human Behavior, 2015, 46(5):75-84.
[4] EPSTEIN S. Integration of the cognitive and the psychodynamic unconscious[J]. American Psychologist, 1994, 49(8): 709-724.
[5] EVANS J S, STANOVICH K E. Dual-process theories of higher cognition: advancing the debate[J]. Perspectives on Psychological Science, 2013, 8(3): 223-241.
[6] PETTY R E, CACIOPPO J T. The elaboration likelihood model of persuasion[J]. Advances in Experimental Psychology, 1986(19): 123-205.
[7] KORIAT A, ACKERMAN R, LOCKL K, et al. The memorizing effort heuristic in judgments of learning: a developmental perspective[J]. Journal of Experimental Child Psychology, 2009, 102(3):265-279.
[8] FOGG B J, SOOHOO C, DANIELSON D R, et al. How do users evaluate the credibility of Web sites: a study with over 2,500 participants[C]// Proceedings of the 2003 Conference on Designing for User Experiences, 2003: 1-15.
[9] LIN X, SPENCE P R, LACHLAN K A. Social media and credibility indicators: the effect of influence cues[J]. Computers in Human Behavior, 2016, 63:264-271.

Sundar 通过实验操纵网站的权威性，证明了具有高权威性的网站能赢得更多的信任[1]。这种依赖信息来源权威性做出的认知判断被称为"权威启发式"或"声誉启发式"。前述多项在线信息可信度判断的研究中表明人们会依赖权威启发式，它利用了人们的某种认知趋势，即相信"权威的人说的总是正确的"，这是一种经验法则，而非经过系统式的分析处理，属于认知中的边缘路径加工方式，较为快速且不具稳定性[2]。而内容价值与来源权威性线索的交互效应不显著表明认知中的中心路径和边缘路径在此情景判断中具有独立性，当用户的卷入程度或知识水平较高时，更愿选择中心路径的加工方式，反之亦然。

本实验肯定了前人研究中关于来源权威性会极强地影响效应的结论，并在此基础上综合考虑了信息内容与信息来源线索的交互影响，证明了用户选择何种路径方式取决于用户对学术信息加工的动机和能力，证实了复杂的认知加工过程，即当个体处理信息时，关于信息来源的主观感知和关于信息内容的可靠性判断都会共同发挥作用。

5.4 实 验 二

实验一中考虑了内容的价值，即信息本体，在线索理论中，它是属于内部线索。在实验二中，我们将考虑外部线索的影响，从信息来源和信息传播的角度出发，研究的目标是调查同伴线索和推荐线索对用户感知信息质量的影响效应，以及权威线索、同伴线索和推荐线索交织后对用户感知信息质量的交互影响效应。因此，开展了第二个实验室控制实验，使用和实验一中同样的实验系统及研究生群体作为被试，实验材料依据研究问题有所不同。

先前研究发现，用户在网站上会习惯于挑选有推荐的文章进行阅读，一个有关 Google 新闻的三个"新闻线索"(来源、相关新闻的数量、最近日期)的实验表明当来源可信度较低时，用户认为高点击率的新闻可能蕴含的新闻价值更大[3]，即不确定条件下的从众启发式判断。此外，在有关从众效应的研究中，也有学者发现用户评论中，基于同伴或同行的评论会影响用户的购物决策[4][5]。在学术社交网络情景下，用户对信息质量的判断会产生何种从众行为？推荐线索或同伴线索是否对用户感知信息质量有影响？外部线索的权威线索、推荐线索和同伴线索三者之间是否产生交互效应等？为此实验二将逐步验证本章研究框架中所提出的研究假设 H5～H7。

实验二将通过 2×2×2 的组间因子设计，检验来源权威性线索(高与低)、同伴线索(有与无)和推荐线索(有与无)因素，以及三者的交互作用对用户感知信息质量的影响。

---

[1] KOH Y J, SUNDAR S S. Heuristic versus systematic processing of specialist versus generalist sources in online media[J]. Human Communication Research, 2010, 36(2):103-124.
[2] KIM T. Observation on copying and pasting behavior during the Tohoku earthquake: retweet pattern changes[J]. International Journal of Information Management, 2014, 34(4):546-555.
[3] SUNDAR S S, NASS C. Conceptualizing sources in online news[J]. Journal of Communication, 2010, 51(1):52-72.
[4] SUNDAR S S, OELDORF-HIRSCH A, XU Q. The bandwagon effect of collaborative filtering technology[C]// CHI '08 Extended Abstracts on Human Factors in Computing Systems. ACM, 2008:3453-3458.
[5] SMITH D, MENON S, SIVAKUMAR K. Online peer and editorial recommendations, trust, and choice in virtual markets[J]. Journal of Interactive Marketing, 2005, 19(3):15-37.

5.4.1 实验方法

5.4.1.1 实验参与者

实验二中的参与被试依旧是来自实验一中的研究生群体,共有 144 名研究生参与了实验二的任务,参与者的年龄范围为 22～26 岁（*M*=23.63 , SD=1.02）。同样采用 Excel 软件来完成随机化实验组的分派过程(方法详见 5.3.1.1 节)。

5.4.1.2 实验设计及自变量操纵

一个 2×2×2 的三因素完全随机实验设计用于探寻权威线索、同伴线索和推荐线索对用户感知信息质量的影响。具体地,即三个组间因素为来源权威性(高与低)×同伴作用(有与无)×推荐作用(有与无)的设计。

同样地,对于来源权威性自变量的操纵,通过查看回答者头像旁边的身份信息,如果标识为"博士"代表来源的高权威性,标识为"硕士"代表来源的低权威性。

对于同伴作用的自变量操纵,在回答中采用了作者的头像和姓名,并在实验前告诉参与者,这个表示在学术社交网络中我们是相互关注的研究兴趣同道合的好友,同时模拟页面中该回答者姓名的旁边会标注"已关注"代表有同伴关系,"未关注"代表无同伴关系。

对于推荐作用的自变量操纵,"有"推荐作用的线索在回答的右下方标识"有 10 人推荐",否则为"有 0 人推荐",表示"无"推荐作用的线索,页面详情见附录 D 中的 D-2。

5.4.1.3 实验材料

由于实验二是考察外部线索对用户感知信息质量的影响,因此不考虑信息内容本身的影响[①],故 8 个实验组均采用同样的问答线程,根据分组设计,在问答线程中放置不同的权威性线索、同伴线索和推荐线索。实验二的三因素完全随机实验设计见表 5-6,144 名参与者被随机分派到 8 个组中。

表 5-6 实验二的组间实验设计

	来源权威性	同伴作用	推荐作用
第 1 组	高	有	有
第 2 组	高	有	无
第 3 组	高	无	有
第 4 组	高	无	无
第 5 组	低	有	有
第 6 组	低	有	无
第 7 组	低	无	有
第 8 组	低	无	无

---

① 注：我们选择使用低内容价值材料,是由于实验一研究发现高内容价值的材料对感知信息质量有更强的影响。因此,使用低内容价值的材料能够对我们的后续假设提供更为保守的检验。

5.4.2 实验结果

5.4.2.1 描述性分析

3个因子的描述性分析见表5-7。

表 5-7 组间实验设计的因子的描述性分析

来源权威性	同伴作用	推荐作用	均值	标准差	参与人数/人
高	有	有	3.93	0.26	18
		无	3.22	0.55	18
	无	有	3.24	1.02	18
		无	3.04	0.65	18
低	有	有	3.22	0.66	18
		无	2.56	0.43	18
	无	有	2.76	0.59	18
		无	1.69	0.44	18

5.4.2.2 控制变量

以往的研究表明，对内容的熟悉程度[①②]、人口统计学特征会影响研究中的因变量结果，因此其效应要接受统计控制以保证本节的研究问题和研究假设的检验，以消除这些变量对因变量结果的替代性解释[③④]。采用事前自我报告数据测量年龄和专业背景，然后做所有变量之间的相关分析，其变量间的零阶相关系数见表5-8。

表 5-8 变量间的零阶相关系数

	M	SD	1	2	3	4	5	6
1. 年龄	23.60	0.99						
2. 专业	8.22	2.26	0.20*					
3. 准确性	2.82	1.02	−0.01	−0.56				
4. 可靠性	2.88	1.07	−0.21*	−0.13	0.63**			
5. 相关性	3.08	1.19	−0.18*	−0.05	0.51**	0.60**		
6. 完整性	2.83	1.04	−0.08	−0.06	0.50**	0.46**	0.54**	
7. 可理解性	3.18	1.06	−0.09	−0.05	0.47**	0.45**	0.60**	0.61**

---

① EASTIN M S. Credibility assessments of online health information: the effects of source expertise and knowledge of content[J]. Journal of Computer - Mediated Communication, 2001, 6(4):1.
② OKEEFE D J. Persuasion: Theory and Research[M]. Newbury Park, CA: Sage Publications, 1990: 25-53.
③ JOHNSON T J,.KAYE B K. Cruising is believing? Comparing internet and traditional sources on media credibility measures[J]. Journalism & Mass Communication Quarterly, 1998, 75(2):325-340.
④ FLANAGIN A J, Metzger M J. The perceived credibility of personal web page information as influenced by the sex of the source[J]. Computers in Human Behavior, 2003, 19(6):683-701.

5.4.2.3 主效应分析

该实验是一个 2×2×2 的三因素完全随机实验,包含三个因素,三个因素均是组间变量,且均为刺激变量,每个因素下涵盖两种水平,共包含 8 种条件,不同的被试组采用随机分派程序确定。为了考察三个因素各自的主效应及不同因素之间的交互作用,因此采用三因素被试间的方差分析(three-way between-subjects analysis of variane)。方差分析检验满足所有的基本假设前提(例如,自变量为分类变量且没有出现明显的异常值;因变量唯一且是连续变量,具有相互独立的观测值;自变量每组的因变量之间存在线性关系;每个因变量的方差都是齐次的,具有等方差性)。

主效应分析结果表 5-9,三个因素即来源权威性、同伴作用和推荐作用的主效应显著。具体地,参与者认为来源权威性较高的回答(M=3.26,SD=0.07)比来源性较低的回答(M=2.56,SD=0.07)具有更高水平的感知信息质量($F_{(1, 140)}$=62.62,P<0.0005,偏 η^2=0.32);参与者认为来自好友的回答(M=3.23,SD=0.07)比来自陌生人的回答(M=2.68,SD=0.07)具有更高水平的感知信息质量($F_{(1, 140)}$=29.19,P<0.0005,偏 η^2=0.18);参与者认为得到他人推荐的回答(M=3.29,SD=0.07)比未获得他人推荐的回答(M=2.63,SD=0.07)具有更高水平的感知信息质量($F_{(1, 140)}$=42.18,P<0.0005,偏 η^2=0.24)。因此,假设 H5 和假设 H6 通过验证。

表 5-9 实验二的主效应分析结果

因素	水平	M	SD	F	P	偏 η^2
来源权威性	高	3.36	0.07	62.62	<0.0005	0.32
	低	2.56	0.07			
同伴作用	有	3.23	0.07	29.19	<0.0005	0.18
	无	2.68	0.07			
推荐作用	有	3.29	0.07	42.18	<0.0005	0.24
	无	2.63	0.07			

5.4.2.4 交互效应分析

来源权威性和推荐数的交互作用边缘显著,$F_{(1, 136)}$=4.08,P=0.05,偏 η^2=0.03。用户感知信息质量在来源权威性线索和推荐线索的交互影响下,均值存在很大的差异。

交互作用如图 5-9 所示,随着来源权威性的升高,有推荐与无推荐对感知信息质量的影响差异会减小,无推荐的情况下,高权威的信息来源(M=3.13,SD=0.10)比低权威的信息来源(M=2.12,SD=0.10)具有更高水平的信息质量感知。然而,来源权威性与同伴因素的交互作用边缘不显著,$F_{(1, 136)}$=1.31,P=0.25,偏 η^2=0.01,同伴因素与推荐因素的交互作用边缘也不显著,$F_{(1,136)}$=0.07,P=0.76,偏 η^2=0.00。

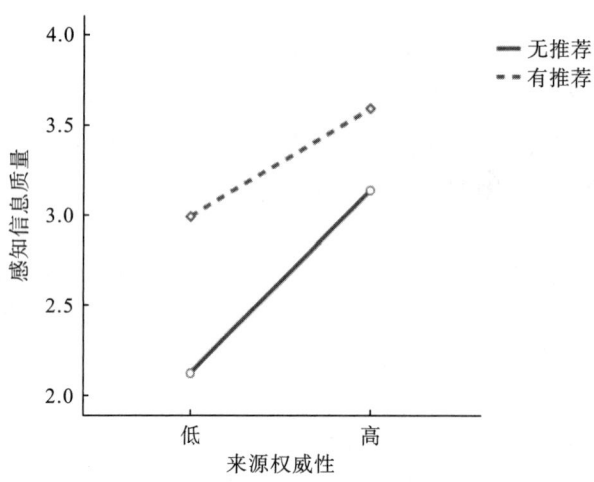

图 5-9　来源权威性与推荐因素的交互作用

此外，实验二调查了三因素的交互作用。三因素的交互作用是指两个因素的交互作用在另一因素的不同水平下对因变量的影响。经过数据分析，计算输出结果如图 5-10 和图 5-11 所示，在来自陌生人的回答中，无推荐和有推荐的回答随来源权威性的变化曲线不平行，表明来源权威性与推荐数存在交互作用；在来自好友的回答中，无推荐和有推荐的回答随来源权威性的变化曲线也不平行，说明也存在交互作用。并且，这两个交互作用的形式在不同信息来源熟悉度的回答中有所不同，说明来源权威性与推荐因素在同伴因素的不同水平下对感知信息质量的影响不同，表明存在三因素的交互作用。

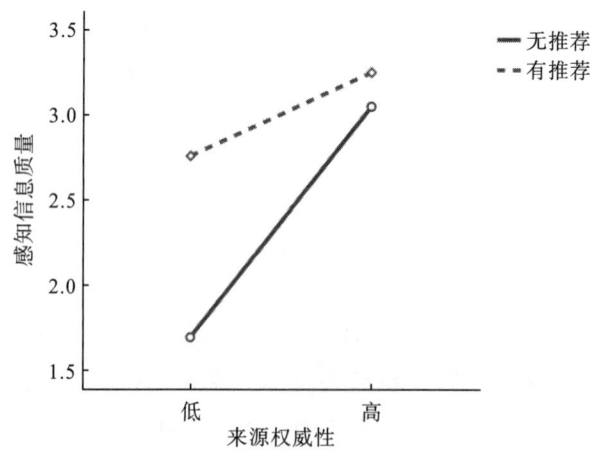

图 5-10　来源权威性和推荐因素的交互作用（来自陌生人的回答）

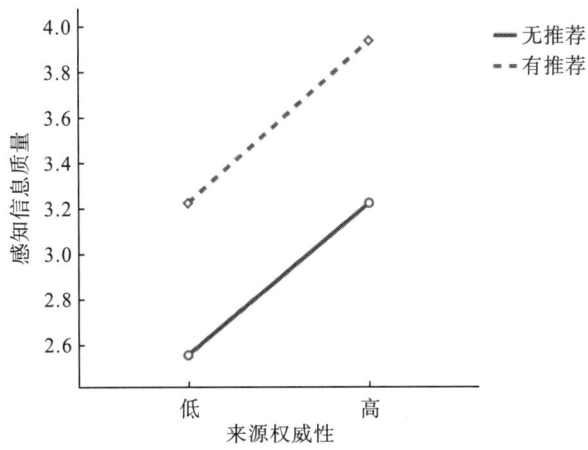

图 5-11　来源权威性和推荐因素的交互作用(来自好友的回答)

尽管图 5-10、图 5-11 提供了三个因素之间交互作用的直观结果，但并不能确定图形结果是否受到抽样误差的影响。因此需要依据统计检验进行判断，方差分析结果显示三因素的交互作用具有统计学意义，$F_{(1, 136)}$=5.01，P=0.03，偏 η^2=0.04。因此假设 H7 通过验证。

当方差分析中的三因素交互作用显示有意义时，需要逐一分析简单两因素的交互作用(simple two-way interactions)，也称"简单单独效应检验"，即在其中任意一个因素的不同水平下，因变量的变化是否受到其余两个因素交互作用的影响。在本实验中，我们将来源权威性和推荐因素的水平固定，考察同伴因素的效应。通过这个方向上的简单单独效应检验可以了解到，同来自陌生人的回答相比，来自好友的回答对用户感知信息质量的变化，受到来源权威性和推荐因素不同水平的影响。

由于 SPSS 软件并未提供多因素组间设计的简单单独效应检验的对话框，因此利用 SPSS 的语法编辑器，编辑和运行如下命令行：

MANOVA average BY authority（1, 2）recom（1, 2）peer（1, 2）
/DESIGN
/DESIGN=peer WITHIN authority（1）WITHIN recom（1）
　　　　Peer WITHIN authority（2）WITHIN recom（1）
　　　　Peer WITHIN authority（1）WITHIN recom（2）
　　　　Peer WITHIN authority（2）WITHIN recom（2）

激活运行菜单，简单单独效应检验结果见表 5-10。从中可以看出，当有他人推荐时，无论来源权威性的高低，同伴作用的主效应均显著，两者分别为 $F_{(1, 139)}$=2.98、P=0.09 和 $F_{(1, 139)}$=6.50、P=0.01；当无他人推荐时，如果来源的权威性低，则同伴作用的主效应显著，$F_{(1, 139)}$=10.29，P=0.00。然而，如果来源的权威性高，则同伴作用的主效应不显著，F<1。同理，简单单独效应还可以这样理解：当来源权威性较低时，无论该回答是否有人推荐，同伴作用的主效应均显著；当来源权威性较高时，如果有他人推荐，则同伴作用的主效应显著，否则同伴作用的主效应不显著。

表 5-10　简单单独效应检验结果

变异来源	SS	DF	MS	F	Sig of F
WITHIN+残差	91.35	139	0.66		
PEER WITHIN AUTHORITY（1）WITHIN RECOM（1）	6.76	1	6.76	10.29	0.00
PEER WITHIN AUTHORITY（2）WITHIN RECOM（1）	0.28	1	0.28	0.43	0.51
PEER WITHIN AUTHORITY（1）WITHIN RECOM（2）	1.96	1	1.96	2.98	0.09
PEER WITHIN AUTHORITY（2）WITHIN RECOM（2）	4.27	1	4.27	6.50	0.01

进一步地，执行简单两因素的交互作用分析，先将数据按照"同伴"因素进行拆分，然后在命令语法编辑器中编辑并执行如下命令行：

UNIANOVA average BY authority recom
　/METHOD=SSTYPE（3）
/TEST=authority*recom VS 5.064887 DF（60）
　/INTERCEPT=INCLUDE
　/CRITERIA=ALPHA（.05）
　/DESIGN=authority recom authority*recom.

输出自定义假设测试的结果见表 5-11。其中，来源权威性与推荐因素在无同伴中具有简单两因素的交互作用，$P<0.0005$（进行了 Bonferroni 校正），所以该交互项具有统计学意义。然而，在有同伴的条件下，来源权威性和推荐因素无简单交互作用。

表 5-11　简单两因素的交互作用结果

同伴	来源	平方和	DF	均值平方	F	Sig of F
无	比对	3.38	1	3.38	40.04	<0.0005
	错误	5.07	60	0.08		
有	比对	0.01	1	0.01	0.11	0.75
	错误	5.07	60	0.08		

根据上述简单单独效应的检验结果，当回答来自陌生人时，来源权威性和推荐因素的交互作用具有统计学显著意义。通过 Bonferroni 校正的事后调整多重比较，可以从表 5-12 中进一步发现，当回答来自陌生人时，在来源权威性较低的情况下，来自他人推荐的回答对感知信息质量的影响会显著大于没有推荐的回答，$P<0.0005$，而在来源权威性较高的情况下，有无他人推荐对感知信息质量的影响差异则无统计学意义，$P=0.33$。

表 5-12　两两比较结果

同伴	来源权威性	（I）推荐	（J）推荐	标准误	显著性	95%差异的信任区间 下限	95%差异的信任区间 上限
无	低	无	有	0.20	<0.0005	−1.47	−0.66

续表

同伴	来源权威性	(I)推荐	(J)推荐	标准误	显著性	95%差异的信任区间 下限	95%差异的信任区间 上限
有		有	无	0.20	<0.0005	0.66	1.47
	高	无	有	0.20	0.33	-0.60	0.20
		有	无	0.20	0.33	-0.20	0.60
	低	无	有	0.20	0.01	-1.01	-0.26
		有	无	0.20	0.01	0.26	1.01
	高	无	有	0.20	0.01	-1.11	-0.31
		有	无	0.20	0.01	0.31	1.11

综上，采用三因素方差分析来源权威性线索、同伴线索和推荐线索对用户感知信息质量的影响，结果显示三个因素的主效应显著，并且三个因素对用户感知信息质量的影响存在三因素交互作用，$F_{(1,136)}=5.01$，$P=0.03$，偏$\eta^2=0.04$。简单两因素交互分析作用结果表明，当回答来自陌生人时，来源权威性线索和推荐线索的简单两因素交互作用存在，$F_{(1,136)}=40.04$，$P<0.0005$；当回答来自好友时，权威性线索和推荐线索的简单两因素交互作用不存在，$F_{(1,136)}=0.11$，$P=0.75$。简单单独效应检验结果显示，当来源权威性较低时，无论该回答是否有人推荐，同伴作用的主效应均显著，两者分别为$F_{(1,139)}=6.50$、$P=0.01$和$F_{(1,139)}=2.98$、$P=0.09$；当来源权威性较高时，如果有他人推荐，则同伴作用的主效应显著，$F_{(1,139)}=10.29$，$P<0.0005$，否则同伴作用的主效应不显著。

5.4.3 实验讨论

实验二从信息来源和信息传播的角度出发，调查了三个外部线索（来源权威性线索、同伴线索和推荐线索）对用户感知信息质量判断的影响。具体地，通过对144名被试间因素完全随机实验，发现用户的感知信息质量会受到信息来源和信息传播不同程度的影响。

1. 同伴线索效应

实验二中考虑了信息传播中的外部线索，即同伴线索的影响效应。研究发现同伴线索对用户感知信息质量的主效应显著，即来自好友的回答比来自陌生人的回答具有更高水平的感知信息质量（$M_{好友}=3.23$，$SD_{好友}=0.07$；$M_{陌生人}=2.68$，$SD_{陌生人}=0.07$；$F_{(1,140)}=29.19$，$P<0.0005$，偏$\eta^2=0.18$）。

同伴线索主效应显著的结论与本书第3章攀梯访谈的结果一致，攀梯访谈的主要结果路径显示学术社交网络用户根据同伴作用的线索，从而感知信息内容质量的优劣，如受访者会在访谈中表达"会倾向相信好友的观点""关系熟悉的人的意见更可靠"等。这同时也与前人研究结论具有类似之处，如OKeefe总结了在说服性研究中，对信息来源的熟悉程度可以影响论据质量的判断，相比不熟悉的信息源，熟悉的信息源具有更高的可信度[1]。

---

[1] OKEEFE D J. Persuasion: Theory and Research[M]. Newbury Park, CA: Sage Publication, 1990: 25-53.

表明人们对熟悉的信息源会更认可,因此会赞同好友提供的回答,感知到更高的信息质量。有学者指出信息的认知判断取决于个体的偏好,因此具有相似兴趣的群体的意见更能影响个体的判断[①],相似的关注确实能减少不确定性[②]。学术社交网络中的好友关系,正是代表了研究的相似兴趣和偏好,因此来自好友的回答更能让用户感知到较高的信息质量。本实验进一步拓展了信息来源熟悉度的研究范围,表明在线情景下,包括学术社交网络情景下,人们都会倾向于信任熟悉的信息源。

2. 推荐线索效应

实验二的结果表明推荐线索主效应显著,即获得他人推荐的回答比未得到他人推荐的回答具有更高水平的感知信息质量($M_{有}=3.29$,$SD_{有}=0.07$;$M_{无}=2.63$,$SD_{无}=0.07$;$F_{(1,140)}=42.18$,$P<0.0005$,偏$\eta^2=0.24$)。

推荐线索体现了多数人的认可,是一种普遍的线索依赖[②],在本书第 3 章的攀梯访谈中也显示其是用户感知内容质量的重要线索依据。推荐线索主效应显著的结论揭示了个体对他人意见的跟随效应,是一种从众的启发式,从众是社交网络中普遍存在的一种社会心理和行为现象,即人们"倾向于相信他人所信赖的东西""如果别人都认为这是一个好故事,那我也深以为然"[③]。因为在线认知环境的复杂性,人们很难判断信息来源的权威性、可靠性和准确性等,社会化计算的优势在于可以利用群体认知的结果帮助用户做出信息质量的判断,按照 Madden 和 Fox 的观点,社会化计算工具或应用程序就是"用群体的智慧取代传统机构的权威地位"[④]。社交信息汇集、个人意见的社会化确认、热度的支持和资源分享程度等都是社会化计算工具的体现。在 ResearchGate 的学术回答中所反映的群体的"推荐"就是一个典型的社会化计算应用,有推荐的回答代表了群体对回答质量的认可。Metzger 等通过焦点小组访谈的方式了解到人们普遍认可社会化推荐的有用性和价值性[⑤]。

本实验结论丰富了关于从众效应的相关研究,拓展了从众启发式的研究边界,不仅再次印证了从众这一普遍存在的社会心理现象,而且凸显了社会化推荐的意义和价值,进一步证实了推荐线索的有用性。

3. 来源权威性线索、同伴线索和推荐线索之间的交互作用

本实验发现来源权威性线索、同伴线索和推荐线索三个因素对用户感知信息质量的影响存在三因素交互作用($F_{(1,136)}=5.01$,$P=0.03$,偏$\eta^2=0.04$)。特别地,通过简单单独效应检验证明了当来源权威性较高时,如果有他人推荐,则同伴作用的主效应显著($F_{(1,139)}=10.29$,$P<0.0005$),否则同伴作用的主效应不显著($F_{(1,139)}=2.98$,$P=0.09$)。此外,进一步地通过简单两因素的交互作用分析,发现在有同伴的条件下,来源权威性和推荐因

---

① METZGER M J, FLANAGIN A J, MEDDERS R B. Social and heuristic approaches to credibility evaluation online[J]. Journal of Communication, 2010, 60(3):413-439.
② POSTEN A C, Mussweiler T. That certain something! Focusing on similarities reduces judgmental uncertainty[J]. Cognition, 2017, 165:121-125.
③ SUNDAR S, SHYAM. The MAIN model: a heuristic approach to understanding technology effects on credibility[J]. Digital Media, Youth, and Credibility, 2008: 73-100.
④ MADDEN M, FOX S. Riding the waves of "Web 2.0": more than a buzzword, but still not easily defined[EB/OL]. (2006-10-05)[2008-07-28].http://www.pewinternet.org/pdfs/PIP Web 2.0.pdf.
⑤ METZGER M J, FLANAGIN A J, MEDDERS R B. Social and heuristic approaches to credibility evaluation online[J]. Journal of Communication, 2010, 60(3):413-439.

素无简单交互作用($F_{(1,60)}=0.11$,$P=0.75$);在无同伴的条件下,即回答来自陌生人时,来源权威性和推荐因素的交互作用具有统计学显著意义($F_{(1,60)}=40.04$,$P<0.0005$)。

Sundar 曾经指出,在线可信度判断所呈现的各种启发式是复杂且相互影响的[1],按照 Sundar 等提出的"线索累积效应"的解释,当所有线索都触发相同的启发式时,就会触发线索累积效应。线索累积效应表明,更多线索的共同存在将增强信源可信度感知的积极效应。因此,当回答的来源权威性较高,且又有他人推荐时,凸显了累积效应,增强了信息质量感知的积极效应,所以同伴作用的主效应显著;只有较高权威性的来源,无他人推荐时,线索累积效应不显著,此时同伴作用的主效应也不显著。此外,在无同伴的条件下,即回答来自陌生人时,利用 Fogg 的显著解释理论[2],线索需要达到能显著引起个体注意的程度,才能对可信度判断产生影响。当回答来自陌生人时,表明没有同伴线索的作用,个体此时会寻求其他已有线索的帮助以降低信息质量判断的不确定性,因而来源的权威性和推荐数两个因素的简单交互作用显著。不同于传统面对面场景下的人际沟通,社交网络上的信息接收者无法确定信息的可信度[3],于是人们常常依赖一些情景因素,如网站或平台的可信度[4]、被称作从众效应或羊群行为的他人选择或决策等[5],帮助自己判断该信息的质量。

本实验肯定了前人研究中关于外部线索影响有效性的结论,并将在线情景细分应用到学术社交网络环境下,同时将权威线索、同伴线索和推荐线索 3 个外部线索整合放入一个研究框架中实施考察。首先是肯定了许多启发式认知策略的存在,人们处于像网络这样信息超载的环境中,更容易使用启发式的认知策略以应对信息的不确定性。其次是三因素交互作用的实验结论体现了个体认知线索选判的复杂性,可以据此构建出用户信息质量判断的双重加工模型,如图 5-12 所示。

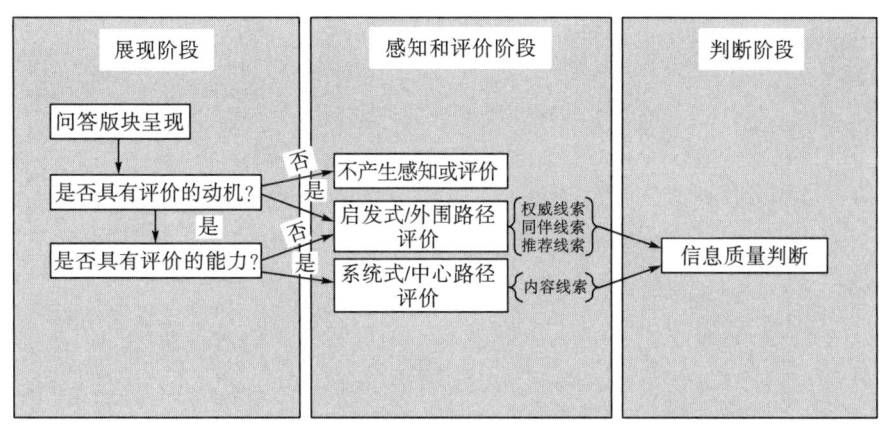

图 5-12 用户信息质量判断的双重加工模型

---

[1] SUNDAR S S. The MAIN model: a heuristic approach to understanding technology effects on credibility[J]. Digital Media, Youth, and Credibility, 2008: 73-100.
[2] FOGG B J. Prominence-interpretation theory: explaining how people assess credibility online[C]// CHI, 2003:722-723.
[3] SHI J, LAI K K, HU P, et al. Understanding and predicting individual retweeting behavior: receiver perspectives[J]. Applied Soft Computing, 2017: 844-857.
[4] PARK C, LEE T M. Information direction, website reputation and eWOM effect: a moderating role of product type[J]. Journal of Business Research, 2009, 62(1): 61-67.
[5] SALGANIK M J, DODDS P S, WATTS D J, et al. Experimental study of inequality and unpredictability in an artificial cultural market[J]. Science, 2006, 311(5762): 854-856.

5.5 小　　结

本章加深了对学术社交网络用户感知信息质量的线索选判的理解。通过两个实验室实验，外部线索的显著利用有效证明了 Metzger 的观点，即人们对于 Web 信息的判定倾向于使用最少时间和最少精力的验证策略[1]。社会认知心理学的相关研究多次指出个体"认知迷航"的缺陷[2]，在这些情况下，人们可能更依赖于激活认知启发或心理捷径的线索，从而减少深入思考和理性分析的需要。

值得注意的是，用户对内容的兴趣或卷入度是决定信息质量认知路径的关键因素，在显著解释理论中也强调了用户参与对可信度的显著影响[3]。当用户的兴趣或卷入度较高时，用户较少依赖外部线索，而是主要依靠自身的知识对学术信息的质量做出判断，属于认知加工的中心路径方式；当用户的兴趣或卷入度较低时，往往主要依靠外部线索对学术信息的感知质量做出判断，从而降低自身的认知负荷，属于认知加工的边缘路径方式。这即是 Evans 提出的信息处理的双系统加工方式[4]，用户的感知信息质量结果受到启发式判断和分析式判断双重影响。

本章研究对用户界面和信息系统的设计也提供了启示，良好的反馈系统、评价系统和声誉系统不仅要关注和设计相关的线索或指标，更为重要的是，如何针对不同心理基础的群体在同一个界面上设计和呈现出不同类型的线索。此外，了解信息质量感知中使用的启发式过程有助于设计提高学术社交网络用户信息素养的课程或干预策略，以提升学术社交网络信息的整体质量。

---

[1] METZGER M J. Making sense of credibility on the Web: models for evaluating online information and recommendations for future research[J]. Journal of the Association for Information Science & Technology, 2007, 58(13):2078-2091.
[2] SUNDAR S S, KANG H, WU M, et al. Unlocking the privacy paradox: do cognitive heuristics hold the key?[C]// CHI '13 Extended Abstracts on Human Factors in Computing Systems. 2013:811-816.
[3] FOGG B J. Prominence-interpretation theory: explaining how people assess credibility online[C]// CHI, 2003:722-723.
[4] EVANS J S. Heuristic and analytical processes in reasoning[J]. British Journal of Psychology, 1984, 75(4):451-468.

第 6 章 学术社交网络信息质量治理和提升研究

传统市场中，企业的产品质量是决定企业生命力的关键因素。虚拟空间中，应用平台上的信息质量是该平台提高竞争优势与可持续发展的重要前提。以学术社交网络为例，信息质量对用户满意具有决定性作用，信息质量的高低代表了其对用户期望的满足程度[①]。因此平台方在海量信息环境的压力下不断加强信息质量的管控，尝试各种信息质量优化和保证策略，以增强用户对平台信息质量的信任，提升平台品牌形象，促进用户忠诚。

与传统的服务系统相比，在线环境下的平台服务更为复杂。首先，由于信息服务的无形性，使得信息质量问题更不容易被监测和预测；其次，由于在线的交互性特征，不同层次的用户感知到的是不同的服务体验；最后，由于信息内容的用户生成特点，信息内容无法像实物产品一样实现完全的事前质量检验和确认。诸多因素导致了学术社交网络信息质量管控的困难，学术社交网络所秉持的自由开放精神造就了内容质量控制的障碍，因此需要在用户感知信息质量的过程和特点中，通过关键要素的分析、用户激励及流程监控，实现信息质量的优化和提升。此外，有学者认为，在线情景下的用户决策行为不仅取决于信息服务本身的消费剩余，还与用户对整个平台的服务过程和信息认知状态有关[②]。在线环境下的海量信息扩大了用户对信息了解的范围和速度，但也使用户对信息质量的判断存在更高的不确定性，因此需要研究用户认知视角下的感知信息质量行为，及其对信息质量优化提升的影响。

综上，用户是学术社交网络信息质量最直接的感知者和最终研判者。本章将在前述大量研究的基础上，从用户对信息质量线索选判的视角出发，利用前述章节中有关社区环境线索选判、信息特征线索选判的相关研究结论，构建面向管控机制、平台技术、信息内容和信息用户的信息质量治理决策模型，并使用 DEMATEL 方法，通过专家打分，获取各个质量治理策略间的影响及作用关系，明确信息质量治理策略的总体权重，并对国内外主要的学术社交网络的信息质量管理状况进行比较与评价，以期为现有学术社交网络的信息质量治理及提升优化提供理论参考和实践指导。

6.1 信息质量治理框架

随着社会化网络的迅速发展，学术社交网络因其在学术资源共享及科研互助等方面的优势，已经吸引了大批的研究人员通过它获取有价值的学术信息。因此也形成了诸如

---

① WANG R Y, STOREY V C, FIRTH C P. A framework for analysis of data quality research[J]. IEEE Transactions on Knowledge & Data Engineering, 1995, 7(4):623-640.
② 华中生.网络环境下的平台服务及其管理问题[J].管理科学学报,2013,16(12):1-12.

ResearchGate、Academia 和科学网博客等一批具有影响力的学术社交网络平台。但与此同时，学术社交网络发展的整体水平参差不齐，许多平台中广泛存在信息质量低劣、垃圾信息泛滥、广告遍布页面、知识产权侵占和虚假学术信息充斥等问题，严重影响了用户体验。

在平台信息质量治理的相关研究中，均是在信息质量影响因素的前提下，从多维设计信息质量的管控手段或评价体系。例如，Kane 对维基百科文章质量的个案分析中，发现知识贡献者的活动类型和高级贡献者经验会对文章质量产生积极影响[1]；丁敬达针对维基百科的词条信息质量，从信息价值和信息效用的双重视角出发，结合详尽可能性模型（elaboration likelihkd model，ELM）构建了信息质量的启发式评价框架[2]；张发明和方旭鹏主要从用户角色之间的经济关系角度创新性地提出社会化问答平台内容质量提升的方式[3]；张克永和李贺在研究微信健康公众平台的信息质量评价时，根据信息传播的特点，主要从信息传播源、微信平台、信息本身和用户四方面构建信息质量评价指标体系[4]；刘健等基于人、信息和技术三个视角建立数字图书馆微服务质量的指标体系[5]。

通过相关研究成果的梳理可知，信息质量的治理多数是从媒介、信息和人员几个方面入手，结合本书前述研究中通过多方法、多视角所获得的研究结论（图6-1），拟定从以下四个方面提出学术社交网络信息质量治理的策略。

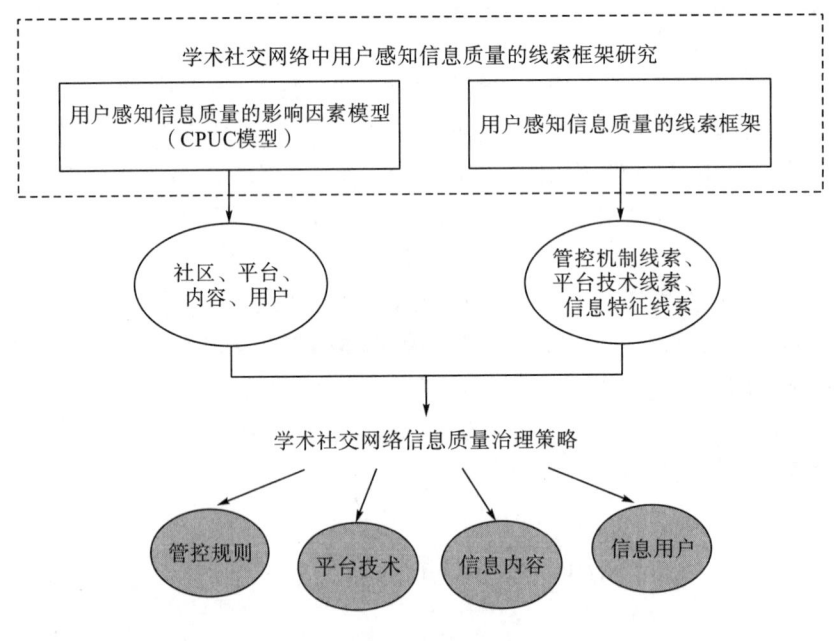

图 6-1　信息质量治理策略的提出

---

[1] KANE G C. A multimethod study of information quality in Wiki collaboration[J]. ACM Transactions on Management Information Systems, 2011, 2(1):4.
[2] 丁敬达.维基百科词条信息质量启发式评价框架研究[J].图书情报知识,2014(2):11-17.
[3] 张发明,方旭鹏.用户角色关系:SQA 平台内容质量提升新路径的经验研究[J].图书情报知识,2018(1):78-86.
[4] 张克永,李贺.健康微信公众平台信息质量评价指标体系研究[J].情报科学,2017,35(11):143-148.
[5] 刘健,毕强,马卓.数字图书馆微服务评价指标体系构建及实证研究[J].现代图书情报技术,2016(5):22-29.

1. 管控规则

学术社交网络平台服务方出台的系列信息质量管控规则，为研究人员的线上活动提供了规范和保障。前述关于"用户感知信息质量的线索框架研究"和"用户感知信息质量的社区环境线索研究"的分析中，已经通过攀梯访谈方法和资料扎根分析，悉知管控规则属于平台社区治理和运营的重要组成部分，平台声誉线索和管控规则线索均正向影响用户的感知信息质量。管控规则是服务方介入用户生态活动的重要通道，行之有效的信息质量管控规则能够从事前、事中和事后预防和监控低质信息生成的行为。学术社交网络的服务方通过社区品牌建设和运营、精华帖置顶发布规则、知识贡献质量的奖惩机制及成员行为规范的控制措施，有利于提高学术社交网络的信息质量。

2. 平台技术

学术社交网络平台的技术体现于各个信息服务的环节，良好的交互性能减少用户辨识和检索信息的负担，这一过程中涵盖了用户对平台人机交互界面的各种体验。前述关于"用户感知信息质量的线索框架研究"和"用户感知信息质量的社区环境线索研究"的分析中，已经证明了平台技术的高低决定了学术社交网络中信息质量的好坏，技术诊断线索直接正向影响用户的感知信息质量。信息的重复生成和转发监控能杜绝垃圾信息的传播，而且这些均反映了平台的技术支撑及信息服务能力的高低，因此越有效的平台技术诊断手段，越能做好安全防范和信息过滤，最终增强用户的信息质量体验。

3. 信息内容

信息内容是学术社交网络质量治理的主要对象，也是信息质量优劣的主要体现。前述关于"用户感知信息质量的线索框架研究"和"用户感知信息质量的社区环境线索研究"的分析中，已经证明了信息内容能够直接影响学术社交网络用户感知的信息质量，并且信息本体线索是研究人员在较强动机和较多知识卷入的背景下，中心路径的认知加工分析中最为依赖的线索。信息内容质量的定义较为多样化，是一个多维概念[①]。总体上看，用户视角的信息内容质量涉及信息的可用性和相关性，信息本身视角的内容质量则包含信息的准确性、可靠性或完整性等。高质量的学术信息既要满足用户的信息需求和使用期望，还需要足够准确并符合客观实际，同时还能给其他研究人员提供参考借鉴。按照 Hilligoss 和 Rieh 的观点，信息内容质量是用户根据内容的良好性和有用性做出的主观判断评价[②]；还有学者认为影响内容质量的具体因素就包括文章长度、参考来源等[③]。根据前述研究中的结论，生产特征和效用特征是信息内容本身的两个直接构念反映，用户对内容完整性、可靠性和准确性的判断除了考量内容本身以外，还会考察文字拼写规范、信息量大小、参考资料来源的完整性和时效性、文字表达逻辑是否合理等。

4. 信息用户

学术社交网络和许多社会化网络一样，也是用户生成内容的社区形态，用户生成内容

[①] EPPLER M J. Managing Information Quality: Increasing the Value of Information in Knowledge-Intensive Products and Processes[M]. New York: Springer-Verlag, Inc., 2006: 43-69.
[②] HILLIGOSS B, RIEH S Y. Developing a unifying framework of credibility assessment: concept, heuristics, and interaction in context[J]. Information Processing & Management, 2008, 44(4):1467-1484.
[③] LUYT B, TAN D. Improving Wikipedia's credibility: references and citations in a sample of history articles[J]. Journal of the American Society for Information Science & Technology, 2014, 61(4):715-722.

可以看作是用户主导逻辑下成员间的价值共创过程,因此信息质量研究也逐渐由信息内容本身转向信息的使用者[1]。用户的认知过程决定了感知信息质量的高低,当用户具有主题相关的知识时,通常会使用系统性加工的信息处理方式;当用户缺少知识经验或动机时,会采用边缘路径的信息处理方式[2]。前述关于"用户感知信息质量的线索框架研究"的分析中,已经发现用户维度涵盖了用户的情感诉求、个体特质和参与动机,能够直接影响学术社交网络的信息质量;前述关于"用户感知信息质量的社区环境线索研究"的分析中,已经证明了来源权威性线索、具有好友关系的同伴线索和他人贡献质量的推荐线索能够对用户感知信息质量产生显著正向影响。因此,个人信息的完整性和真实性审核有助于提供客观的来源权威性属性,用户对他人贡献质量肯定的主动性能够产生更多的推荐线索,用户间互动的积极性有助于形成相似的研究圈,生成更多的同伴线索。

6.2 调查研究和设计

6.2.1 研究方法

对于多重准则的决策模型的分析和建立,本章采用多准则决策(multi-criteria decision-making,MCDM)模型的研究方法,该方法对多准则之间的相互影响程度进行比较并打分,从而可以使得决策模型更加稳健。DEMATEL 决策试验与实验评估法主要用于解决现实世界中比较复杂和困难的多准则决策问题,Seyed-Hosseini 等发表在期刊 *Reliability Engineering & System Safety* 上的论文首次详细介绍了该方法的应用[3]。DEMATEL 是通过考量准则之间的相互影响程度及系统结构模型的建立,经过矩阵、图论及相关数学理论分析准则间的内部关系及影响程度,是分析准则内部结构以及备选决策方案的有效方式[4]。在 DEMATEL 的有向图表达中,能够梳理出各个准则的原因和结果,以及它们之间的因果关系,如果准则被赋予的权重更大,则该准则是原因型准则,反之则是结果型准则。近年来,该方法在诸如品牌营销管理[5]、地理环境评估[6]、供应商的投资组合选择[7]和博客的界面设计[8]中被广泛应用。

从前述章节的研究结论中可知,管控规则、平台技术、信息内容和信息用户四个维度

---

[1] 王琼. 社交问答平台用户承诺、自我效能与知识持续贡献意愿的关系研究[D]. 广州: 华南理工大学, 2015: 134.
[2] PETTY R E, CACIOPPO J T. The elaboration likelihood model of persuasion[J]. Advances in Experimental Social Psychology, 1986(19): 123-205.
[3] SEYED-HOSSEINI S M, SAFAEI N, AAGHARPOUR M J. Reprioritization of failures in a system failure mode and effects analysis by decision making trial and evaluation laboratory technique[J]. Reliability Engineering & Safety, 2006, 91(8):872-881.
[4] FONTELA E, GABUS A. The DEMATEL Observer[M]. Geneva: Battelle Geneva Research Centre, 1976:45-46.
[5] WANG Y L, TZENG G H. Brand marketing for creating brand value based on a MCDM model combining DEMATEL with ANP and VIKOR methods[J]. Expert Systems with Applications, 2012, 39(5):5600-5615.
[6] TZENG G H, CHIANG C H, LI C W. Evaluating intertwined effects in e-learning programs: a novel hybrid MCDM model based on factor analysis and DEMATEL[J]. Expert Systems with Applications, 2007, 32(4):1028-1044.
[7] ABDOLLAHI M, ARVAN M, RAZMI J. An integrated approach for supplier portfolio selection: lean or agile?[J]. Expert Systems with Applications, 2015, 42(1):679-690.
[8] HSU C C, LEE Y S. Exploring the critical factors influencing the quality of blog interfaces using the decision-making trial and evaluation laboratory DEMATEL method[J]. Behavior & Information Technology, 2014, 33(2):184-194.

相互影响，共同作用于学术社交网络中用户感知的信息质量，对其维度下的各个策略准则进行有效治理，能够显著提升用户的感知信息质量水平。因此，学术社交网络的信息质量治理是一个典型的多准则决策问题，适合采用多准则决策（MCDM）模型进行分析。

因此，为了揭示各个准则之间的相互影响，本章在前述研究的基础上建立了学术社交网络信息质量治理决策模型，如图6-2所示。采用DEMATEL确定各个信息质量治理维度下各准则间的相互影响，依据DEMATEL模型的计算步骤，得到各准则的整体权重。该模型中，学术社交网络的信息质量治理是最终目的，管控规则（A_1）、平台技术（A_2）、信息内容（A_3）和信息用户（A_4）可看作影响信息质量的四个主要维度。社区品牌建设和运营（A_{11}）、精华帖置顶发布机制（A_{12}）、知识贡献质量的奖惩机制（A_{13}）和成员行为规范的控制措施（A_{14}）作为信息质量治理中管控规则实施的准则；数据异常监测（A_{21}）、重复内容检测（A_{22}）、垃圾信息识别和监控（A_{23}）作为信息质量治理中平台技术实施的准则；文字拼写规范（A_{31}）、信息量大小（A_{32}）、参考资料来源的完整性和时效性（A_{33}）、文字表达逻辑（A_{34}）作为信息质量治理中信息内容管理实施的准则；个人信息的完整性和真实性（A_{41}）、用户对他人贡献质量肯定的主动性（A_{42}）、用户间互动的积极性（A_{43}）作为信息质量治理中信息用户管理实施的准则。

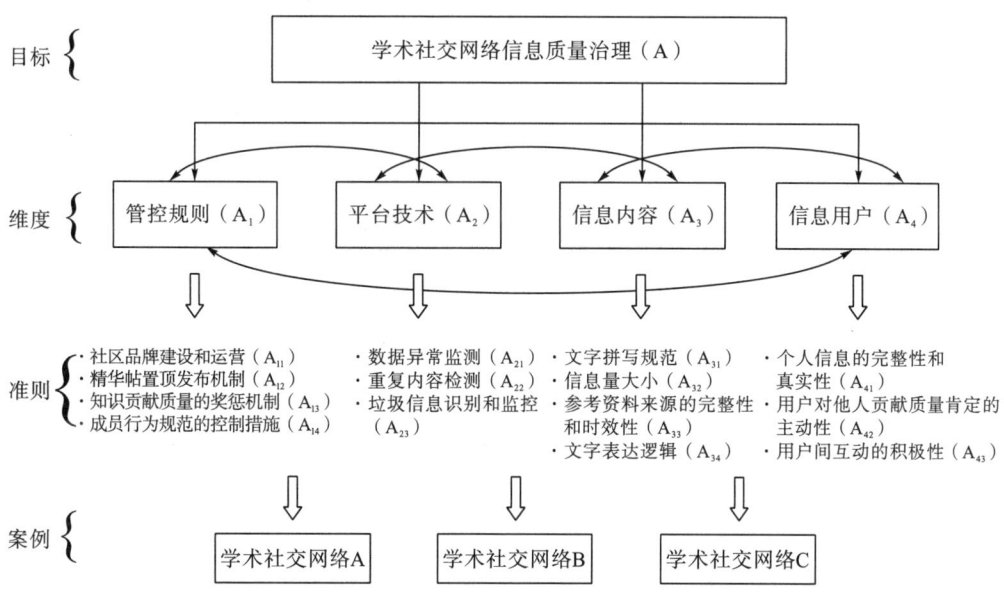

图6-2　学术社交网络信息质量治理决策模型

6.2.2　研究流程

本章采用DEMATEL方法构建各个准则之间的相互关系。其主要步骤包括初始关系矩阵的获得、直接关系矩阵的产生、直接关系矩阵的标准化、总体影响矩阵的生成、P矩阵和Q矩阵的计算、阈值设定并生成相互作用图、各准则优先级的确定。

（1）步骤一：建立初始直接影响矩阵。

基于学术社交网络信息质量治理决策模型，参照DEMATEL准则间关系评比标准（表

6-1)，邀请 16 位使用学术社交网络的研究人员和从事学术社交网络研究的相关学者进行专家打分，专家们匿名且相互不沟通，将 n 个元素按照影响程度大小进行两两比较，由此构建 16×5 个初始的直接影响矩阵 U^k。

$$U^k = \left[u_{ij}^k \right]_{n \times n} \quad (k=1,2,3,4,\cdots) \tag{6-1}$$

其中，u_{ij}^k 表示第 k 位专家根据表 6-1 的评比标准，认为模型中第 i 项维度/准则对第 j 项维度/准则的影响程度。

表 6-1 DEMATEL 模型中准则间关系评比标准

界定	无影响	低影响	中影响	高影响	极高影响
影响程度	0	1	2	3	4

根据 16 位专家评分得到的直接影响矩阵，利用式(6-2)计算管控规则、平台技术、信息内容、信息用户维度及其对应准则间直接影响程度的平均值，生成 1 个维度层次和 4 个准则层次的平均分矩阵，即 U^A、U^{A_1}、U^{A_2}、U^{A_3}、U^{A_4} 五个直接影响矩阵。

$$U = \frac{1}{k} \times \sum_{k=1}^{k} U^k \tag{6-2}$$

信息质量治理决策模型中，维度层中各个治理策略 4 个维度间的直接影响矩阵 U^A 见表 6-2。

表 6-2 维度层直接影响矩阵

	A_1	A_2	A_3	A_4
A_1	0.000	2.727	3.636	3.636
A_2	2.545	0.000	2.636	2.818
A_3	1.636	1.545	0.000	2.909
A_4	1.818	1.455	3.636	0.000

信息质量治理决策模型中，管控规则维度对应 4 个准则间的直接影响矩阵 U^{A_1} 见表 6-3。

表 6-3 管控规则准则间直接影响矩阵

	A_{11}	A_{12}	A_{13}	A_{14}
A_{11}	0.000	2.091	2.818	3.273
A_{12}	2.273	0.000	2.091	2.000
A_{13}	3.273	2.818	0.000	3.182
A_{14}	3.000	1.455	1.727	0.000

信息质量治理决策模型中，平台技术维度对应 3 个准则间的直接影响矩阵 U^{A_2} 见表 6-4。

表 6-4　平台技术准则间直接影响矩阵

	A$_{21}$	A$_{22}$	A$_{23}$
A$_{21}$	0.000	2.545	3.273
A$_{22}$	2.909	0.000	2.273
A$_{23}$	3.182	2.364	0.000

信息质量治理决策模型中，信息内容维度对应 4 个准则间的直接影响矩阵 U^{A_3} 见表 6-5。

表 6-5　信息内容准则间直接影响矩阵

	A$_{31}$	A$_{32}$	A$_{33}$	A$_{34}$
A$_{31}$	0.000	0.545	1.091	2.727
A$_{32}$	1.000	0.000	1.273	1.727
A$_{33}$	1.091	2.273	0.000	1.455
A$_{34}$	1.091	2.091	1.636	0.000

信息质量治理决策模型中，信息用户维度对应 3 个准则间的直接影响矩阵 U^{A_4} 见表 6-6。

表 6-6　信息用户准则间直接影响矩阵

	A$_{41}$	A$_{42}$	A$_{43}$
A$_{41}$	0.000	1.364	3.000
A$_{42}$	1.636	0.000	3.545
A$_{43}$	1.909	3.364	0.000

(2)步骤二：建立标准化直接影响矩阵。

利用式(6-3)和式(6-4)对直接影响矩阵实施标准化处理，得到 V^A、V^{A_1}、V^{A_2}、V^{A_3}、V^{A_4} 五个标准化直接影响矩阵，其值为 0~1。该步骤是计算直接影响矩阵除以矩阵行之和与矩阵列之和的最大值，矩阵行之和可视为对应维度/准则对其他维度/准则的直接影响之和，矩阵列之和可视为对应维度/准则受到其他维度/准则的直接影响之和。

$$s = \min\left[\frac{1}{\max_{1\leqslant i\leqslant j}\sum_{j=1}^{n} u_{ij}}, \frac{1}{\max_{1\leqslant j\leqslant n}\sum_{i=1}^{n} u_{ij}}\right] \quad (6\text{-}3)$$

$$V = s \times U \quad (6\text{-}4)$$

因此，信息质量治理决策模型中，维度层 4 个维度间标准化直接影响矩阵 V^A 见表 6-7。

表 6-7　维度层标准化直接影响矩阵

	A₁	A₂	A₃	A₄
A₁	0.000	0.273	0.364	0.364
A₂	0.255	0.000	0.264	0.282
A₃	0.164	0.155	0.000	0.291
A₄	0.182	0.146	0.364	0.000

信息质量治理决策模型中，管控规则维度对应 4 个准则间的标准化直接影响矩阵 V^{A_1} 见表 6-8。

表 6-8　管控规则准则间标准化直接影响矩阵

	A₁₁	A₁₂	A₁₃	A₁₄
A₁₁	0.000	0.225	0.304	0.353
A₁₂	0.245	0.000	0.225	0.216
A₁₃	0.353	0.304	0.000	0.343
A₁₄	0.324	0.157	0.186	0.000

信息质量治理决策模型中，平台技术维度对应 3 个准则间的标准化直接影响矩阵 V^{A_2} 见表 6-9。

表 6-9　平台技术准则间标准化直接影响矩阵

	A₂₁	A₂₂	A₂₃
A₂₁	0.000	0.418	0.537
A₂₂	0.478	0.000	0.373
A₂₃	0.522	0.388	0.000

信息质量治理决策模型中，信息内容维度对应 4 个准则间的标准化直接影响矩阵 V^{A_3} 见表 6-10。

表 6-10　信息内容准则间标准化直接影响矩阵

	A₃₁	A₃₂	A₃₃	A₃₄
A₃₁	0.000	0.092	0.185	0.461
A₃₂	0.169	0.000	0.215	0.292
A₃₃	0.185	0.385	0.000	0.246
A₃₄	0.185	0.354	0.277	0.000

信息质量治理决策模型中，信息用户维度对应 3 个准则间的标准化直接影响矩阵 V^{A_4} 见表 6-11。

表 6-11　信息用户准则间标准化直接影响矩阵

	A₄₁	A₄₂	A₄₃
A₄₁	0.000	0.208	0.458
A₄₂	0.250	0.000	0.542
A₄₃	0.292	0.514	0.000

(3) 步骤三：计算总体影响矩阵。

根据上述标准化直接影响矩阵 V，通过式 (6-5) 可知，当 n 足够大时，可以用 $V(I-V)^{-1}$ 近似计算 W。利用 MATLAB 计算出总体影响矩阵 W^A、W^{A_1}、W^{A_2}、W^{A_3}、W^{A_4}。

$$W = V + V^2 + V^3 + \cdots + V^n = \sum_{i=1}^{\infty} V^i = V(I-V)^{-1} \tag{6-5}$$

其中，I 为单位矩阵。

因此，信息质量治理决策模型中，维度层 4 个维度间的总体影响矩阵 W^A 见表 6-12。

表 6-12　维度层总体影响矩阵

	A₁	A₂	A₃	A₄
A₁	0.617	0.800	1.224	1.169
A₂	0.726	0.498	1.016	0.982
A₃	0.551	0.523	0.638	0.825
A₄	0.600	0.554	0.966	0.655

信息质量治理决策模型中，管控规则维度对应 4 个准则间的总体影响矩阵 W^{A_1} 见表 6-13。

表 6-13　管控规则准则间总体影响矩阵

	A₁₁	A₁₂	A₁₃	A₁₄
A₁₁	1.064	1.008	1.101	1.323
A₁₂	1.066	0.677	0.897	1.046
A₁₃	1.430	1.140	0.957	1.422
A₁₄	1.101	0.801	0.861	0.857

信息质量治理决策模型中，平台技术维度对应 3 个准则间的总体影响矩阵 W^{A_2} 见表 6-14。

表 6-14　平台技术准则间总体影响矩阵

	A₂₁	A₂₂	A₂₃
A₂₁	3.412	3.231	3.577
A₂₂	3.470	2.711	3.249
A₂₃	3.651	3.128	3.129

信息质量治理决策模型中，信息内容维度对应 4 个准则间的总体影响矩阵 $\boldsymbol{W}^{A_3}$ 见表 6-15。

表 6-15 信息内容准则间总体影响矩阵

	A_{31}	A_{32}	A_{33}	A_{34}
A_{31}	0.485	0.823	0.760	1.113
A_{32}	0.590	0.666	0.728	0.938
A_{33}	0.665	1.047	0.629	1.014
A_{34}	0.667	1.031	0.849	0.818

信息质量治理决策模型中，信息用户维度对应 3 个准则间的总体影响矩阵 $\boldsymbol{W}^{A_4}$ 见表 6-16。

表 6-16 信息用户准则间总体影响矩阵

	A_{41}	A_{42}	A_{43}
A_{41}	0.625	1.000	1.287
A_{42}	0.919	0.951	1.478
A_{43}	0.946	1.294	1.135

(4) 步骤四：计算中心度和原因度。

根据总体影响矩阵 $\boldsymbol{W}$，对其每行和每列分别进行加总求和，即可得出每行与每列之和 $\boldsymbol{P}$ 和 $\boldsymbol{Q}$：

$$\boldsymbol{P} = \left[p_i \right]_{n \times 1} = \left[\sum_{j=1}^{n} w_{ij} \right]_{n \times 1} \tag{6-6}$$

$$\boldsymbol{Q} = \left[q_i \right]_{n \times 1} = \left[\sum_{i=1}^{n} w_{ij} \right]_{n \times 1} \tag{6-7}$$

其中，p_i 表示指标 i 直接影响其他维度/准则程度的总和；q_i 表示指标 i 被其他维度/准则影响程度的总和（详见表 6-17 的第 2、3 列）。

在此基础上计算 $\boldsymbol{X} = \boldsymbol{P} + \boldsymbol{Q}$ 的中心度矩阵 [式 (6-8)]，元素 $x_i = p_i + q_i$，表示维度/准则之间的影响及被影响的总体重要程度，称为中心度，该值越大表示该指标影响其他指标的程度越大，可参考判断是较为重要的指标（详见表 6-17 的第 4 列）。计算 $\boldsymbol{Y} = \boldsymbol{P} - \boldsymbol{Q}$ 的原因度矩阵 [式 (6-9)]，元素 $y_i = p_i - q_i$ 表示维度/准则对系统的贡献程度，称为原因度，代表指标间的因果关系，若该值为正，意味着该维度/准则对其他维度/准则的影响较大，是管控的优先事项，属于原因元素，称为原因型维度/准则；若该值为负，意味着该维度/准则受其他维度/准则的影响较大，是结果元素，称为结果型维度/准则（详见表 6-17 的第 5 列）。

$$\boldsymbol{X} = \left[x_i \right]_{n \times 1} = \left[p_i + q_i \right]_{n \times 1} \tag{6-8}$$

$$\boldsymbol{Y} = \left[q_i \right]_{n \times 1} = \left[p_i - q_i \right]_{n \times 1} \tag{6-9}$$

表6-17　信息质量治理策略影响程度及权重

	P	Q	X=P+Q	Y=P-Q	X'	T	T排序
A₁	3.810	2.494	6.304	1.317	0.255		
A₂	3.221	2.375	5.596	0.846	0.227		
A₃	2.538	3.844	6.382	-1.307	0.258		
A₄	2.775	3.631	6.406	-0.856	0.259		
A₁₁	4.495	4.661	9.156	-0.166	0.273	0.070	8
A₁₂	3.685	3.626	7.311	0.059	0.218	0.056	14
A₁₃	4.949	3.815	8.764	1.134	0.262	0.067	9
A₁₄	3.621	4.648	8.269	-1.027	0.247	0.063	12
A₂₁	10.220	10.533	20.752	-0.313	0.351	0.080	3
A₂₂	9.429	9.070	18.500	0.359	0.313	0.071	7
A₂₃	9.909	9.955	19.864	-0.046	0.336	0.076	4
A₃₁	3.180	2.407	5.587	0.774	0.218	0.056	13
A₃₂	2.922	3.568	6.489	-0.646	0.253	0.065	10
A₃₃	3.355	2.965	6.320	0.390	0.246	0.063	11
A₃₄	3.365	3.883	7.249	-0.518	0.283	0.073	5
A₄₁	2.912	2.490	5.402	0.421	0.280	0.073	6
A₄₂	3.348	3.246	6.593	0.102	0.342	0.089	2
A₄₃	3.376	3.899	7.275	-0.524	0.378	0.098	1

(5)步骤五：设定阈值并绘制因果关系图。

基于 W、X、Y 矩阵建立因果关系图，用于表示指标之间的相互影响关系和影响程度。首先，确定每个维度/准则的横坐标（x_i 值）和纵坐标（y_i 值）；其次，为了在系统可控复杂性水平下清晰解释维度/准则之间的结构关系，需要设定阈值以过滤掉较小关联度的指标，只在因果关系图中显示大于阈值效应的指标，本章根据文献参考建议[①]，将阈值设定为各维度/准则对应的总体影响矩阵各元素的均值；最后，根据 W 矩阵所反映的元素关联关系绘制因果关系影响的有向图，用于展示大于阈值的因果影响关系。其中，图的横坐标为（$P+Q$），表示"重要性"；图的纵坐标为（$P-Q$），表示"关联性"。W^A、W^{A_1}、W^{A_2}、W^{A_3}、W^{A_4} 五个总体影响矩阵的元素均值分别为 0.771、1.047、3.284、0.801、1.071，利用大于均值的影响关系绘制学术社交网络信息质量治理策略的因果关系图[②]。其中，信息质量治理维度间的因果关系如图 6-3 所示。

[①] WU H H, TSAI Y N. A DEMATEL method to evaluate the causal relations among the criteria in auto spare parts industry[J]. Applied Mathematics & Computation, 2011, 218(5):2334-2342.
[②] WU H H, CHEN H K, SHIEH J I. Evaluating performance criteria of employment service outreach program personnel by DEMATEL method[J]. Expert Systems with Applications, 2010, 37(7):5219-5223.

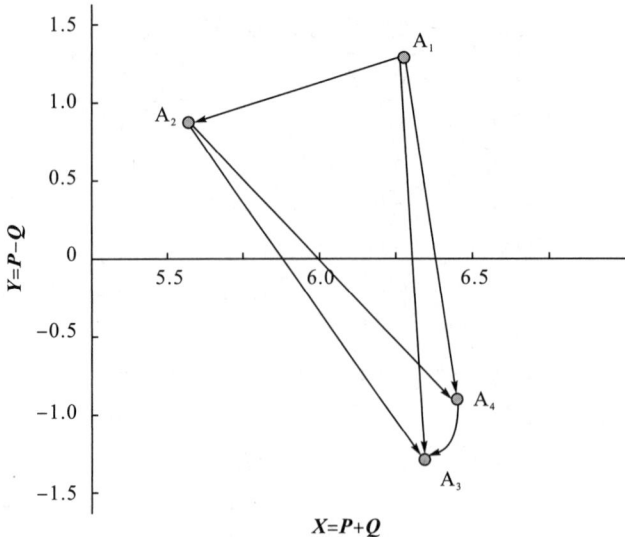

图 6-3　信息质量治理维度间的因果关系图

管控规则治理准则间的因果关系如图 6-4 所示。

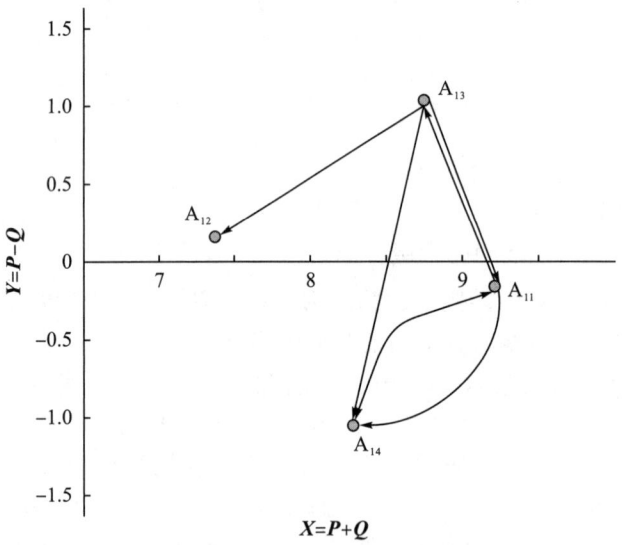

图 6-4　管控规则治理准则间的因果关系图

平台技术治理准则间的因果关系如图 6-5 所示。

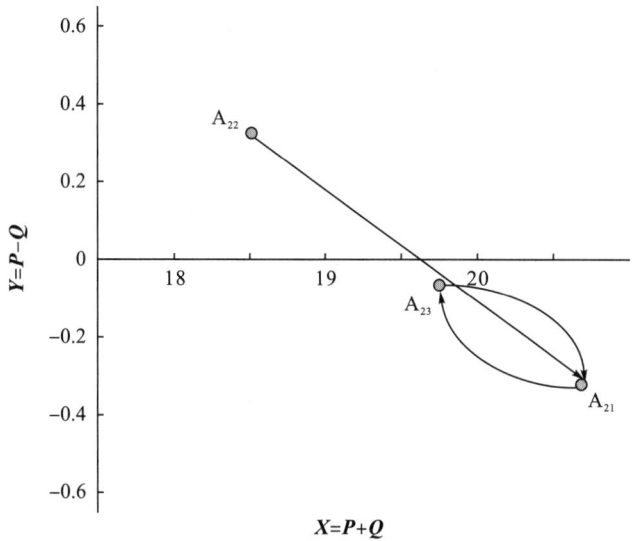

图 6-5　平台技术治理准则间的因果关系图

信息内容治理准则间的因果关系如图 6-6 所示。

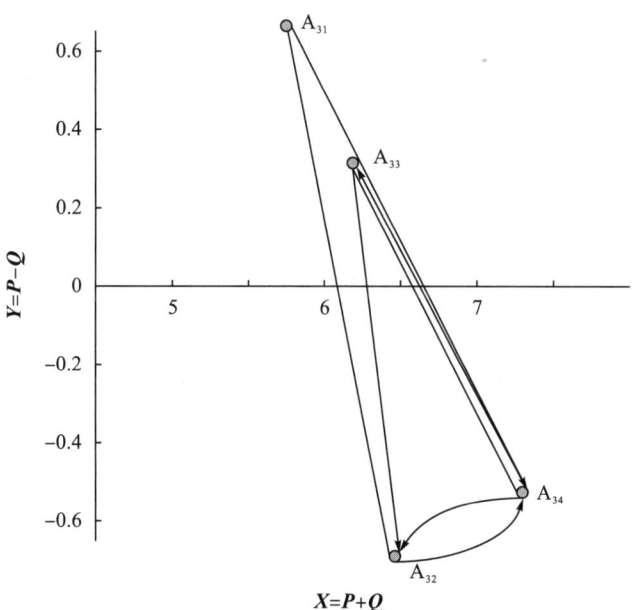

图 6-6　信息内容治理准则间的因果关系图

信息用户治理准则间的因果关系如图 6-7 所示。

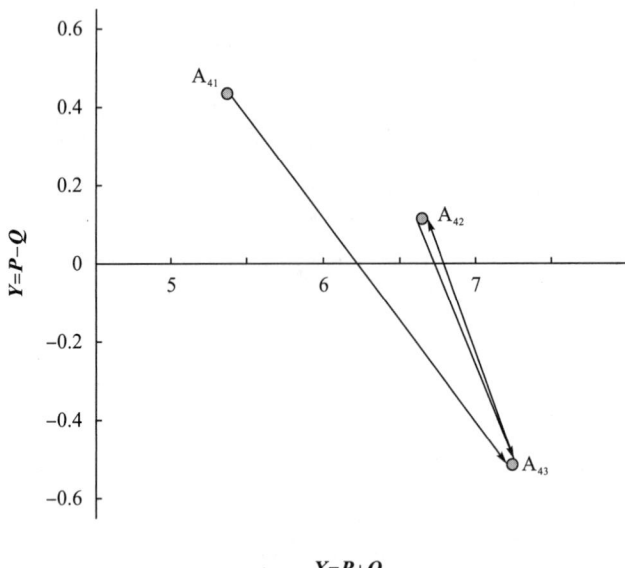

图 6-7 信息用户治理准则间的因果关系图

(6) 步骤六：计算各个信息质量治理准则的权重。

首先，基于中心度矩阵 X，依据式(6-10)计算信息质量治理各维度内相对权重 X'（详见表 6-17 的第 6 列）；然后基于矩阵 X'，根据式(6-11)计算各信息质量治理策略维度的组间总体权重 T（见表 6-17 的第 7 列），最终获得关于信息质量治理策略的权重排序（见表 6-17 的第 8 列）。

$$x'_i = \frac{x_i}{\sum_{i=1}^{n} x_i} \tag{6-10}$$

$$t_i^j = x'^{A}_j \times x'^{A_j}_i \tag{6-11}$$

其中，x'^{A}_j 表示第 j 个维度组内的相对权重；$x_i'^{A_j}$ 表示 j 维度下第 i 个准则的组内相对权重。

(7) 具体的学术社交网络信息质量现状评分。

选取用户关注最多的作为评价对象，邀请 16 位专家根据信息质量治理策略中各个维度的实际现状，采取百分制形式对这三个平台的信息质量现状进行评价，根据各个维度/准则原始评价数据的平均分值及相应的权重，计算出这三个学术社交网络信息质量治理现状的总分值见表 6-18。

表 6-18 学术社交网络信息质量治理现状得分

信息质量治理的策略	权重	ResearchGate	人大经济论坛	科学网博客
社区品牌建设和运营	0.061	90.55	88.00	80.91
精华帖置顶发布机制	0.049	76.36	90.00	85.91
知识贡献质量的奖惩机制	0.059	81.64	89.09	81.82
成员行为规范的控制措施	0.056	84.55	82.27	79.55

续表

信息质量治理的策略	权重	ResearchGate	人大经济论坛	科学网博客
数据异常监测	0.080	76.36	76.36	73.64
重复内容检测	0.071	81.82	76.82	75.50
垃圾信息识别和监控	0.076	81.82	78.18	77.20
文字拼写规范	0.056	82.27	79.09	78.18
信息量大小	0.065	84.55	85.00	80.91
参考资料来源的完整性和时效性	0.063	93.27	82.27	80.45
文字表达逻辑	0.073	85.45	83.64	83.18
个人信息的完整性和真实性	0.073	87.27	80.45	82.73
用户对他人贡献质量肯定的主动性	0.089	86.55	90.00	81.82
用户间互动的积极性	0.098	80.91	88.64	83.36
加权总分	—	81.17	80.96	77.81

6.3 数据分析

6.3.1 信息质量治理维度、准则权重分析

由表 6-17 可知，管控规则（A_1）、知识贡献质量的奖惩机制（A_{13}）、数据异常监测（A_{21}）、文字表达逻辑（A_{34}）和互动的积极性（A_{43}）分别是矩阵 W^A、W^{A_1}、W^{A_2}、W^{A_3}、W^{A_4} 中对其他维度或准则影响程度最大的元素，总体的重要程度也最高；信息质量治理的 14 个策略的总体重要程度从高到低依次为：用户间互动的积极性（A_{43}）、用户对他人贡献质量肯定的主动性（A_{42}）、数据异常监测（A_{21}）、垃圾信息的识别和监控（A_{23}）、文字表达逻辑（A_{34}）、个人信息的完整性和真实性（A_{41}）、重复内容检测（A_{22}）、信息量大小（A_{32}）、参考资料来源的完整性和时效性（A_{33}）、社区品牌建设和运营（A_{11}）、文字拼写规范（A_{31}）、成员行为规范的控制措施（A_{14}）、知识贡献质量的奖惩机制（A_{12}）、精华帖置顶发布机制（A_{12}）（详见表 6-17 的第 8 列）。

6.3.2 信息质量治理维度、准则之间的相互作用分析

图 6-3～图 6-7 揭示了学术社交网络信息质量治理维度/准则之间的相互作用关系，前述可知，位于横坐标之上的表示原因维度/准则，位于横坐标之下的表示结果维度/准则。

（1）如图 6-3 所示，信息质量治理维度中，管控规则（A_1）和平台技术（A_2）是原因维度，而信息内容（A_3）和信息用户（A_4）是结果维度；超过阈值 0.771 的作用关系有 A_1 对 A_2、A_3、A_4，A_2 对 A_3、A_4，以及 A_4 对 A_3；其中影响程度最大的是管控规则（A_1）对信息内容（A_3）的影响（1.224），属于弱影响。

(2) 如图 6-4 所示，管控规则治理准则中，精华帖置顶发布机制(A_{12})和知识贡献质量的奖惩机制(A_{13})是原因准则，而社区品牌建设和运营(A_{11})和成员行为规范的控制措施(A_{14})是结果准则；超过阈值 1.047 的作用关系有 A_{13} 对 A_{12}、A_{14}，A_{13} 和 A_{11} 之间的相互作用，及 A_{11} 和 A_{14} 间的相互作用；其中影响程度最大的是知识贡献质量的奖惩机制(A_{13})对社区品牌建设和运营(A_{11})的影响(1.430)，处于弱影响与一般影响之间。

(3) 如图 6-5 所示，平台技术治理准则中，重复内容检测(A_{22})是原因准则，数据异常检测(A_{21})和垃圾信息识别和监控(A_{23})是结果准则；超过阈值 3.284 的作用关系有 A_{22} 对 A_{21}，以及 A_{21} 和 A_{23} 间的相互作用；其中影响程度最大的是垃圾信息的识别和监控(A_{23})对数据异常监测(A_{21})的影响(3.651)，处于强影响和很强影响之间。

(4) 如图 6-6 所示，信息内容治理准则中，文字拼写规范(A_{31})和参考资料来源的完整性和时效性(A_{33})是原因准则，信息量大小(A_{32})和文字表达逻辑(A_{34})是结果准则；超过阈值 0.801 的作用关系是 A_{31} 对 A_{32} 和 A_{34}，A_{33} 对 A_{32}，A_{33} 和 A_{34} 间的相互作用，以及 A_{32} 和 A_{34} 的相互作用；其中影响程度最大的是文字拼写规范(A_{31})对文字表达逻辑(A_{34})的影响(1.113)，处于弱影响和一般影响之间。

(5) 如图 6-7 所示，信息用户治理准则中，个人信息的完整性和真实性(A_{41})和用户对他人贡献质量肯定的主动性(A_{42})是原因准则，用户间互动的积极性(A_{43})是结果准则；超过阈值 1.071 的作用关系是 A_{41} 对 A_{43}，以及 A_{42} 和 A_{43} 间的相互作用；其中影响程度最大的是用户间互动的积极性(A_{43})对用户对他人贡献质量肯定的主动性(A_{42})的影响(1.287)，处于弱影响与一般影响之间。

6.3.3 学术社交网络信息质量治理的现状分析

由表 6-18 可知，用户感知现有学术社交网络信息质量治理实施情况得分最高的是 ResearchGate(81.17)，其次为人大经济论坛(80.96)、科学网博客(77.81)。14 条信息质量治理策略中，ResearchGate 在"参考资料来源的完整性和时效性(A_{33})"方面得分最高，由于全球学术社交网络 ResearchGate 是以学术成果发布和共享为主要活动的平台，因此在信息内容建设方面尤其重视参考资料来源的完整性、时效性以及权威性，用户也十分注重知识引证和推荐。在前期对该平台的调研中也发现，如问答社区中，回答者在信息中都习惯性地会添加完整的参考来源链接或引文出处，以增强自己观点的说服力；人大经济论坛在"精华帖置顶发布机制(A_{12})"和"用户对他人贡献质量肯定的主动性(A_{42})"方面得分最高。科学网博客也是在"精华帖置顶发布机制(A_{12})"方面的得分最高。由此表明不同的学术社交网络平台发展的侧重点有所不同，以原创内容建设和社区版块化氛围为主的国内学术社交网络平台，如人大经济论坛和科学网博客，在信息组织方面都尤其注重优质信息的推荐，因此均在"精华帖置顶发布机制"策略中得分较高。

6.4 结果讨论

(1)学术社交网络信息质量的提升依赖于用户群体的良性互动。

结合表 6-17 和图 6-7 可知，根据专家意见，综合考虑信息质量治理的 4 个维度及 14 个准则之间的相互作用以后，信息用户维度的"用户间互动的积极性"和"用户对他人贡献质量肯定的主动性"准则在信息质量治理体系中具有较高的总体权重(分别为 0.098 和 0.089)。"个人信息的完整性和真实性"以及"用户对他人贡献质量肯定的主动性"是决定"用户间互动的积极性"的重要前提，同时，在积极互动的氛围下，才会激励用户主动对他人的贡献质量进行如点赞、评论和转发等的肯定行为，从而形成用户群体的良性互动。

传统的信息质量相关研究，如信息系统成功模型[1]、数据质量描述框架[2]等，都只强调信息内容，而 Web 2.0 时代下，信息环境发生了史无前例的变化，虚拟社区的用户不仅是信息的消费者，更是内容的生产者和传播者，因此探寻其用户的感知信息质量需要借助认知理论等深入分析用户对信息质量的规律性认识，前面章节"用户感知信息质量的信息特征线索研究"为本章从信息用户视角提升信息质量奠定了较好的基础，结合相关实证结论能够为本章提出的策略给予充足的依据。有学者发现用户会根据回答者的身份判断信息内容的质量[3]，前述研究中也已经通过实验法证明了信息来源的权威性线索能够促进信息价值的增值，显著影响用户的感知信息质量，甚至是左右用户的学术认知。作为信息发布者的用户个体，真实和完整的个人信息能够表明自身的专业水平及学术影响力，会对他人的信息质量感知判断形成影响。现有极少数的学术社交网络对用户身份注册信息提出了明确规定，如科学网博客在其《科学网服务使用协议》中指出"用户在申请使用科学网网络服务时，必须向科学网提供准确的个人资料，若个人资料有变动，须及时更新"以及"提供用户的真实姓名及法律认可的身份证明"；小木虫社区对跟帖服务要求手机号实名注册；而 ResearchGate 仅要求用户使用教学或科研机构邮箱注册。此外，许多平台往往忽略了对用户身份信息真实性和客观性的核查，因此需要规范学术社交网络用户的身份注册信息，加强对用户身份信息真实性的核查。

此外，用户规模及用户活跃度对学术社交网络的健康发展起着重要的作用[4]。前述研究中已经通过实验法证明了同伴线索和推荐线索能够显著影响用户的感知信息质量，同伴线索表明用户需要形成具有共同研究兴趣的社团，有一定数量的好友关系；推荐线索表明用户会依赖他人鉴定的结果做出感知信息质量的判断，只有积极性和主动性的社区互动才能产生更多的推荐线索，如积极的点赞、收藏和评论行为，而且通常情况下，社区的最佳

---

[1] DELONE W H, MCLEAN E R. Information systems success: the quest for the dependent variable[J]. Information System Research, 1992, 3(1):60-95.
[2] WANG R Y, STRONG D M. Beyond accuracy: what data quality means to data consumer[J]. Journal of Management Information System, 1996, 12(4): 5-34.
[3] ZHU Z M, BERNHARD D, GUREVYCH I.A multi-dimensional model for assessing the quality of answers in social Q&A[EB/OL]. (2014-01-20)[2018-10-25].http://tuprints.ulb.tu-darmstadt.de/1940/1/TR_dimension_mode l.pdf.
[4] 李宇佳. 学术新媒体信息服务模式与服务质量评价研究[D]. 长春: 吉林大学, 2017: 183.

答案也是由用户投票产生①。由此可见，从用户视角提升信息质量，需要提高用户的互动程度，基于用户关系网络充分利用群体智慧，因为个体具有从众效应，社会化的互动机制某种程度上给用户的信息质量判断带来了心理上的暗示，因此需要采取一定的措施鼓励用户积极互动。

学术社交网络是社群逻辑下的平台模式，用户是学术社交网络平台上最主要的行为主体，加之用户生成内容的社区特征，用户很大程度上影响了学术社交网络的信息质量。本章在前述研究的基础上，进一步证实了用户良性的社交互动对信息质量感知的重要影响，该结论也可扩展至其他社交化虚拟平台。

(2)平台技术监测是学术社交网络信息质量提升的重要保障。

结合表 6-17、图 6-3 和图 6-5 可知，平台技术治理在学术社交网络信息质量治理的 4 个维度中具有最高的相对权重，对信息内容和信息用户都具有较强的影响，并且平台技术治理中的"数据异常监测"在 14 个准则中具有最高的影响权重(10.220)(见表 6-17 中第 2 列)。图 6-5 中显示，"数据异常监测"和"重复内容检测"以及"垃圾信息识别和监控"相互影响、相互作用，均是平台技术监测的重要内容。

管控规则虽然能有效约束用户生成劣质信息行为的可能性，但却不能完全遏制各种低质信息生成及传播的可能性，如广告植入的虚假信息、恶意刷票点赞及冗余信息等，需要采取先行于管控手段的各种信息质量审核技术，才能够最大限度地发挥信息效用，从而为高质信息的传播提供有效保障。管理学中认为事后检查比事先预防要耗费更多的成本，从信息质量管理成本控制的角度出发，应该利用各种平台技术提高信息质量管控的效率，注重事先预防而不是事后查验，争取从源头上确保学术社交网络的信息质量。

平台的实用性体验也会影响用户的感知信息质量②，因此响应性和交互性成为用户感知学术信息服务质量时最为看重的两个因素③。此外，信息交互水平也是用户较为看重的因素，因此平台方从技术设计角度还需要考虑网站设计的优化，如内容组织和推荐形式、导航布局、链接的有效性和通畅性、响应及时性和操作便捷性等。

平台是学术社交网络信息流通的载体，技术则是平台的运行支撑，脱离了信息载体的信息质量研究是不完整的④。本章通过信息质量提升治理策略之间的实证分析，有力证明了平台技术监测对虚拟社区信息质量保障的重要作用，不仅丰富了前人对技术保障措施的相关研究，也对具体的技术保障措施实施了量化，使其相互作用关系更加明晰。

(3)学术社交网络的信息质量治理需要适宜的奖惩机制设计。

从表 6-17 所知，在考虑了各个维度和准则之间的相互作用之后，"知识贡献质量的奖惩机制"具有较高的影响权重(4.949)，在管控规则维度中也具有较高的总体权重(0.067)。图 6-3 中揭示了"知识贡献质量的奖惩机制"的核心位置，是管控规则准则中最重要的原因准则，决定了"社区品牌建设和运营""精华帖的置顶发布机制""成员行为规范的控制措施"的运行。学术社交网络通过"知识贡献质量的奖惩机制"，提高了用

---

① 姜雯,许鑫.在线问答社区信息质量评价研究综述[J].现代图书情报技术,2014,30(6):41-50.
② BARAKOVIC S, SKORIN-KAPOV L. Corrigendum to "Multidimensional modelling of quality of experience for mobile Web browsing"[J]. Computers in Human Behavior, 2016, 56(C): 376-376.
③ 李宇佳.学术新媒体信息服务模式与服务质量评价研究[D].长春:吉林大学,2017:186.
④ 李晶.虚拟社区信息质量建模及感知差异性比较研究[D].武汉:武汉大学,2013:132.

第6章　学术社交网络信息质量治理和提升研究

户参与的积极性，促进了良好的群体互动。

有学者在研究中证明了平台对优质信息用户给予的奖励有助于用户选择提供优质信息策略，对劣质信息的处罚力度越大越有利于提高社会化平台的信息质量，对优质信息的奖励越大，越有利于系统的良性演化[①]。有效的社区奖励措施包含"积分奖励""账号加速升级"等，提高发布优质信息的用户在学术社交网络中的地位，有助于激励该用户持续创造和贡献有价值的学术信息，实现学术社交网络和用户群体的良性演化。如小木虫社区就分别对用户成员和帖子质量进行奖励激励，就用户成员而言，考虑到核心用户的影响力更大[②]，所以对贡献优质信息的版块版主根据贡献程度不同设置了"优秀版主勋章""优秀区长勋章""优秀超版勋章""文献杰出贡献勋章"等勋章标准和申请流程，以此奖励其卓越的内容贡献和管理成效；就帖子质量而言，将帖子分为"普通资源帖""优秀资源帖""精华帖""原创交流帖"等，根据不同的内容帖类别实施不同的论坛金币奖励。此外，小木虫社区还制定了严格的内容审查和惩罚标准，如禁止重复发帖、恶意灌水、恶意刷屏顶帖、发布广告帖或学术不端帖等，否则采取违规记录存档、屏蔽内容、扣除应助指数、金币惩罚、版块或论坛禁言等处理。

本章实证结论证明了知识贡献质量奖惩机制的有用性，验证了前人研究中关于系统良性演化的前提条件，也对实践中丰富多样的奖励措施提供了理论支持。

(4) 引导信息表达的优化呈现是信息质量提升的有效方式。

表6-17中显示，信息内容维度中的"文字表达逻辑"具有较高的总体权重(0.073)和影响权重(3.365)(分别见表6-17第7列和第2列所示)。图6-6中表明"文字表达逻辑"准则与"信息量大小""参考资料来源的完整性和时效性"两个准则相互影响、相互作用，呈现复杂的影响关系，表明信息的表达与呈现与多个因素紧密相关。

信息内容是信息质量最核心的体现和表示，信息内容也是众多学者评价信息质量时最为看重的指标之一[③][④]。充足的学术信息资源数量、多样化的学术资源类型和规范的表现形式是吸引研究人员长期使用学术社交网络的关键所在。有别于一般社会化社区，学术社交网络的使用人员主要是具有相关知识背景的研究人员，更为关注信息内容本身，前面章节"用户感知信息质量的信息特征线索研究"的结论显示了用户的认知会采用系统性加工的中心路径方式，关注学术信息内容的准确性、可靠性、完整性和可理解性。学术信息的呈现形式主要涉及文字、图表和超链接等，少部分为视频格式。在对信息内容的阅读和感知判断中，前述章节"用户感知信息质量的线索框架研究"中，通过深度攀梯访谈，了解到用户对信息内容的质量判断也存在一定的规律，如用户认为"漏字及拼写错误、前后数据不一致、不符合事实的叙述影响信息的准确性感知""参考文献不完整、链接失效等影响信息的可靠性感知""信息量较小、信息要素不完整、内容丢失、影响信息的完整性感知""语言晦涩、重复累赘、文本格式不一致等影响信息的可理解性感知"。

[①] 孙晓阳. 社会化媒体信息质量的影响主体博弈及管控策略研究[D]. 镇江：江苏大学,2016: 134-144.
[②] 刘佩, 林如鹏. 网络问答社区"知乎"的知识分享与传播行为研究[J]. 图书情报知识, 2015(6):109-119.
[③] 查先进, 陈明红. 信息资源质量评估研究[J]. 中国图书馆学报, 2010, 36(2):46-55.
[④] 章成志, 李蕾. 社会化标签质量自动评估研究[J]. 现代图书情报技术, 2015, 31(10):2-12.

本章的研究发现作为学术信息传播的学术社交网络平台，应对其信息的清晰和准确表达提出更高的要求，从信息内容的准确性和完整性要求出发，兼顾信息的传播性，综合前人研究结论，提出信息内容视角的信息质量提升策略应该注重引导用户按照规定的格式规范分享学术信息。

(5) 信息质量的有效治理关乎学术社交网络平台的品牌声誉。

综合考虑各个维度和准则的相互作用，"社区品牌建设和运营"（见表 6-17 第 3 列所示）在 14 个准则中具有较高的被影响权重(4.661)，表明该结果准则受到其他各个准则的影响最大。从图 6-4 中可知，管控规则中的"社区品牌建设和运营"受到"知识贡献质量的奖惩机制"和"成员行为规范的控制措施"较大程度的影响，可以理解为各种管控机制和措施的执行，最终都会对该学术社交网络平台的品牌声誉产生直接影响。

品牌声誉是学术社交网络平台将优越性传递给用户的能力，用户据此完成有关认同程度的理性认知和情感倾向[1]。在电子商务情景的研究中，声誉被看作是影响在线客户信任和感知风险的重要因素[2][3]。本书第 4 章已经通过"嵌套模型"实证分析了平台声誉线索能够通过信息质量体验的中介作用，对用户的感知信息质量产生影响，用户通过平台声誉线索可以感受到该学术社交网络的既往运营情况和口碑，因此平台品牌声誉是非常值得参考的外部线索之一。据此可认识到品牌声誉的重要性，加之本章的研究结论认为其是最重要的被影响因素，因而今后应该通过多种运营手段，加强学术社交网络的品牌声誉建设，如提高用户的参与度和认可度，借助良好的用户体验培育平台声誉、有效利用学术社交网络的媒体渠道实施恰当的正面信息发布策略、积极实施反馈型声誉系统获取用户对该学术社交网络平台的质量评价。

前述章节已经证明平台声誉线索是非常关键的外部线索之一，现又通过多准则决策模型再次证明了平台品牌声誉的重要性。可以确定地指出，信息质量建设关乎其品牌的声誉。

6.5 学术社交网络信息质量提升的管理启示

本章采用 DEMATEL 方法建立并分析了学习社交网络信息质量各个维度的影响关系，针对 6.4 节中梳理出的五个重要结论，提出学术社交网络信息质量提升的三方面管理启示，各启示与数据分析结果之间的逻辑关系如图 6-8 所示。

---

[1] ROSENGERG M J. Cognitive, Affective, and Behavioral Components of Attitudes[M]. New Haven: Yale University Press, 1960:1-14.
[2] AIKEN K D, BOUSH D M. Trustmarks, objective-source ratings, and implied investments in advertising: investigating online trust and the context-specific nature of internet signals[J]. Journal of the Academy of Marketing Science, 2006, 34(3):308.
[3] YEN H J R. Risk-reducing signals for new online retailers: a study of single and multiple signalling effects[J]. International Journal of Internet Marketing & Advertising, 2011, 3(4):299-317.

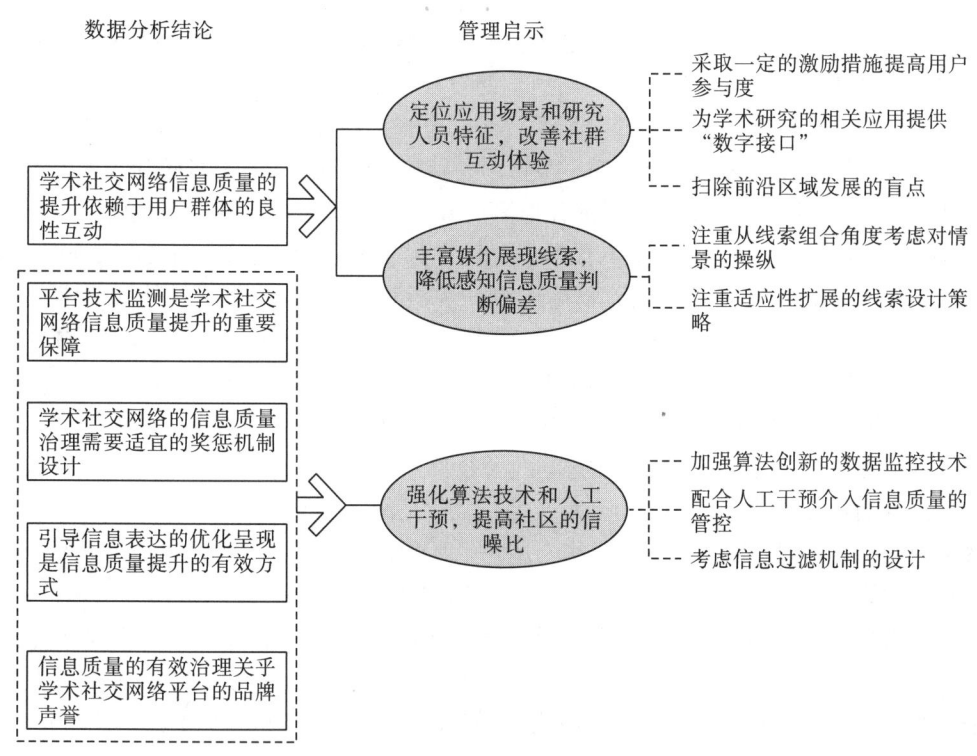

图 6-8 管理启示与数据分析结论之间的逻辑关系

6.5.1 定位应用场景和研究人员特征，改善社群互动体验

世界上第一个社交网站 BioMedExperts 就是源于学术社交网络，该网站以协作研究为目的，将 600 多万篇来自 6500 份期刊上的文章通过计算机自动生成作者人数超过 140 万人的全球生物专家数据库，允许专家们访问网站并自行修改和更新个人资料、研究兴趣和文章发表情况[①]。这给予学术社交网络平台方和投资方极大的信心，表明长期以来科研群体都具有在线交流和合作的需求，学术社交网络的发展也方兴未艾，新的技术环境支撑下，需要充分定位应用场景和研究人员特征，改善科研人员网络社群的互动体验。早期的学术交流网站主要是定位于"学术性"，而 Web 2.0 时代下兴起的学术社交网络则更侧重于"开放性"和"学术社交"的功能，改变了科研从业人员获取学术信息的方式，也形成了内容、互动和价值观较为稳定的研究网络社群，从社区用户聚集、用户活跃互动、社群品牌的形成，再到部分平台的商业化变现，展现出多元的社群生态发展模式。

首先，采取一定的激励措施提高用户参与互动的积极性。在学术社交网络平台中，以评价回复和论坛为代表的社交互动机制显著降低了社群用户对信息质量感知的不确定性，用户信息质量的感知结果与其互动体验紧密相关，社会化媒体平台的信息质量受到用户群体行为的影响[②]。优质的链接、信任、协同和互动关系是提升用户感知信息质量的重要因

---

① 邓胜利,胡吉明.Web 2.0 环境下网络社群理论研究综述[J].中国图书馆学报,2010,36(5):90-95.
② 孙晓阳. 社会化媒体信息质量的影响主体博弈及管控策略研究[D]. 镇江: 江苏大学,2016: 134-144.

素，因为成功的学术社交网络必定是建立了用户之间的良性互动和参与激励机制，所以采取一定的激励措施可以一定程度上提高用户的参与积极性。借鉴管理学中物质激励和精神激励相结合的方式，物质激励包含论坛币等奖励方式，精神激励包含威望值等奖励方式。例如，小木虫社区可以通过每日报道、跟帖、提供共享资源等方式获取论坛币；人大经济论坛通过学术质量评价机制，对成员的参与情况和发帖质量给予精神层面的激励；科学网博客也根据每日登录、文章评论、参与投票和发表回复等不同的社交活动频次，实施威望值、活跃度值和论坛金币的奖励。只有社群用户参与感得到提升，才能够使社群用户积极融入该网络社群，并为学术社交网络提供高质量的学术信息资源，而社群用户在互动交流中，也能通过群体智慧持续生成更多有价值的信息[1]，从而提升社区的信息质量水平。

其次，学术社交网络可为学术研究相关的应用提供丰富的"数字接口"，提供完备的数字工具，帮助其建构良好的学术生态，改善社群互动体验。这个目标一方面需要从产品和服务自身的特点出发寻找思路，因为产品和服务是最直接的切入点，也决定了用户在前期决策中的信息需求；另一方面需要结合用户的使用场景考量社群互动的真实价值，因为学术社交网络的持续发展取决于对用户需求和用户体验的挖掘，进而形成新的场景分类。比如按照人员的研究场景分类，研究人员就具有文献获取、文献整理、研究趋势洞察的场景，也由此产生了相应的需求。以文献管理工具出身的学术社交网络Mendeley就充分细分了上述三类场景，并设计了优质的应用以满足研究人员的需求。以文献获取场景为例，Mendeley允许其他文献管理工具（如CiteULike、Endnote、Zotero）的引用格式导入或导出到自己的平台，而且实时保持同步，特别地，对于PDF格式的文献，还支持自动提取，也就是说当用户将PDF格式的研究文献导入Mendeley平台后，Mendeley就会自动提取文献标题、作者、页码及出版日期等基础信息，还能通过文献的数字对象唯一标识等（digital object indentifier，DOI）自动补齐其他文献摘录元素；以文献整理场景为例，Mendeley可以通过关键词索引有效管理用户的书目数据库，并且支持对PDF文件的直接阅读、注释和分享，此外还提供了Word插件接口，允许在撰写论文时自动插入文献；以研究趋势洞察的场景为例，Mendeley将用户感兴趣的文献分别按照作者、主题和期刊等进行实时统计，对读者群的人口地理分布也做了统计，并且还刻画分析了用户研究兴趣的演变，以期满足用户洞察研究趋势的需求。学术社交网络ResearchGate也根据研究场景提供了丰富的"数字接口"，同样是文献获取的场景，ResearchGate就通过一个语义搜索引擎来连接免费的其他科研数据库，如PubMed、CiteSeer和arXiv等，以帮助用户获取更多的科研文章，语义搜索引擎相较于传统的关键词搜索，提供了更为广泛的术语词表；针对研究人员讨论交流的场景，ResearchGate提供了"Questions"栏目，包括23个学科分类，每个学科下又根据不同的研究领域和研究话题进行了分组，用户可以在该栏目下讨论各种感兴趣的研究话题，也可提出问题以期获得帮助，并与兴趣相投的人建立讨论小组；除了文献获取场景和研究交流场景，ResearchGate还挖掘了研究人员的求职场景，因为研究人员的频繁跳槽是一个非常普遍的现象，因此ResearchGate开发了"Jobs"栏目，根据用户的研究兴趣、学科、国家和技术专长等信息，为用户提供职位推荐信息。此外，ResearchGate声称未来

---

[1] 郭宇,王晰巍,杨梦晴,等.基于扎根理论的网络社群知识共享模式研究[J].情报资料工作,2018(4):49-55.

可以拓展实验室服务和实验材料项目方面的市场,使得学界的研究人员能够和业界的研究人员相互联系。类似地,还有许多其他的学术社交网络正在逐步开放与其他文献发现系统、机构知识库等相关系统的数字接口,开辟了学术社交网络应用的新领域,如 Direct2Experts 开发的针对生物医学研究人员的学术社交网络,该平台就允许与多个科研工具实现跨平台的互操作[1],大大提升了学术社交网络的使用频率,未来还可考虑增加对学术信息资源追溯验证的外部链接,实现个性化学术信息资源的精准推送。

最后,需要扫除前沿区域发展的盲点,做好深度成员挖掘及成功的社会化网络运营模式的引入。生态学家 Laura 坦言其曾经在 Academia 平台上跟踪自己的论文被下载的频次和时间,惊奇地发现多数被下载的文章并非线下引用率最高的文章[2]。原本认知学术社交网络就是以学术分享为目的的,但有用户就反馈说"在平台上保持活跃以及寻求合作是为了维系职业存在感",也有用户 "希望借助社交网站的网络效应接触到科研界的大牛",说明多数学术社交网络平台还没有正确意识到自身存在的核心价值,仍然存在前沿区域发展的盲点。虽然 ResearchGate 2013 年才吸引了包括比尔·盖茨和伦敦生物医学研究投资人超过 8700 万美金的投资,但庞大的投资额及用户群体并不代表真正的价值以及较好的互动体验质量。学术社交网络在未来的发展首先需要继续做好用户沉淀和用户分层,做好深度的成员挖掘,盘活学术社交网络平台上繁多的研究人员数据;其次学术社交网络不同于一般的社交网站,更重要的在于平台上高质量的学术信息,要通过内容吸引用户,必须提供高价值的内容信息,前期的内容建设可能需要平台方完成,后期在良好的用户互动中可由用户生成;最后可以考虑引入成功的社会化网络运营模式,以加强网络社群互动的活跃性和新鲜感,例如,有学者指出经济回报将有助于提升社会化回答的内容质量[3],优质内容的适度收费模式不仅能促进学术社交网络平台的良性运行,完成商业模式的迭代,也能够激发网络社群人员持续的学习承诺和参与意愿。

6.5.2 丰富媒介展现线索,降低感知信息质量判断偏差

学术社交网络的内容建设固然重要,但也不可忽视媒介所展现的技术示能,因为用户在决策时,会分析各个示能不同的属性,权衡各个属性的特征并得出最优决策[4]。某种程度上,技术示能性向用户传递了可以引发其认知启发式的线索,媒介的信息丰富程度越高,就越接近真实环境中人与人交流的模式。已有大量研究表明用户对数字媒体界面上的示能性展示非常敏感,有时甚至更关注信息设计,而不是中心内容[5]。但人机界面设计中又流传着一个新奇的悖论"技术越复杂,其被人感知的可见性越差[6]"。所以这个矛盾

---

[1] GRIFFIN M W, WILLIAM B, MIKE C, et al. Direct2Experts: a pilot national network to demonstrate interoperability among research-networking platforms[J]. Journal of the American Medical Informatics Association,2011(11):157-160.
[2] Nature:学术社交网络前途未卜[EB/OL].(2014-08-25)[2018-11-01]. https://www.biomart.cn/news/10/113878.htm.
[3] HARPER F M, RABAN D, RAFAELI S, et al. Predictors of answer quality in online Q&A sites[C]// Conference on Human Factors in Computing Systems, CHI 2008, 2008, Florence, Italy, April. DBLP, 2008:865-874.
[4] 郑杰慧,汪蕾,陆强,等.信息过滤与不确定决策:基于认知加工视角[J].管理工程学报,2016,30(1):205-211.
[5] FOGG B J, SOOHOO C, DANIELSON D R, et al. How do users evaluate the credibility of Web sites? A study with over 2,500 participants[C]// Conference on Designing for User Experiences. ACM, 2003:1-15.
[6] SUNDAR S S, OELDORF-HIRSCH A, GARGA A K. A cognitive-heuristics approach to understanding presence in virtual environments[J]. Hirsch, 2008:16-18.

提醒我们技术示能性的设计并非易事，根据 Sundar 的研究，示能性会通过各种线索影响个体的认知启发式，因此示能性的设计应当遵循用户的思维习惯和行为模式。

线索集合能够使用户在进行感知信息质量的判断过程中产生系统影响，而且是复杂的影响过程，包括信息的选择、处理和判断，也会受到情绪和认知状态等多因素的影响。学术社交网络中，每条学术信息的周围都呈现了许多的元素，这些元素包括信息来源、用户的个人标签、用户的投票或点赞及平台方的核查标签等，它们都可以成为用户感知信息质量的线索。这些线索是用户评价平台信息质量的参考依据，特别是当用户卷入度较低时，更依赖平台所展现的信息特征线索进行信息质量的判断。前述实证研究中已经证明这种方式不需要用户使用专业知识进行识别，而仅仅是通过阅读信息发布者的个人信息、其他用户的反馈信息及各种平台提示线索等就可以感知到信息质量的高低。

首先，学术社交网络平台方应该注重从线索组合角度考虑对情景的操控。平台的产品线设计、定位和陈列策略都最终影响用户对信息质量的感知，平台服务方应该充分了解和掌握用户感知高质量学术信息的线索特征，从线索组合的角度考虑对情景的操控。减少用户信息质量判断的不确定性体验是提高用户沉淀、促进平台可持续发展的重要前提。在复杂的网络信息线索环境中，学术社交网络的信息线索提供和信息线索呈现是决定用户对信息质量感知的重要因素，平台设计者和服务方应该通过网站设计和人机交互优化，按照线索依赖的重要性程度对信息线索进行合理布局，将不同的信息线索策略进行组合，实现信息线索在渠道层面和层次层面的多维度呈现，以期提高用户感知信息质量的信心。下面以社交插件"Like 按钮"为例，解释其带来平台流量激增的原因。

"Like"的中文意思是"喜爱"，代表了大众对该信息浏览后的认可，是本书中提出的推荐线索。有数据表明，添加了"Like 按钮"的在线网站平均提升了 300%的推荐流量，如 2010 年 4 月 Levis 在其网站上添加了"Like 按钮"，其流量激增了 40 倍；Giantnerd.com 增添了"Like 按钮"后，仅在 2 周内收入就翻了一番[①]。以图 6-9 所示的视频网站 Metacafe 为例，如果在顶部和底部都放置"Like 按钮"，则该信息的被点击次数会增加 3～5 倍。此外，显示点击过"Like 按钮"的好友头像也会使得点击数翻倍。如上所述，按钮插件本身是一个技术示能，但任何一个技术示能实质都是一个线索集合，"Like 按钮"即是本书中提出的推荐线索，而显示点击过的好友头像则是本书中提出的同伴线索。前述实证中已经证明了推荐线索和同伴线索对用户感知信息质量具有显著的影响，表明社交网络用户对信息质量时常持有不确定性，需要借助情景因素帮助自己做出判断。又如国内的社会化回答网站知乎，在知乎的任何页面，显示回答的内容同时也要显示该回答获得点赞的数量，以表示其他用户对答案质量的直观判断。这些情景因素在社交网络上又可表现为许多互动后的结果，如他人点赞、喜欢、收藏和分享等行为，加之个体存在的从众效应，因此这些情景线索成为用户感知判断的重要依据，并且推荐线索和同伴线索的交互效应表明了在线感知判断中的启发式是复杂的和相互影响的，更需要平台设计者从线索效应的角度出发，增强线索的可见性，丰富线索展现，包括对功能特征的组合和重构使用，以此获取线索累积效应带来的感知信息质量的积极效应。

---

① 用数字说话：Facebook 的 Like 按钮和社交插件有多牛[EB/OL]．(2014-06-06)[2018-11-01]．https://36kr.com/p/25230.html．

图 6-9　上下添加了 Like 按钮的 Metacafe 视频网站

其次，平台方应注重适应性扩展的线索设计策略。根据用户对学术社交网络的使用规律，用户前期积累了一定的经验后，不止步于类似其他一般社交网站通用的简单行为，在后期持续使用阶段其使用行为会由原先的基本点赞、评论和分享等简单行为扩展至新功能探索的适应性使用行为，从而对学术社交网络进行创造性应用[①]，此时平台方的线索设计策略也应该随之进行调整。例如，学术社交网络有助于建立新的科研成果评价方式，因此 Academia 由传统小范围的"专家评审"移步到整个平台学术圈的"集体评审"，由此增加了如"成果浏览量""引用次数""下载次数"等客观评价指标，也需要平台设计方考虑新的线索组合和陈列策略，以客观反映科研人员的学术地位。此外，在学术社交网络的信息质量判定方面，还可以结合基于群体决策的投票机制和社会化筛选机制等设计新的媒介展现线索，提高用户决策的有效性。

6.5.3　强化算法技术和人工干预，提高社区的信噪比

冗余和过载信息降低了用户的质量体验，早在 1986 年，Klapp 就指出过载的信息不仅会造成信息量的增加，更重要的是引起信噪比的降低[②]。信噪比(signal-to-noise ratio)是虚拟社区有价值的信息与无价值信息的比值，信噪比越高，代表该社区的有价值信息的占比越高。因此信噪比指标是直接影响学术社交网络用户感知信息质量最为重要的因素，对于平台上的无价值信息，不仅需要人工干预引导有价值的用户生成内容，引入有效的信息过滤机制，还需要算法技术加强数据监测和排查。

首先，应加强算法创新的数据监控技术。本章已经证实了平台技术是信息质量治理和

[①] 赵宇翔，朱庆华. 感知示能性在社会化媒体后续采纳阶段的调节效应初探[J]. 情报学报，2013，32(10)：1099-1111.
[②] KLAPP O E. Overload and boredom: essays on the quality of life in the information society[J]. Contemporary Sociology, 1986, 16(4): 186.

提升的重要利器,随着人工智能和算法技术的飞速发展,通过技术实施的数据监控,能够有效提升学术社交网络的信噪比。例如,可以通过算法创新信息审核过滤技术,过滤技术某种程度上也降低了信息负载,提高了信噪比。Facebook 根据用户的互动情况决定信息流的降频和展示,广受用户的好评。类似地,2014 年新浪微博借助大数据识别技术,推出了"信息流优化计划",识别并限制低质信息传播,使得低质量信息的显示降低了 35% 左右[①]。还可以设计需要监控的数据管道,例如,微软的应用与服务部门,每日生成约 5PB 以上的数据,已经构建了高扩展性的 data audit 服务来确保这些大数据的实时性和完整性。值得借鉴的是,微软的数据管道包含数据流经的各个处理阶段,通过数据质量监控的核心服务 Audit Trail 对数据异常进行监测,其中有一个可看作是元数据的审计数据,包含了数据的各种审计信息,如该数据的来源、大小及时间戳等,审计数据也会发送到 Audit Trail,Audit Trail 汇总了多个审计元数据后,就能实时做出信息质量评了。因此学术社交网络的数据质量自动监测也可以按照业务场景,设计和实现需要监控的数据管道;还可以通过算法技术开展信息质量的用户评价,目前已经开展了关于利用已有信息外部特征进行信息质量自动化评价的方法和实践,未来应该更多地研究文本深层的语义关系挖掘,并构建符合现实情境的分类预测模型,通过机器学习度量未知数据的特征和结果,真正实现信息质量的真实评价。为了更好地做好信息过滤,控制冗余信息,还可以从用户搜索上着手,即在搜索上借鉴知乎的"问题重定向"功能[②],对于类似信息采取重新定向,使其更为集中地在一个页面上显示,减少信息分散和信息过载。

其次,配合人工干预介入信息质量的管控。一方面,通过完善低质信息、非法信息及垃圾信息的举报监督机制,允许用户人工标记和反馈来更好地处理趋势变化。人工标记的方式可以采用质量标签,质量标签可以采取用户录入的方式进行自由添加,也可事先提供部分质量标签,使用用户勾选的方式,平台方可以定期整理质量标签,并给予相关的反馈,同时配套建立相关及时处理机制,设置不同的惩罚措施,如实施警告、清空信息、禁止发言或封闭账号等,以减轻用户不正当行为造成的影响。一旦用户因低质信息生成而受到损失,从博弈的角度分析,该用户在利益权衡的基础上会更倾向于提供高质量的信息。另一方面,学术社交网络的平台服务方应该利用自身资源优势积极帮助用户降低判别信息质量的成本,降低用户获取优质学术资源的门槛。目前大多数的学术社交网络服务都是静态的,可以考虑在线专家互动功能的设计,满足用户在线学术交流的需求。值得指出的是,还需注意平台服务方的人工干预力度,干预力度并非越大越好,对用户生成内容的社区而言,过度的限制势必影响用户的知识贡献行为及持续使用意愿,最终阻碍了学术社交网络的健康发展。根据权变理论,每个学术社交网络平台的内在要素和外部环境条件都存在一定的差异,因此在管理活动中不存在适用任何情景的管控规则和措施,需要因地制宜地确定不同的人工干预方式,正确把握干预力度需要正确审视该学术社交网络平台的发展现状,根据现实情况做出判断。

---

① 新浪科技. 微博启动信息流优化计划低质信息将被限制展示[EB/OL]. (2014-07-16)[2018-10-25]. http://tech.sina.com.cn/i/2014-07-16/10029497354.shtml.
② 知乎. 什么是「问题重定向」?如何正确使用该功能解决重复问题?[EB/OL]. (2011-03-03)[2018-11-04]. https://www.zhihu.com/question/19570036.

最后，考虑信息过滤机制的设计。现有学术社交网络通常会采用一些类似 BBS 社区的做法来进行信息过滤，以保证社区信息质量。例如，人大经济论坛、小木虫等通过寻找用户之间的相似点，将具有共同目标或者相似目标的用户进行分类，后期随着用户数量的剧增，用户差异越来越大，于是就将社区拆分成更加精细的版块，各个版块的主题信息都有所不同，以此对用户群进行细分，通常这些学术社交网络平台的版块划分会达到数十个之多，各个版块之间处于封闭状态，使得版块内用户不受其他信息的干扰，由此实现信息过滤，这是一种简单的信息过滤方法；另外一种信息过滤机制是通过强力的人工干预和运营方式加以实施，如小木虫社区的版主机制，即在每一个主题版块内都会指定一个活跃用户担任版主，版主承担社区领袖和信息审核的角色。领域细分化和中心化管理的手段常见于类似 BBS 社区的传统内容型社区，其缺陷在于领域细分化限制了用户群的双向交流，中心化的管理造成较高的运营成本。

而现有的社会化问答社区"知乎"既能做到深度内容的获取，又能做到深度内容的加工，对信息质量的把关也很用心，因此可以借鉴知乎对信息流和用户关系的处理逻辑，给未来学术社交网络的信息质量提升提供参考借鉴。在早期的知乎中，推送给用户的内容来自其自身所关注的话题，但在后期的运营中，知乎认为用户也是信息流的组织节点，于是推送给用户的不再是内容，而是该用户所关注的其他用户，因此各个细分主题领域之间的界限逐渐被打破，衡量高质量的信息标准转变为该信息所提供的用户本身所拥有的粉丝数量和所获得的点赞数，表明知乎对用户的评价来自用户生成内容(user generated content，UGC)，而 UGC 的质量来自他人的认可。知乎凸显了推荐线索的重要性，整个生成逻辑如图 6-10 所示。

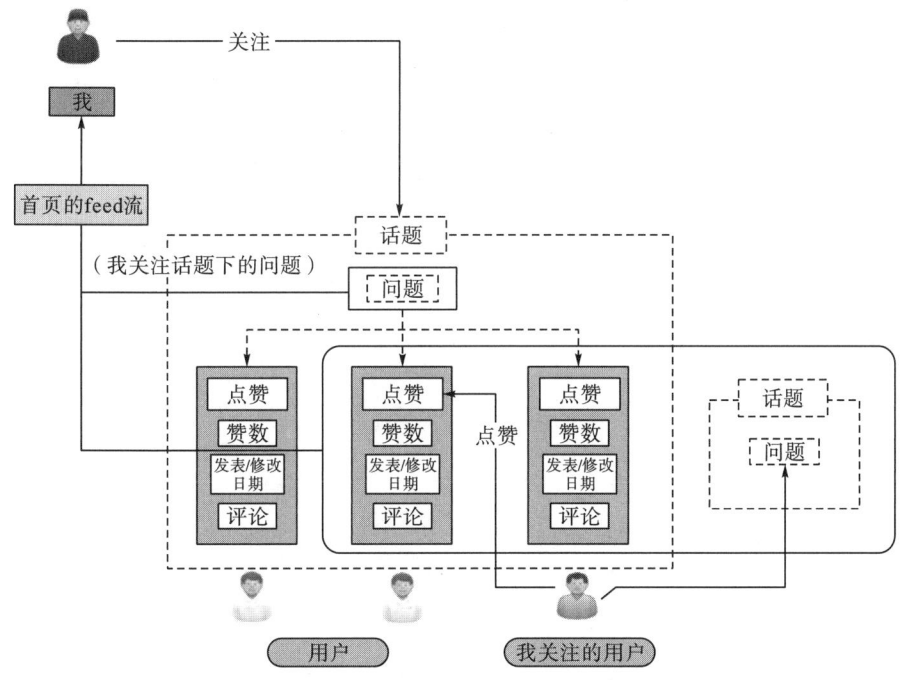

图 6-10　知乎用户首页的信息流生成逻辑

总之，信息过滤是对其进行搜索、识别、分类、选择、删除和屏蔽等的过程。对学术社交网络信息质量的提升，需要以算法技术的系统优化过滤、监督激励机制为主，信息用户的主动参与为辅，加强对信息流的识别和监控，提高社区的信噪比。

第7章 结　　语

　　本书针对学术社交网络这一新兴情景中的用户感知信息质量的线索进行了深入研究。学术社交网络是以学术内容运营和用户关系为基础的社交网络，近几年，学术社交网络的应用价值和研究价值不断得到彰显。学术社交网络上丰富的多元化学术信息资源已经成为研究人员解决科学问题的重要参考来源，但随着用户规模和信息量的激增，信息质量问题也层出不穷[1]，学术信息资源良莠不齐，也使得信息质量治理更为复杂，信息质量问题的解决和质量提升任务越来越艰巨。目前关于学术社交网络信息质量的研究还比较分散，缺乏系统的整合框架，尤其是用户视角的信息质量研究，虽然散见于部分文献中，但其理论高度、科学深度均有待进一步提升。

　　质量研究的演化路径经历了"符合性质量""适用性质量""需求满足的程度"几个阶段[2]，因此信息质量最终回归到对用户需求的满足的特性上。本书从用户出发，基于信息质量主流研究的用户视角范式，调查了学术社交网络用户感知信息质量的线索选判。本书主要章节之间的逻辑关系阐释如下：首先，第3章基于用户攀梯访谈和已有资料扎根分析的方法，结合最优觅食理论确定了用户感知信息质量的线索分类，并构建了感知信息质量的线索框架；其次，针对第3章建立的线索框架中的社区环境线索，第4章对全球512名学术社交网络真实用户实施的调查，实证分析了平台声誉线索、管控规则线索和技术诊断线索这三类社区环境线索对用户感知信息质量的作用过程；再次，针对第3章建立的线索框架中的信息特征线索，第5章结合线索利用理论和双系统加工理论等认知理论，通过两个实验室控制实验，验证了信息本体线索、信息来源线索、同伴线索和推荐线索这四类信息特征线索对用户感知信息质量的影响，以及诸多线索之间复杂的交互关系，由此析出个体对信息线索选判的规律；最后，根据第3~5章的研究结论，第6章建立了学术社交网络信息质量治理的决策模型，利用多准则决策方法定量分析了各个维度和准则之间的影响关系和影响大小，在此基础上针对信息质量的优化提升，向学术社交网络的平台服务方提出了三条针对性的管理启示。主要研究结论阐述如下。

　　（1）根据第3章的攀梯访谈研究分析结果，用户通过使用学术社交网络，在此过程中感知到信息质量高低，最终实现了学术交流、自我实现和疑惑解答三个方面的价值。最重要的外部影响线索是发布者的权威性、同伴作用、多数人的认可、平台的奖惩机制和发帖监督机制。除此之外，人们还通过自身的知识积累对信息内容进行判断，由此能够感知到信源的可信度、信息本身的内容质量和信息的有用性。用户感知信息质量的动态路径中最

---

[1] LIU Y, AGICHTEIN E. On the evolution of the Yahoo! Answers QA community[C]// Proceedings of the 31st Annual International ACM SIGIR Conference on Research and Development in Information Retrieval. New York: ACM, 2008: 737-738.
[2] 章帆, 韩福荣. 质量生态学研究(2)——质量概念与质量管理理论的演化[J]. 标准科学, 2005(4):29-32.

主要的作用路径是发布者的权威性—感知信息内容质量—解答疑惑。

（2）根据第 3 章的资料扎根分析结果，不同的社区因素维度、平台因素维度、用户因素维度和内容因素维度均会交叠作用于用户感知信息质量的优劣，也会形成学术社交网络不同的用户感知信息质量。

（3）根据第 3 章的线索框架研究结果，整个用户感知信息质量的线索框架由社区环境线索和信息特征线索两部分构成。从人的认知过程规律来看，用户首先是根据社区环境线索对学术社交网络平台的信息质量形成初步感知，其次用户注册使用某个其认可的学术社交网络平台之后，会通过信息特征线索继续进行信息质量的感知判断。

（4）根据第 4 章社区环境线索作用的结构方程分析结果，学术社交网络中的社区环境线索，即平台声誉线索、管控规则线索和技术诊断线索，均能不同程度地正向影响信息质量体验，其中平台声誉线索还同时对信息质量期望产生一定的正向影响；个体需要也会影响信息质量期望，但个体过往经历在本书研究中未显示出对信息质量期望的直接作用；信息质量期望正向影响信息质量体验，进而信息质量体验又正向影响用户感知到的信息质量；社会资本对信息质量体验和感知信息质量之间的影响关系存在干扰性的调节效应；信息质量体验在平台声誉线索、管控规则线索对用户感知信息质量的影响过程中具有不同程度的部分中介效应，但在技术诊断线索中则未见其中介效应。

（5）根据第 5 章内部线索特征作用的实验法分析结果，不同问题类型下用户对内部线索的敏感度不同，资源获取类问题比讨论获取类问题具有更高水平的信息质量感知；不同的内容价值对用户感知信息质量的影响不同，具有高价值的内容更能使人感到更高水平的信息质量；不同权威性来源的信息对用户感知信息质量的影响不同，具有高权威性的信息来源能使用户感到更高水平的信息质量；内容价值和来源权威性之间不存在显著交互作用，表明当用户的卷入程度或知识水平较高时，更愿选择中心路径的加工方式，反之亦然。

（6）根据第 5 章外部线索特征作用的实验法分析结果，同伴线索和推荐线索分别对用户感知信息质量产生显著影响，表明人们对熟悉的信息源会持有更高的认可，感知到更高的信息质量，人们也对他人意见存在跟随效应，是一种从众的启发式。来源权威性线索、同伴线索和推荐线索三个因素对用户感知信息质量的影响存在三因素交互作用。具体地，当回答来自陌生人时，权威性线索和推荐线索的简单两因素交互作用存在；当回答来自好友时，权威性线索和推荐线索的简单两因素交互作用不存在；当来源权威性较低时，无论该回答是否有人推荐，同伴作用的主效应均显著；当来源权威性较高时，如果有他人推荐，则同伴作用的主效应显著，否则同伴作用的主效应不显著，体现了个体认知线索选判的复杂性。

（7）根据第 6 章信息质量治理框架的定量分析结果，在学术社交网络信息质量治理策略的总体权重中，用户间互动的积极性、用户对他人贡献质量肯定的主动性、数据异常监测、垃圾信息的识别和监控具有最高的总体权重，社区品牌建设和运营具有较高的被影响权重。

（8）根据第6章信息质量治理框架的实证打分结果，对 ResearchGate、人大经济论坛和科学网博客三个学术社交网络平台的信息质量治理实施现状进行比较分析，依据信息质量治理决策模型和专家意见，ResearchGate 的信息质量治理现状相对最优，其后依次为人大经济论坛和科学网博客。

(9) 根据第 6 章信息质量提升策略的建议，学术社交网络信息质量的提升依赖于用户群体的良性互动，平台技术监测是学术社交网络信息质量提升的重要保障，学术社交网络的信息质量治理需要适宜的奖惩机制设计，引导信息表达的优化呈现是信息质量提升的有效方式，信息质量的有效治理关乎学术社交网络平台的品牌声誉。因此，学术社交网络的信息质量提升需要定位应用场景和研究人员特征，改善社群互动体验；丰富媒介展现线索，降低感知信息质量判断偏差；强化算法技术和人工干预，提高社区的信噪比。

附　　录

附录A　攀梯访谈研究材料清单

A-1　学术社交网络中用户感知信息质量研究访谈提纲

访谈日期：　　　　　　　　　　　访谈时间：　时　分 —— 时　分

访谈地点：　　　　　　　受访者：　　　　　　访谈编号：

被访谈人基本情况

性别：_____　　　　地区：_____
年龄：_____　　　　学历：_____
　　　　　　　　　　　研究方向：_____

准备工作

1. 向受访者说明此次访谈的主题、目的，并解释相关概念（学术社交网络、感知信息质量）。
2. 征得录音许可并说明研究的匿名性。

正式访谈

第一部分：学术社交网络的使用情况

1. 您是否使用学术社交网络开展科学研究？
2. 您平时使用哪些学术社交网络？（请举例）
3. 您使用学术社交网络的目的是什么？
4. 您使用学术社交网络的频率？
   □一周很多次　　□一周一次　　□一个月几次　　□偶尔使用　　□基本不用

第二部分：学术社交网络的感知信息质量情况

1. 请回忆一下最近几次使用学术社交网络的体验？
2. 您认为您使用的学术社交网络的信息质量如何？为什么？
3. 您通常是通过哪些因素感知到学术社交网络信息质量的高低？

附录

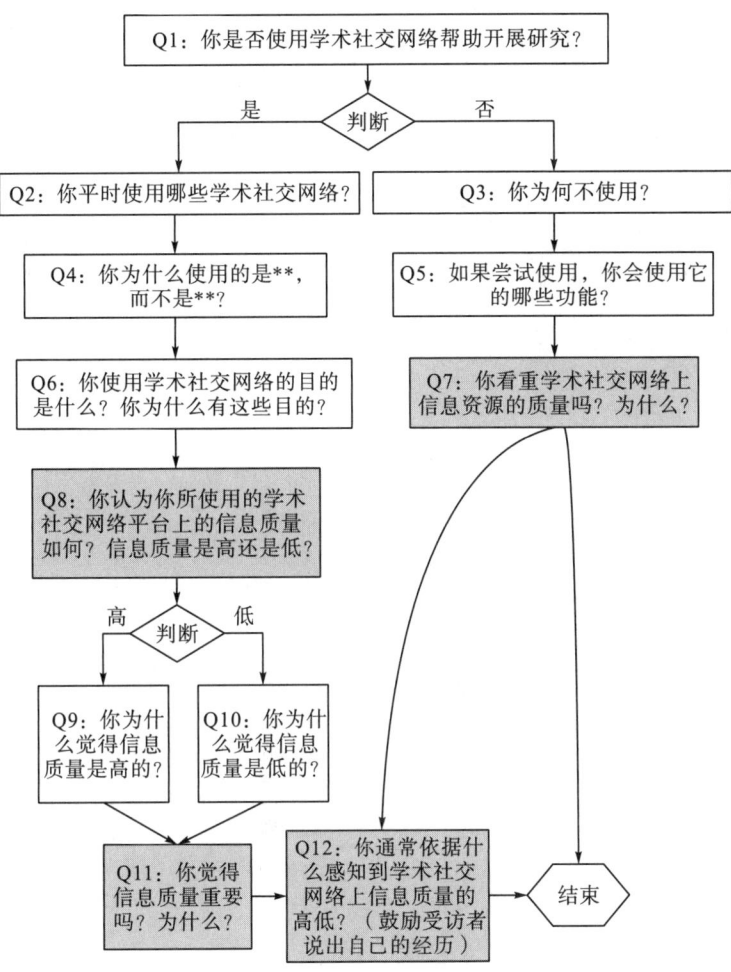

攀梯访谈技术路线图

访谈总结
1. 对访谈内容进行梳理性小结，并获得受访者的认可。
2. 为此次访谈支付一定的报酬。

A-2 受访者基本情况统计

序号	来源地区	性别	学历身份	专业	使用频率
01	天津	男	教授	管理学	偶尔使用
02	安徽合肥	男	博士	管理学	偶尔使用
03	福建厦门	男	博士	管理学	偶尔使用
04	江苏连云港	女	博士	法学	偶尔使用
05	江苏南京	男	博士	经济学	频繁使用
06	江苏盐城	男	博士	经济学	频繁使用
07	江西南昌	女	博士	教育学	经常使用
08	贵州贵阳	男	博士后	理学	经常使用
09	贵州遵义	男	博士后	经济学	经常使用

续表

序号	来源地区	性别	学历身份	专业	使用频率
10	香港	女	博士后	经济学	经常使用
11	甘肃兰州	男	博士生	管理学	经常使用
12	广东深圳	女	博士生	法学	经常使用
13	广西桂林	男	博士生	理学	经常使用
14	贵州安顺	男	博士生	管理学	经常使用
15	贵州兴义	男	博士生	理学	经常使用
16	韩国	女	博士生	经济学	经常使用
17	湖北武汉	女	博士生	理学	经常使用
18	湖北孝感	男	博士生	理学	经常使用
19	江苏南京	男	博士生	理学	偶尔使用
20	江苏苏州	男	博士生	理学	偶尔使用
21	江苏徐州	女	博士生	管理学	偶尔使用
22	江西南昌	男	博士生	理学	频繁使用
23	山东青岛	女	博士生	管理学	频繁使用
24	山东烟台	男	博士生	经济学	频繁使用
25	山西太原	女	博士生	理学	经常使用
26	上海	女	博士生	工学	经常使用
27	土耳其	男	博士生	理学	经常使用
28	新西兰	男	博士生	哲学	经常使用
29	贵州贵阳	女	副教授	农学	经常使用
30	贵州兴义	女	副教授	管理学	经常使用
31	湖北十堰	女	副教授	教育学	经常使用
32	湖北武汉	女	副教授	医学	经常使用
33	湖南长沙	男	副教授	经济学	经常使用
34	天津	男	副教授	经济学	偶尔使用
35	北京	男	讲师	管理学	偶尔使用
36	甘肃兰州	女	讲师	工学	偶尔使用
37	广西南宁	女	讲师	管理学	经常使用
38	江苏苏州	男	讲师	理学	经常使用
39	四川成都	女	讲师	教育学	经常使用
40	广东广州	男	教授	经济学	经常使用
41	江西井冈山	女	教授	经济学	经常使用
42	重庆	男	教授	管理学	频繁使用
43	北京	男	硕士生	医学	频繁使用
44	福建福州	女	硕士生	经济学	频繁使用
45	广西桂林	女	硕士生	经济学	经常使用
46	贵州毕节	男	硕士生	医学	经常使用
47	贵州贵阳	男	硕士生	医学	经常使用
48	贵州贵阳	女	硕士生	农学	经常使用
49	贵州铜仁	女	硕士生	教育学	经常使用
50	江苏南京	男	硕士生	医学	经常使用
51	山西太原	男	硕士生	经济学	经常使用
52	陕西西安	男	硕士生	经济学	经常使用
53	四川成都	男	硕士生	医学	经常使用

附录 B　扎根理论研究材料清单

B-1　开放式编码过程

原始资料（初始概念）	范畴化
丁香园论坛由七人组成的最高管理机构，全权负责广告和项目审核。如果公司要借助丁香园论坛的人气进行商业广告或项目运作，事先必须在管委会备案，版主同意则项目放行，以此来避免伤害学术独立性的事件发生。（内容和广告相互独立） 博客成为一种热闹的网络现象，网络媒体起了很大的推动作用。"像一些门户网站需要名人效应聚集人气，所以邀请'牛人'来写博客。"（人气聚集） 丁香园的成功不是偶然的，但是如果拿它和科学网相比，最根本的区别大概是所有制的根本不同，一个是民企，一个是国企，这并非是科学网的编辑和管理者不敬业、不够优秀，而是因为市场经济的驱动是企业发展的根本动力。（市场机制） 我只能评论说小木虫是论坛，是一个缺乏审美、完全不注重用户体验的网站，很希望有一个更友好的中文社区能替代它，专注服务内容，不要使用这些互联网小招数。（内容运营） 但是版面和用户体验真的太落后了。2015 年有一次首页改版，我觉得就是增加了几个广告位，而且很丑……APP 没下，微信订阅了，但内容一直不怎么丰富，还有硬广……小木虫这个广告设置是真的一点都不委婉。（用户体验设计） 看来还是不懂用户体验的居多，这种论坛本身并不是为了吸引大众群体使用，所以没必要做得炫酷吸引更多普通用户。当然目前包括百度贴吧在内的这种文字性论坛国内尚没有有意义的、有价值的运行体系，这东西做起来是一门学问。（目标群体定位） 丁香园的强大在于产品和多年的专注。（产品专注） 社交网络由现在的"网状结构"回归到类似原始人部落式结构，才能形成真正的社交关系，既能发挥群体智慧，又能避免社交泛滥。（社交运营）	A1 社区运营
要想成为大家认可的客观公正的平台，绝不是靠些条条框框来管理博客就可以的，而是要有眼光、有担当才行。（责任担当） 因为科学网的架构基本上能够保证小编们控制局面。这就是科学网博客的精选博文和热门博文制度。来客可以推荐热门，但是精选必须由小编操刀。（管理制度） 对于重要的科学问题或者与科学有关的社会问题，要严肃地表明态度，而不是搞暧昧、打马虎眼。如果问题非常复杂、一时半会儿搞不清楚，也要明确地说出来。即使像转基因这样的棘手问题可以搞个不痛不痒的专栏对付过去，其他更重要的问题呢？（对待内容的态度） 无论是语言、证据还是推理，都比一般的精选博文强不知道多少倍。可是这又怎么样呢？不还是被压着难以出头吗？几十篇精彩而又重要的博文，竟然一篇也没有精选过，这还不能说明它的民科待遇吗？（处理方式） 由此可以看到科学网博客的做事方法对自己发展的限制。这些做事方法虽然可以守成，但是难以创业。（管理方式） 发帖限制：1. 任何政治上的不当言论；2. 对他人和组织机构进行的恶意攻击和诽谤，这一条款同样也包含针对科学网编辑部及其关联机构的恶意攻击和诽谤；3. 无休止地散布"有违于人类科学史上已公认并得到实践认可的科学理论"的信息。（发帖规定） 他们没有开通博客，其中有许多是因为不具备科学网要求的条件，没有通过审核，故没有资格发表博客。这在很大程度上妨碍了学术交流。（资格审核机制） 依然感觉管理思路的不规范和不标准化，建议改成一个有法律约束力的管理文件。（管理思路） 国有国法、家有家规。民主不代表无规则。（社区规则） 未来一方面需要提升网络管理水平，尤其是网络思想舆论的管理水平。（管理水平） 但许多学者却选择"行不更名，坐不改姓"的实名制，这表明学术论坛在自发地而非强制地形成一种适度机制。（实名机制） 欢迎大家去经济论坛讨论哦，经管类资料挺多的，管理也很到位，如果上传资料什么的，是可以有奖励的，大家的努力不会白费。（奖励机制） 广告不加筛选。这些广告直接出现在论坛首页名称的边上是不是显得网站有点 low 呢？（广告筛选） 这种类似贴吧的刷新方式让很多新发的帖子很快沉下去。（刷新方式） 一个长青的 BBS 可以看到版主和管理员的长期辛勤劳动，不间断地用人力方法删除水帖、封杀用户、加精置顶、鼓励讨论、定期总结输出。（管理人员的付出） 信息的生产必然伴随垃圾信息的产生，但是，在生产端设置门槛来过滤垃圾，永远是下下策。（门槛设置）	A2 社区管理

续表

原始资料(初始概念)	范畴化
科学网目前来看只有在实名博客方面获得了非常大的成功,但在活力和人气方面并不是那么令人满意。(活力和人气) 有着科学与人文情怀、贴近华人科教生活、张扬个性独立与自由、倡导多元内容形式的表达、推动文明的诉求与交流、主张宽松而有序的管理,给我留下了十分深刻的印象。(整体氛围) 版主们的担心不无道理:商家的引入会影响学术的中立性,"然后网站就变味了"。但是天天跟版主们保证,丁香园将继续保持学术的纯洁性。(保持学术纯洁) 学术活动非常活跃,除了每天早中晚播报实时信息和不定期的"教育信息扫描",每周末还邀请一些专家就某一项专题作学术报告,大家也会就这些专题展开积极的讨论和回应。(学术活动活跃) 近几年闲聊版块开始放任段子手编故事耍人玩,根据我管理其他论坛的经验,这是为了保持论坛热度而制造虚假繁荣的手法,属于自残行为,未来势必会让各种非资源型版块成为社会异类的聚集地。(制造虚假繁荣) 人大经济论坛商业化气息确实太浓了。(商业气氛) 参与度不算很高。整体不算活跃。十天半月上一次也不会遗漏重要信息的那种程度。高活跃度用户往往意味着发言精力过于旺盛,而脑力活动基本停滞的那一群人。他们有更强的发言动机,更低下的内容品质。(参与度和活跃度) 保护好社区的文化,自然会留住适应它的人。不过,随着网站的发展,定位也会发生变化,某些过去帮助网站成长的东西,有可能变得不合时宜,甚至成为阻力,那时候该割舍就要勇敢割舍。(社区文化)	A3 社区氛围
科学网应该大胆地走市场化道路,充分利用民间资本的敏感性和活力。(社区市场化)	A4 社区体制
我们必须能够标记任何东西,在任何东西上加笔记,在任何东西上加注释或加边注,用可视化的方式显示相关联的内容。(允许标注及可视化) 以目前的互联网从业人士用户群为例,感兴趣的话题可能集中在互联网创新应用、商业模式、电子商务等,能否与外部 IT 分享类网站打通,如 ifanr、36kr 等。保证问题的新鲜、品味,是增加当前用户黏性很重要的一个举措。(连接其他网站) 用户看文献时标注内容可以公开分享(觉得有点儿 Medium 的感觉)。(服务开发)	A5 服务创新
对于这个网站的初始认知是来自本科的物理化学教师的推荐,一个年过 55 的教授在课堂上说"有一个叫小木虫的网站大家可以去看看",当时听到小木虫三个字心里就觉得怎么这么业余。后来发现,里面有大量的"虫友"是硕博在读研究生、年轻的高校教师、部分对新兴事物感兴趣的老教师和企业研发人员。没统计过,但我认为这大概是我逛过所有论坛里高知比例最高的社区论坛。(大师资源) 小木虫,我的最爱。牛人超多,老牌科研论坛,推荐一下。(专家数量)	A6 精英密度
丁香园始终专注于医疗领域,且该领域本身发展潜力巨大,12 年来的用户积累与知识沉淀,产生了巨大的实际与品牌价值。(品牌价值) 老牌科研论坛,人气第一。(品牌声望)	A7 品牌效应
我想小木虫创办初期大概就是想给化工化学人提供交流平台的,后来随着论坛注册人数的增加,一级学科和二级学科的分类已经不能满足大家在各自领域交流的需求,所以出现了很多以下非理科生看不懂的东西。(领域分类) 论坛涵盖化学化工、材料、生物、医药、食品、机械、理工、信息等学科,还有基金申请、留学出国、考研考博、论文投稿、专利标准、文献求助等实用内容。(栏目分类)	A8 领域细分
在学术交流的前期宣传、学术会议的进行过程、学术成果的反馈与发表等一系列过程中,都可利用网络传播范围广、速度快等特点扩大学术交流的影响力,取得更好的效果。(扩大学术影响力) 它是学术界的 Facebook,帮助科研人员提高专业影响力!(扩大专业影响力)	A9 学术认可
只有将所讨论的话题持续地让提问者获得满意或超出期望值的答案,回答者获得理应的成就感,问与答足以驱动其他用户的围观热情。(获取满意) 这些公共话题包括科研道德、学生培养、科研体制改革、论文发表等。在科学网的历史上,引起全社会关注的讨论就有多次。这些讨论也直接或间接地影响了相关部门科研政策的制定,并最终促进了科学的发展。(话题影响政策制定) 还有一些博主,也喜欢把最新的国外动态翻译成汉语发表,促进了国内信息的获取。(促进信息获取)	A10 感知成就
社区内的小组把科研区分成不同的领域,你能在自己的领域找到志同道合的朋友。(找到归属) 是在写博客的过程中逐渐形成和清晰起来的。"因为发现读者中有大量的学生群体,这才意识到对那些涉世未深的学生应该多一些积极的引导。"(角色定位)	A11 社会认同

续表

原始资料(初始概念)	范畴化
科学网是我写博文唯一能坚持好几年的地方。这里相对自由、相对平等，也能找到"臭味相投"的人，算是一个不错的江湖。(共同圈子) 长期参与某学术网络社区的学术交流后，参与者形成了某种社会认同。"这种新形式论坛不仅带来了直接的思想交锋与交流，也蕴含了理性与情感交流。"(增进学术友谊) 网络空间的自由度使得学术网站的身份认同问题在目前的学术评价机制不改变的情况下，根本无法确立其合法性地位，这将在一定程度上影响到学术网站的发展。(身份认同) 比国内的新科学这种看起来舒服多了。我也确实遇到很多同行，而且常常会有同校的人来加好友。(同行圈子) Mendeley 的优势在于它为研究人员提供了需要的文献管理工具而不是单纯去建立一个社区。从吸引用户的角度而言，Mendeley 更容易获得用户的认同，从而可能使用户参加进社区分享等。(获取认可)	
草根学术与学术精英互动频繁，相互影响，也易发生对立和冲突。(冲突形成) 当论坛或社区成为学人的聚集地和交锋场，一方面可能促成松散的学人形成共同体，有益于共识的形成。(共识达成) 另一方面也可能加速知识共同体分裂，形成负面意义的学术圈子，甚至会被标签化。(加速分裂) 我不喜欢那个论坛的原因是鱼龙混杂，人多口杂。(群体身份混杂)	A12 社群距离
博主发现一些人毫无学术道德，盗用他人研究。这个来自纽约大学的"小偷"，盗用我科沈彬教授成果。其个人介绍发表了 140 篇文章，博主仅仅浏览了首页 20 篇，全部为盗用。(学术道德) 更为根本的则是网民素养的提升、学者学术道德的自觉。(成员素养) 自己的博文，自我把关，前提是守法和文明，唯其如此，博主更要自尊、自律、自觉，把好撰写和发表关。(内容的自我控制) 中文学术网站现存的最大问题就是著作权问题。多数网站尤其是网友创建的个人网站在这方面做得不好，只通过声明"无意侵犯作者著作权"的方式转载文章。(著作权保护) 网络的作用并不仅仅是把传出版物搬到网上，它的价值更在于为广大思想者、研究者和网友提供一个较为自由的思想交流空间，这就需要更多的思考和更多的原创性的学术文章。(内容的原创性)	A13 研究素养
在 ResearchGate 上看到有人问不到 15D 的蛋白应该用什么胶跑，下面诸多热心人士献计献策，详细给出了胶和缓冲液的类别浓度。(回复的详细程度) 不知道印度网友们的数学基础如何，在 ResearchGate 上面用了尽量简单的语言描述一种特殊情况的 ANOVA 的原理……先前跟帖的美国网友们果然都没理解到要点，说信息不足，要不然就说去 excel 点帮助……。(知识储备差异) 本科有点小问题，看小木虫，觉得都是大神，什么都能查到。现在，带着问题查小木虫，感觉好多回复都是热心网友瞎说。(回复质量) 我不喜欢小木虫就是因为它的提问没有建设性。(提问质量) 另外在医患矛盾频出的时代，丁香园是医务人员自己可以倾诉的最后港湾。对比其他医药论坛，丁香园的用户质量要高很多。(成员质量) 关键是你用户里面知识层面得足够呀，用户体验得完美。(成员知识面)	A14 用户水平
从商业价值来讲，受众越多，对精英持续分享的动力越大。(受众人数) 但凡是需要人脑力生产的信息(它好像有个名字叫「内容」)，用户数量越大，质量必定越低。(成员数量的影响)	A15 用户数量
"伸手党"众多，新人的回答质量远不如以前了。专业角度的应助不如以前……你现在发一个帖子，带几个"金币"，几分钟就会被人抢光，全部都是"快速回复"一个表情……(利益驱动) 作为随时介绍氢气生物学效应的专帖，受到许多人的关注和跟帖，这也成为我最早通过网络宣传学术信息非常成功的一次尝试，也应该是后来写博客的重要动力。(受众关注驱动) 这期间也在一些博客上写点东西，但总是无法聚集到人气，没有人阅读，也就逐渐失去了继续写的动力，荒废了许多账号。(受众阅读驱动) 对那些科学网的老博主来说，当初开博很重要的动力来自媒体人的邀请，而并没有一个非常清晰的主观目标。(媒体邀请驱动) 在"武夷山"看来，慢慢地，拉近与公众的距离、传播科学知识，也就成了一些国内科学家撰写博客的原因。(公众驱动) 科学网的读者一定不会忘记北大原力学与工程科学系教授武际可。他大量的力学科普博文深入浅出、趣味性很强。对他而言，科普不仅仅是兴趣，更是一份事业。(兴趣驱动) 为了让我的研究生们能够方便、经济地和我进行交流和获取各种信息，当然也是为了使我自己能够更好地了解学生的学习情况并且指导他们读书和思考，我觉得网络途径确实不失为一种最适当的办法。(交流驱动)	A16 驱动撰写

续表

原始资料（初始概念）	范畴化
很多论文能在线免费共享或发请求，也可以即时问答、评论、推荐给其他学者。我的博导就特别喜欢在上面推给我各种链接，在线聊天。感觉让学术界不再那么遥远和生硬了。（免费分享） 感觉科学网是个非常不错的网站，在这里可以向各学科专家学者学习很多知识。（促进学习） 现在科研人员则可以在 Academia 网站上相互间免费分享和查看各自最新的科研论文，将研究成果惠及更多的人。（免费分享） 让研究人员能够管理自己的个人品牌。（个人管理） We are accelerating science- Researchgate the best place to share and discover research - because when people learn faster and communicate better, everybody benefits. Join for free（发现研究） 有很多好的资源啊，比如说经典的专业书、常用的相关软件，基本上都能找到，并且免费获取。界面是有点乱啦，我一般自动忽略。（资源丰富） 我们在写完论文之后经常会出现以下几个问题：①我们的论文在哪里投稿？②投稿后多久能够通知被录用？③版面费怎么来的？除了可以咨询同门的师兄师姐，我们还需要在网上了解其他比较细节的事项，这里关于经济学、管理学方面的小帖子，很多还是比较有用的。（内容有用） 科学网上面的资讯很不严谨。而博客交流平台还行，但老龄化比较严重，了解学科大佬的动态不错。（了解专家） ResearchGate 提供合作者的科研进展提醒，而这些合作者大多跟自己所做的领域近似，所以也在第一时间让我掌握了这个领域的一些最新进展。（掌握研究进展） 提供了科研垂直领域的问答社区，为科研人员的有效社交提供了基础。而在 ResearchGate 上回答各种科研中的问题，更进一步方便了各个研究组的领头人快速物色到合适的科研人员。（寻求合作伙伴）	A17 感知效用
前提是其中较为顶级的科研工作者能够乐于与普通的科研工作者交流！如果说那些顶级的科研工作者只是单纯以该网站作为推广自己成果的工具，那么它的实际用途就会大打折扣。（同行交流） 中国科协也在大力资助学会开展在线学术交流，鼓励全国学会开辟学术网站或专题网页，充分利用现代网络及时、灵活、互动的优势，开设学术 BBS、主题讨论、学术沙龙、学术博客等多种形式的学术交流活动。（扩大学术交流） 学术网络社区的出现不仅扩大了学术交流的广度，某一项专题的持续跟帖讨论也有助于拓展交流的深度。（拓展交流深度） 我想借此机会真诚地感谢对拙文提出认真批评意见的广大学友们，因为是他们逼着我把自己的某些观点阐述得更为清楚并对自己的理论立场保持更深刻的警醒。（有益的批评）	A18 交互连结
我认为人大经济论坛在其论坛币模式上确实为自己的网站贡献不小，但是很多人作为新手，都没法便捷地获得自己想要的资源（当然想要资源是需要付出，但是貌似急用的资源没法很快得到）。（获取难度） 学术网络社区所具有的交互性、互动性，改变了传统报刊的"作者→读者"单向模式，每个参与者都既可以是读者，也可以是作者。开放性令参与学术交流的门槛降低，参与者更加广泛。（低门槛）	A19 可用性
网络论坛具有很大的即时性和随意性，这样的论坛形式既可能碰撞出思想的火花，也容易产生垃圾言论，甚至出现恶意攻击。（论坛特点） 博文不收版面费，博客没有广告，博主兼作者、编辑、出版于一身。（内容生产方式） 很多工作，从内容创造、广告审核到学术质量审核都是由用户来做的。（质量审核）	A20 平台特质
细分领域的分类栏居然红红绿绿、密密麻麻还带小划线！这个也就算了，首页版面居然有 N 个屏的版面，广告至少占了两个屏。（界面设计）	A21 平台界面
首页推荐的话题不具代表性，没什么营养，至少我是这么看的。（首页功能） 我刚下了个手机版没用几天，蹩脚的功能按键，以及发帖没有有价值的回帖。（功能问题）	A22 功能设计
在冯××等到来之前，丁香园的技术力量应该不是特别强大。（个人估计） 好的产品是靠好的人来打造的。（后台技术强大）	A23 技术支持
下班前在 ResearchGate 上提出实验设计上的问题，回家睡一觉以后，早起一看，美国友人已经把修改意见放上 N 条了。（回复速度）	A24 内容的及时性
小木虫在资源方面给了我们很大的帮助，不同版块针对性也很强。（版块的针对性） 所谓科学网，就应该只谈科学技术，不要谈论政治；以科技交友，而不是以谩骂交友；以科研能力定高低，而不是以猜测和口水定高低。（内容界定） 如何把精美的内容推送出去？这就需要把受众的感受作为知识传播出发点。（受众针对性） 小木虫是个神奇的网站，每次询问技术帖总会出现一些奇怪的答案，这两位是来搞笑的吗？（回复的针对性） 公派出版版块乱七八糟，回帖没有太大价值，简直成了心灵垃圾箱、鸡汤聚集地，看着反而让人心浮气躁。（内容非学术）	A25 内容的相关性

续表

原始资料(初始概念)	范畴化
因为它叫人大经济论坛而不叫人大金融论坛啊,盈利不盈利不关我事,我只知道,里面的资料还没看到值得花钱买的。(资料质量) 我只有一个月的科学网网龄。看到历史,有点相见恨晚。本以为是科学院的博客很认真,很专业,却发现不少反科学、误科学的奇谈怪论。(内容误科学) 很多专业的东西,外行人看不懂,就像我学习物理的,看不懂微电子和材料的。(专业性强)	A26 内容的专业性
我们的人文社会科学工作者还是要将专业逻辑和专业话语与社交媒体建立起一种学术区隔,从而避免严肃的学术问题在自媒体、社交媒体引起误读和炒作。(话语专业性) 要在网络传播中构建话语体系,必须要做到大众化、通俗化,否则学术成果及其价值得不到应有的传播和社会认可。(话语大众化) 网络传播在推进通俗化、大众化的同时,也夹杂着庸俗化甚至低俗化的内容。因此,在网络传播面前,学者不能被动地、一味地顺应网络。(不能低俗化)	A27 语言使用
对不同内容的侧重,一方面反映了科学家的兴趣,同时也展现了他们的个人色彩。(写作风格) 博主王飞跃说,我们已经有了许多正规的学术会议、杂志、期刊,博客可以稍微轻松随意一些,但他相对更看重的还是那些与本专业相关的学术科研内容。(随意轻松) 他总是以别人的视角看待自己,看待学生,看待那些大名鼎鼎的科学家。虽然"他老人家"自称是个非常严厉的导师,但他的博客却总是透着浓浓的人情味儿。(人情味)	A28 写作风格偏好

B-2　各范畴对应的原始材料来源统计

概念范畴	材料来源/份	来源占比/%
A1 社区运营	12	9.5
A2 社区管理	12	9.5
A3 社区氛围	12	9.5
A4 社区体制	3	2.4
A5 服务创新	3	2.4
A6 精英密度	3	2.4
A7 品牌效应	3	2.4
A8 领域细分	3	2.4
A9 学术认可	3	2.4
A10 感知成就	3	2.4
A11 社会认同	11	8.7
A12 社群距离	4	3.2
A13 研究素养	5	4.0
A14 用户水平	8	6.3
A15 用户数量	3	2.4
A16 驱动撰写	10	7.9
A17 感知效用	14	11.1
A18 交互联结	14	11.1
A19 可用性	4	3.2
A20 平台特质	4	3.2
A21 平台界面	8	6.3
A22 功能设计	2	1.6

续表

概念范畴	材料来源/份	来源占比/%
A23 技术支持	2	1.6
A24 内容的及时性	3	2.4
A25 内容的相关性	6	4.8
A26 内容的专业性	11	8.7
A27 语言使用	3	2.4
A28 写作风格偏好	3	2.4

注：材料来源占比计算公式：材料来源语句数/资料总数（其中资料总数为126份）附录C 中英文问卷设计材料。

附录C 中英文问卷设计材料

C-1 对 ResearchGate 现有学科分类实施抽样

序号	学科	序号	学科
1	农业科学	13	文学
2	人类学	14	数学
3	生物学	15	医学
4	化学	16	哲学
5	计算机科学	17	物理学
6	设计学	18	政治科学
7	经济学	19	宗教研究
8	教育学	20	社会科学
9	工程学	21	心理学
10	艺术学	22	空间科学
11	历史	23	语言学
12	法律		

C-2 发放的中文问卷

亲爱的朋友：

您好！感谢您在百忙之中参加本次问卷的调查。本调查旨在考察社区环境线索对感知信息质量的影响。学术社交网络是能够支持各项研究活动或服务的垂直化平台，如各类学术博客或学术 BBS 等。感知信息质量是平台所提供的信息能够满足自身期望的程度。

我们将对您的所有回答严格保密，调查结果仅用于学术研究。本次问卷预计完成时间在 5 分钟左右，感谢您的参与和配合！

1. 您经常使用的是下列哪些学术社交网络？[多选题] *

□ResearchGate　　　　　　　　□Academia

☐Mendeley　　　　　　　☐人大经济论坛
☐小木虫　　　　　　　　☐丁香园
☐科学网　　　　　　　　☐零点花园
☐其他 _____

2. 您使用学术社交网络的频率如何？[单选题] *

○每年 1~2 次

○每月 1~2 次

○每月很多次

○每周很多次

3. 您最近一次使用学术社交网络的时间？[单选题] *

○本周之内

○本月之内

○今年之内

○几年前

4. 您曾经使用过几种学术社交网络平台？[单选题] *

○1 种

○2~3 种

○4~5 种

○5 种以上

5. 您对学术社交网络的熟悉程度？[单选题] *

○完全不熟悉

○不太熟悉

○比较熟悉

○非常熟悉

6. 您使用学术社交网络，会挑战有困难的任务，不仅是查询信息。[单选题] *
○1 非常不同意　　○2　　○3　　○4　　○5　　○6　　○7 非常同意

7. 使用学术社交网络能使我与同行交流，这对我是有吸引力的。[单选题] *
○1 非常不同意　　○2　　○3　　○4　　○5　　○6　　○7 非常同意

8. 您使用学术社交网络主要是能扩大学术影响力，我感到是一种鞭策。[单选题] *
○1 非常不同意　　○2　　○3　　○4　　○5　　○6　　○7 非常同意

9. 您期望学术社交网络能够提供值得信赖的信息。[单选题] *
○1 非常不同意　　○2　　○3　　○4　　○5　　○6　　○7 非常同意

10. 您期望学术社交网络的信息质量管控机制具有一定的作用。[单选题] *
○1 非常不同意　　○2　　○3　　○4　　○5　　○6　　○7 非常同意

11. 您期望学术社交网络能够有效处理已经产生的信息质量问题。[单选题] *
○1 非常不同意　　○2　　○3　　○4　　○5　　○6　　○7 非常同意

12. 总之，我期望学术社交网络能够提供较高质量的学术信息。[单选题] *
○1 非常不同意　　○2　　○3　　○4　　○5　　○6　　○7 非常同意

以下问题，针对您经常使用的学术社交网络做出回答。

13. 请根据您的实际情况选择最符合的项。（1 表示非常不同意；7 表示非常同意）[矩阵量表题] *

	1	2	3	4	5	6	7
平台声誉							
我认为我使用的学术社交网络具有较好的口碑	○	○	○	○	○	○	○
我认为我使用的学术社交网络非常了解市场或用户	○	○	○	○	○	○	○
管控规则							
我使用的学术社交网络具有一定的奖励或激励机制	○	○	○	○	○	○	○
我使用的学术社交网络能够对信息发布的可靠性实行一定的担保	○	○	○	○	○	○	○
我使用的学术社交网络对成员注册的身份信息具有一定的要求。（如要求实名注册、机构邮箱等）	○	○	○	○	○	○	○
技术诊断							
我使用的学术社交网络能够检测重复内容的帖子信息。（比如禁止发布重复内容的帖子）	○	○	○	○	○	○	○
我使用的学术社交网络对垃圾信息的发布或转发具有一定的监控机制。	○	○	○	○	○	○	○

14. 请根据您的实际情况选择最符合的项。（1 表示非常不同意；7 表示非常同意）[矩阵量表题] *

	1	2	3	4	5	6	7
我在学术社交网络上与其他成员保持较为密切的联系	○	○	○	○	○	○	○
我会在学术社交网络上花费较多时间浏览、查询或参与讨论	○	○	○	○	○	○	○
我常与学术社交网络上的成员交流	○	○	○	○	○	○	○
我在学术社交网络上认识许多成员	○	○	○	○	○	○	○
我认为向他人提供帮助是公平的	○	○	○	○	○	○	○
我认为如果我需要帮助时,学术社交网络的其他成员也会帮助我	○	○	○	○	○	○	○
我认为向他人提供帮助是理所当然的	○	○	○	○	○	○	○
我感觉大家都有帮助他人解决专业问题的共同愿景	○	○	○	○	○	○	○
我感觉大家都有互相学习的共同目标	○	○	○	○	○	○	○
我感觉大家都有助人为乐的价值观	○	○	○	○	○	○	○
我极不愿意成为学术社交网络的成员	○	○	○	○	○	○	○

以下问题，请您根据您的体验和感知做出判断。

15. 请根据您的实际情况选择最符合的项。（1 表示非常不同意；7 表示非常同意）[矩阵量表题] *

	1	2	3	4	5	6	7
如社区管控规则所承诺的，我使用的学术社交网络的信息质量能够得到保证	○	○	○	○	○	○	○
平台声誉和社区管控规则增强了用户信心，降低了不确定性	○	○	○	○	○	○	○
社区管控规则展现了学术社交网络信息质量控制的专业性和优势性	○	○	○	○	○	○	○
通常情况下，我认为我使用的学术社交网络所提供的信息内容是准确的	○	○	○	○	○	○	○
通常情况下，我认为我使用的学术社交网络所提供的信息内容是可靠的	○	○	○	○	○	○	○
通常情况下，我认为我使用的学术社交网络所提供的信息内容是相关的	○	○	○	○	○	○	○
我认为使用学术社交网络是有用的	○	○	○	○	○	○	○
我认为使用学术社交网络是有帮助的	○	○	○	○	○	○	○
我认为使用学术社交网络开展学术研究是有效的	○	○	○	○	○	○	○
我最近会继续使用学术社交网络	○	○	○	○	○	○	○
我很有可能在未来继续使用学术社交网络	○	○	○	○	○	○	○
我希望我在未来继续使用学术社交网络	○	○	○	○	○	○	○

16. 您的性别？[单选题] *
○男　　　　○女

17. 您的年龄段？[单选题] *
○30 岁以下　　○30~35 岁　　○36~40 岁　　○41~45 岁　　○45 岁以上

18. 您的学历层次？[单选题] *
○硕士研究生
○硕士
○博士研究生
○博士

19. 您的现有研究方向属于哪个学科？[单选题] *
○自然科学
○农业科学
○医药科学
○工程和信息技术科学
○人文和社会科学

C-3：发放的英文问卷

Questionnaire of Perceived Information Quality on ResearchGate

Hello, dear friend! In order to understand the situation of ResearchGate (RG) platforms, would you like to spare about 4 minutes to answer the following questions in this questionnaire carefully and authentically please? We will assure you that your answers will be kept strictly confidential! Thank you very much for your support and cooperation!

Background

Note: Please highlight directly on the selected answer or fill into the corresponding space.

1. Your location from (　　).

A. Asia

B. Europe

C. North America

D. South America

E. Africa

F. Oceania

2. Your current age in the following the stage (　　).

A. 30 or younger

B. 31—35

C. 36—40

D. 41—45

E. More than 45

3. The discipline you are in (　　).

A. Natural Science

B. Agricultural Science

C. Medical Science

D. Engineering and Technology Science

E. Humanities and Social Science

4. How long have you been using ResearchGate (　　).

A. Just several months

B. 1 to 2 years

C. 2 to 3 years

D. More than 3 years

5. How many other academic social networking platforms have you used? (　　)

A. Only one

B. 2-3

C. 4-5

D. More than 5

	Strongly Disagree	Disagree	Somewhat disagree	Neither agree or disagree	Somewhat agree	Agree	Strongly Agree
6. I use RG not only for searching information, but also for difficult tasks.							
7. I use RG primarily to communicate with my peers, and it appeals to me							
8. I use RG mainly to increase my academic influence, and I feel that it is a spur.							
9. I expect RG to provide reliable information.							
10. I expect RG's management mechanism to work.							
11. I expect RG will be able to effectively deal with the information quality problems that they have.							
12. All in all, I expect RG to provide high quality academic information.							
13. I think RG is a trusted platform.							
14. I think RG has a good reputation.							
15. I think RG knows a lot about the market and the users.							
16. RG has a promotional function for the best posts.							
17. RG has a certain incentive or reward mechanism.							
18. RG can guarantee the reliability of information dissemination							
19. RG has certain requirements for members' registration.							
20. RG has a certain monitoring or control mechanism for information release.							
21. RG can detect posts with duplicate content.							
22. RG has the ability to monitor and control the release of spam messages.							
23. I maintain close social relationships with some members on the RG platform.							
24. I spend time browse or search for information on the RG platform.							
25. I always communicate with some members on the RG platform.							
26. I know some members on the RG platform on a personal level.							
27. I think it's fair to help other members.							

续表

	Strongly Disagree	Disagree	Somewhat disagree	Neither agree or disagree	Somewhat agree	Agree	Strongly Agree
28. I think that members would help me if I need it.							
29. I think it's right to give help to others.							
30. I feel like we all have a common vision of helping others solve their problems.							
31. I feel like we all share a common goal of learning from each other.							
32. I feel like we all have the values of working hard.							
33. I do not like to be a member of the RG platform.							

Here are some questions that you can judge based on your experience:

	Strongly Disagree	Disagree	Somewhat disagree	Neither agree or disagree	Somewhat agree	Agree	Strongly Agree
34. The quality of information on the RG consistent with the promise of community rules.							
35. Platform reputation and control rules enhance user confidence							
36. The management mechanism demonstrates the professionalism and superiority of RG in information quality control.							

	0% of the time	15% of the time	30% of the time	45% of the time	60% of the time	75% of the time	100% of the time
37. How often is the information shared by member on the RG platform accurate?							
38. How often is the information shared by member on the RG platform reliable?							
39. How often is the information shared by member on the RG platform relevant?							
40. How often is the information shared by member on the RG platform useful?							
41. How often is the information shared by member on the RG platform helpful?							
42. How often is the information shared by member on the RG platform effective?							

Thank you very much for your patience and sincere cooperation!

附录 D 实验系统移动端页面设计清单及问卷

D-1 实验一的移动端页面设计清单

第一组(高权威与高内容价值)

第二组(高权威与低内容价值)

附录

第三组(低权威与高内容价值)

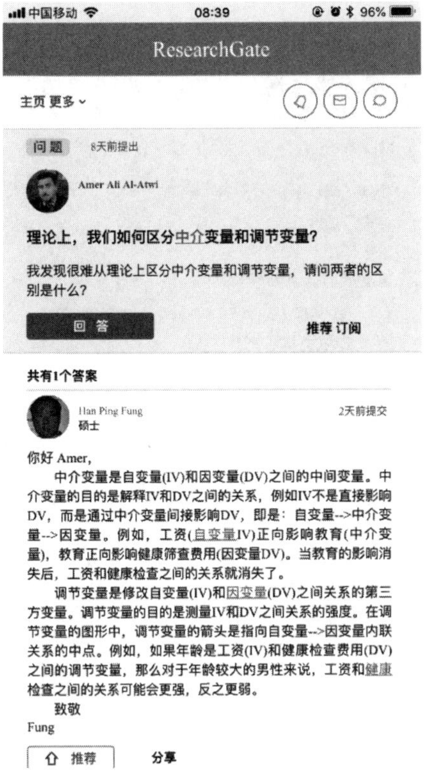

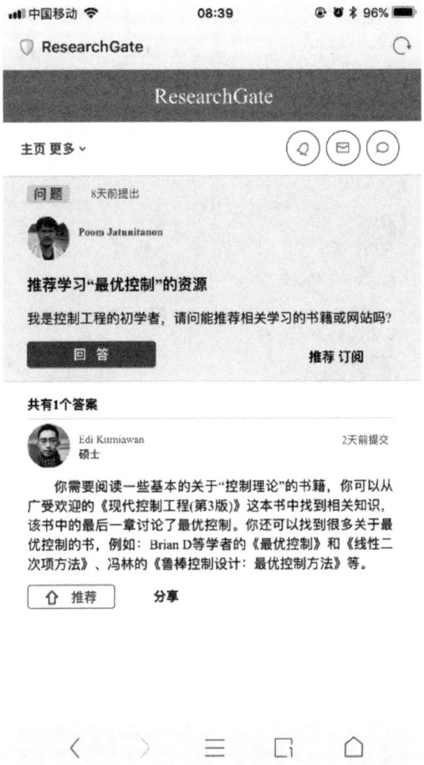

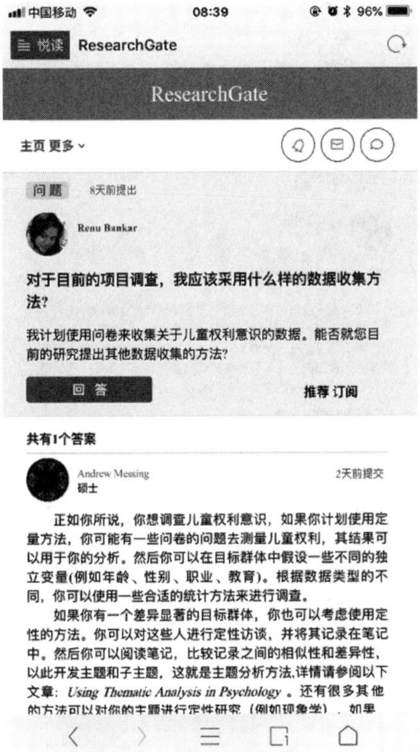

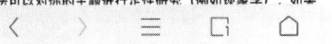

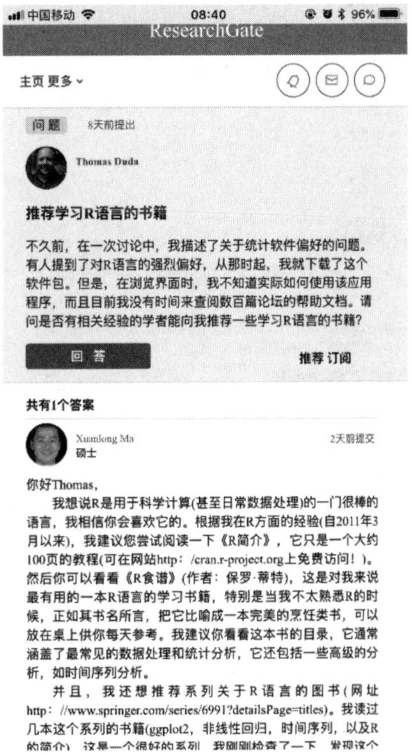

第四组(低权威与低内容价值)

D-2 实验二的移动端页面设计清单

第一组 (高权威与有同伴作用与有推荐作用)	第二组 (高权威与有同伴作用与无推荐作用)

第三组 (高权威与无同伴作用与有推荐作用)	第四组 (高权威与无同伴作用与无推荐作用)

第五组
(低权威与有同伴作用与有推荐作用)

第六组
(低权威与有同伴作用与无推荐作用)

第七组
(低权威与无同伴作用与有推荐作用)

第八组
(低权威与无同伴作用与无推荐作用)

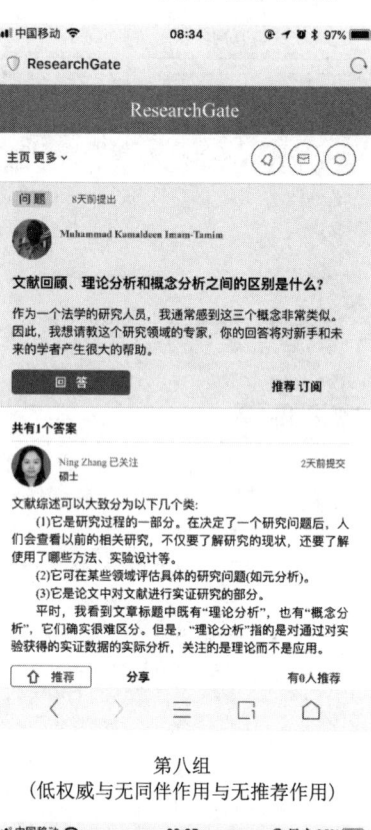
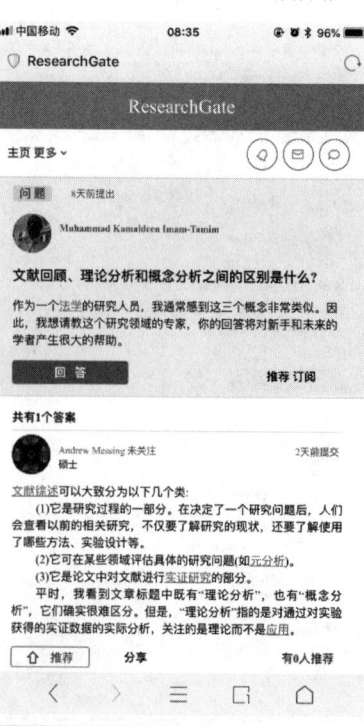

D-3　实验一问卷（以实验第 1.1 组为例）

一、基本情况信息

1. 我的性别	（　）男	（　）女
2. 我的年龄	（　）	
3. 我的研究专业	（　）哲学　（　）经济学　（　）法学　（　）教育学 （　）文学　（　）历史学　（　）理学　（　）工学 （　）农学　（　）医学　（　）管理学　（　）艺术学	

二、请根据阅读回答后的实际情况进行打分

问答 1 的访问地址：hurrywest.gotoip55.com/1.html

问题	1	2	3	4	5
你认为该条回答的准确性如何？					
你认为该条回答的可靠性或可信度如何？					
你认为该条回答与所提的问题相关吗？					
你认为该条回答的完整性如何？					
你认为该条回答的可理解性如何？					
你是否愿意采纳该条回答？					
你是否注意到该回答者的学历？	是（　）		否（　）		

问答 2 的访问地址：hurrywest.gotoip55.com/2.html

问题	1	2	3	4	5
你认为该条回答的准确性如何？					
你认为该条回答的可靠性或可信度如何？					
你认为该条回答与所提的问题相关吗？					
你认为该条回答的完整性如何？					
你认为该条回答的可理解性如何？					
你是否愿意采纳该条回答？					
你是否注意到该回答者的学历？	是（　）		否（　）		

D-4　实验二问卷（以第 1 组为例）

一、基本情况信息

1. 我的性别	（　）男	（　）女
2. 我的年龄	（　）	
3. 我的研究专业	（　）哲学　（　）经济学　（　）法学　（　）教育学 （　）文学　（　）历史学　（　）理学　（　）工学 （　）农学　（　）医学　（　）管理学　（　）艺术学	

二、请根据你阅读回答后的实际情况进行打分

问答的访问地址：hurrywest.gotoip55.com/21.html					
问题	1	2	3	4	5
你认为该条回答的准确性如何？					
你认为该条回答的可靠性或可信度如何？					
你认为该条回答与所提的问题相关吗？					
你认为该条回答的完整性如何？					
你认为该条回答的可理解性如何？					
你是否愿意采纳该条回答？					
你是否注意到该回答者的学历？	是（　）		否（　）		
你是否注意到该条回答的推荐数？	是（　）		否（　）		

附录 E　学术社交网络信息质量治理的调查

尊敬的各位专家：

您好，非常感谢您参与此次问卷调查。本问卷是学术社交网络信息质量治理研究的重要组成部分，旨在探讨各个质量治理关键因素及各因素之间的影响度和关联性。

久仰您学术渊博、经验丰富，若能获取您的宝贵意见，对我们的研究将有极大帮助，您所提供的资料仅用于学术分析，不会泄露您的任何信息，请放心填写。

诚挚盼望您能完成问卷的填写。在此，表达最诚挚的谢意！

本问卷分为三部分，分别为 DEMATEL 问卷填写方式说明、学术社交网络信息治理、各维度相互影响程度调查、具体的学术社交网络信息质量治理现状评分。

一、DEMATEL 问卷填写方式说明

填写指标说明：0.无影响；1.低影响；2.中影响；3.高影响；4.极高影响

举例说明，A 对于 B 的影响程度为极高影响故在对应位置上填入 4；B 对于 A 的影响程度为低影响故在对应位置上填入 1。

	A	B
A	0	4
B	1	0

二、学术社交网络信息质量治理各维度间影响程度评分

下列五个矩阵中的数据代表该数据所在行对所在列的影响程度，请在空白数据处填上影响程度对应的分数（分数范围 0~4，其中，0.无影响；1.低影响；2.中影响；3.高影响；4.极高影响）

矩阵 1　管控规则策略之间的影响程度调查

	社区品牌建设和运营	精华帖置顶发布	知识贡献质量的奖惩机制	成员行为规范的控制措施
社区品牌建设和运营	0			
精华帖置顶发布		0		
知识贡献质量的奖惩机制			0	
成员行为规范的控制措施				0

矩阵 2　平台技术提升策略之间的影响程度调查

	数据异常监测	重复内容检测	垃圾信息识别和监控
数据异常监测	0		
重复内容检测		0	
垃圾信息识别和监控			0

矩阵 3　信息内容治理策略之间的影响程度调查

	文字拼写规范	信息量大小	参考资料的完整性和时效性	文字表达逻辑
文字拼写规范	0			
信息量大小		0		
参考资料的完整性和时效性			0	
文字表达逻辑				0

矩阵 4　信息用户管理策略之间的影响程度调查

	个人信息的完整性和真实性	对他人贡献质量肯定的主动性	互动的积极性
个人信息的完整性和真实性	0		
对他人贡献质量肯定的主动性		0	
互动的积极性			0

矩阵 5　信息质量治理各个维度之间的影响程度

	管控规则	平台技术	信息内容	信息用户
管控规则	0			
平台技术		0		
信息内容			0	
信息用户				0

三、具体的学术社交网络信息质量治理现状评分

下表左列是信息质量治理策略涉及的 14 个管控策略，请您对 ResearchGate、人大经济论坛、科学网博客三个学术社交网络的信息质量治理现状进行打分。（每个策略的满分为 100 分）

信息质量治理策略	ResearchGate	人大经济论坛	科学网博客
社区品牌建设和运营			
精华帖置顶发布			
知识贡献质量的奖惩机制			
成员行为规范的控制措施			
数据异常监测			
重复内容检测			
垃圾信息识别和监控			
文字拼写规范			
信息量大小			
参考资料的完整性和时效性			
文字表达的逻辑			
个人信息的完整性和真实性			
对他人贡献质量肯定的主动性			
互动的积极性			

问卷到此结束，麻烦您再次查阅是否全部作答完成，十分感谢您的参与和支持！